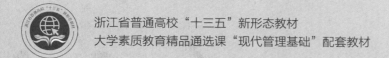

浙江省普通高校"十三五"新形态教材
大学素质教育精品通选课"现代管理基础"配套教材

U0457638

现代管理基础（第三版）

周亚庆◎编著
邢以群◎主审

Fundamentals of Modern Management

3rd Edition

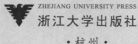

ZHEJIANG UNIVERSITY PRESS
浙江大学出版社
·杭州·

图书在版编目（CIP）数据

现代管理基础 / 周亚庆编著. -- 3 版. -- 杭州 ：
浙江大学出版社，2024. 8. -- ISBN 978-7-308-25338-3

Ⅰ. C93

中国国家版本馆 CIP 数据核字第 2024WB1839 号

现代管理基础（第三版）

XIANDAI GUANLI JICHU

周亚庆　编著

邢以群　主审

责任编辑	朱　玲
责任校对	傅宏梁
封面设计	卓义云天　周　灵
出版发行	浙江大学出版社
	（杭州市天目山路 148 号　邮政编码 310007）
	（网址：http://www.zjupress.com）
排　　版	杭州青翊图文设计有限公司
印　　刷	杭州宏雅印刷有限公司
开　　本	787mm×1092mm　1/16
印　　张	14.5
字　　数	326 千
版印次	2024 年 8 月第 3 版　2024 年 8 月第 1 次印刷
书　　号	ISBN 978-7-308-25338-3
定　　价	39.80 元

第三版前言

《现代管理基础》一书自2014年9月出版后,于2018年12月再版,近十年来得到了很多高校师生和业界人士的肯定。在使用本书进行教学实践的过程中,许多热心的读者朋友对本书的结构和内容予以了肯定,并将学习使用过程中产生的问题与建议分享给我们,这再次给予了笔者新启示和新动力。

近年来,国内外环境发生了诸多变化,为管理学研究带来了新的机遇和挑战。国内外政治、经济、社会以及科技环境的变化及其带来的持续性影响,不仅改变了公众的生活方式,也对企业经营管理提出了新的要求。2022年10月召开的党的二十大,是在全党全国各族人民迈上全面建设社会主义现代化国家新征程、向第二个百年奋斗目标进军的关键时刻召开的一次十分重要的大会。党的二十大报告指出:"高质量发展是全面建设社会主义现代化国家的首要任务。"这对下一阶段的企业生产经营与组织管理实践提出了新的要求。相应地,管理学理论与解读需要对应更新,以更好地适应时代要求和有效指导组织实践。

为保证本书的前沿性和系统性,笔者借鉴了国内外管理理论研究前沿和管理实践方面的创新成果,深刻学习和领悟党的二十大精神,融入体验式教学成果,对本书的内容进行了修订与完善。在"现代管理基础"课堂教学研究与实践中,浙江大学管理学教学研究中心坚持实行线上与线下相结合的混合式教学方式,提升学生参与课堂的程度和质量,综合运用教师讲授、小组讨论、学生分享、智慧讲堂、线上测试、管理游戏、互动问答等多种形式,将体验式学习、组织管理、过程考核与实践运用进行有机融合,着力贯彻"以学生成长为中心"的教学理念,促进学生主动学习、学以致用。

本书第三版的出版获得了浙江大学本科生院的支持与良师益友的持续帮助。邢以群教授提供了建设性的观点和鲜活的素材,参与了部分内容的写作和更新;朱玲编辑和李贤红老师给予了鼓励和帮助;邹益民教授和张世琪老师对本书框架的调整及内容的更新提出了具体建议；黄浏英老师对本书的更新提供了有价值的思路，并负责完成了案例 2 的撰写工作；项保华教授对本书内容的调整提出了相关思路，并授权引用其著作中的部分素材；张欣怡和安宣默两位同学参与了本书第三版素材的收集工作和部分内容的写作工作。家人始终关心和支持笔者，用心为笔者提供了良好的创作环境。在本书编写过程中，笔者参考和引用了国内外众多学者的优秀研究成果，获得了浙江大学众多师生的鼓励与支持，在此一并表示诚挚感谢！

由于笔者自身能力所限，本书仍有可完善之处，敬请广大读者批评指正。

周亚庆
2024 年 6 月于浙江大学紫金港校区

第二版前言

《现代管理基础》第一版于2014年9月出版后，得到了部分高校师生和企业界人士的认同，产生了一定的影响。在使用本书进行教学与指导实践的过程中，一些热心朋友肯定了本书的基本架构，同时把发现的问题也反馈给了笔者，并提出了合理的意见和建议，使笔者深受启发与鼓舞，让笔者有动力对本书进行更新。

近年来，国内外环境发生了众多变化，而且其中的某些变化完全出乎许多管理学研究者与组织管理者的意料。环境变化带来的结果，既有"陷阱"，又有"馅饼"。如何应对不确定的环境，如何把握机会，如何创新创业，关键在于增强洞察力与应变力，综合运用人力资源和其他资源以有效地实现组织目标。

为了保持本书的前沿性和系统性，我们借鉴了国内外管理理论研究和管理实践方面的新成果，吸收了体验式教学的成果，对本书的内容进行分析、提炼、修订与完善。在"现代管理基础"课堂教学研究与实践中，为了引导学生主动参与、独立思考以及培养学生自主学习、探究创新的兴趣和能力，浙江大学管理学教研中心推行体验式教学，于2016年形成线上与线下相结合的SPOC（私播课）教学实施方案，让学生主动参与课程的教学环节，运用与总结翻转课堂的基本理念，把知识点讲授的内容和知识点的测试、个人作业互评放在线上课堂中，把内容提炼与答疑、知识运用、问题讨论放在线下课堂中，将"师生互动"与"生生互动"、课内与课外、理论学习与实践运用、过程考核与期末测试进行有机结合，着力贯彻聚焦"学生体验"的教学理念，促进学生从被动学习到主动学习的转化。

本书第二版的编著得到了浙江大学本科生院的支持与众多良师益友的无私帮助。邢以群教授一如既往地提供了许多有益的意见和相关的素材，参与了部分内容的撰写和更新。浙江大学出版社的朱玲编辑对于本书的再版给予了精心帮助。在使用本书进行教学的过程中，黄浏英老师与姚卫红老师对本书内容的调整提出了具体思路。邹益民教授、项保华教授、张世琪老师对本书框架提出了相关建议。家人一直理解与支持笔者，努力为笔者营造良好的创作环境。本书获得了 2018 年浙江大学校级本科教材立项，本人主持的"基于学生体验的'现代管理基础'课程线上线下混合式教学模式探究"获得了浙江大学文科教师教学科研发展专项项目立项。本书参考与引用了国内外众多学者的研究成果，获得了浙江大学众多师生的真心支持。在此，一并表示诚挚的感谢！

限于笔者的能力与水平，书中肯定存在不足之处，敬请各位同行与广大读者不吝赐教。

周亚庆

2018 年 10 月于浙江大学紫金港校区

第一版前言

　　本书旨在通过对管理内涵、管理者、管理过程、管理要点的介绍，让学生理解学习管理的重要性，了解组织的创立和发展过程，理解管理者与科技人员的不同，掌握管理的实质和有效管理的基本要领，从而提高学生的管理素养、组织意识、管理能力，为其将来做好本职工作和自我管理，以及创立组织和成为管理者打下一定基础。为了让理工类及其他非管理类专业的本科生更好地学习和掌握现代管理基础的内容体系，我们吸取了国内外相关教材的优点，构建了本书的编排体系。在每章的开始部分，列出了"学习目标"，以增强学生学习的方向性和主动性。在每章的结尾部分，设计了一定数量的"思考题"，目的是让学生掌握知识点与深化对知识点的理解。学生可通过思考题检测自己是否已经理解了本章内容。本书的附录部分提供了相关案例。本书所采用的案例基本上是短小精悍的德鲁克式案例，目的是更适应通识类课程教学的需要，便于非管理类专业的学生更快地掌握管理的基本思维方式。这些案例的基本素材，大多源自笔者所熟知的人和事或所主持的管理咨询项目。其中的六个案例所涉及的人名和单位名称均是化名。通过让学生运用所学理论来分析案例，不仅能促进他们进一步理解管理基础知识，而且能促进他们运用这些知识去剖析和解决更为复杂和实际的管理问题。本书的构架与内容凝结了笔者与管理学课程组近年来的研究心得与实践体验，融汇了学术界与业界的基本理论与实践感知。从构思、撰写、修改到成稿，笔者自感尽了最大努力，希望达到先进性和实用性兼具的目的。本书的基本特点包括三方面：一是系统性，本书不仅阐述了现代管理的基础理论与知识，而且介绍了组织管理的实务与方法；二是应用性，本书既注重先进的现代管理理论与经验的介绍，又注重结合我国各类组织管理的实际状况，提出的主要观点与方法对我国部分组织的管理实践具有一定的应用价值；三是探究性，本书重视对现代管理理念的探索，重视对管理实践问题的探究，并力求在架构与内容上有一定新意。在负责本书的编著过程中，笔者得到了众多良师益友的真诚帮助。作为本书的主审，邢以群教授拟定了最初的框架，参与了部分内容的撰写，并为内容的修正与完善提供了很多有益的意见和相关的素材。基于邢以群教授提供的最初框架，笔者拟定了本书编写大纲，而在随后召开的管理学课程组会议上，课程组的所有老师参与审定了编写大纲，并给予了许多具体的建议。浙江大学出版社的朱玲编辑对本书的写作给予了多次具体的指导和帮助。项保华教授对本书框架提出了相应的建议，并授权引用其书稿中的部分内容。邹益民教授提供了有用的素材，给予了真诚的鼓励。黄浏英副教授给予了中肯的建议和无私的帮助。浙江大学管理学院的硕士研究生孙秋霓、普片、王宸宸、达瓦拉姆等参与了部分章节初稿的撰写工作。尤其是孙秋霓同学，积极协助收集相关文献。邵佳萍、王梦斌、孙凤、叶顺与颜慧佳等同学在阅读部分初稿的基础上，从学生的角度提出了具有针对性的建议。家人长期以来给予了笔者默默的理解与帮助，努力为本人创造良好的写作环境。虽然笔者基本参与了本书各章节的撰写和修改工作，但从整体的框架、所用的素材和参与的人员来看，本书无疑是在邢以群教授指导下团队智慧的结晶。在写作过程中，笔者参考和引用了国内外众多学者的学术成果，得到了管理学课程组众多老师的真心支持。在此，一并表示诚挚的感谢！这是一本主要针对本科生通识教育的教材，其体系与内容是一次新的尝试。由于笔者自身能力的局限，书中肯定存在欠妥与疏漏之处，敬请各位同行和广大读者批评指正。

周亚庆

2014 年 7 月于浙江大学紫金港校区

目　录

第一章

管理导论

👉 **学习目标**

① 掌握管理的定义
② 理解管理的实质
③ 解释管理产生的原因
④ 了解管理思想的演变过程
⑤ 理解学习管理的重要性
⑥ 掌握管理学的基本特点

　　管理活动是人类最基本的社会实践活动之一。管理是伴随人类社会的产生而形成的，并伴随人类社会的发展而发展。随着社会的变迁与科技的发展，管理的内涵日益丰富，人们越来越认识到管理在实际生活与工作过程中的重要作用。为了更好地学习与运用管理知识，我们必须从整体上理清思路，理解管理的定义与实质，了解管理产生的原因，知晓管理思想的发展历程，明确管理的重要性与必要性，把握管理学的基本特点。

第一节　管理的内涵

　　对于管理的内涵，仁者见仁，智者见智，每个人都有自己的诠释。但对于"管理究竟是什么"，大多数人都没有进行过深入的探究。管理似乎人人都懂，不过大家所谈的管理实际上并非同一内涵。因此，我们必须明目扩胸，博采众长，求同存异，以真正明确管理的定义与实质。

一、管理的定义

　　从不同的研究角度，中外研究者对管理给出了不尽相同的定义。

视频：管理是什么？

　　"现代经营管理之父"亨利·法约尔（Henri Fayol，1841—1925）从管理实践中提炼管理理论与明确管理定义，于 1916 年发表了传世之作《工业管理与一般管理》。他指出，管理就是实行计划、组织、指挥、协调和控制。按照法约尔的解释，计划是指预见未来与拟定行动计划；组织是指建立一个既有物质性又有社会性的双重性机构；指挥是指让人员执行计划与发挥作用；协调是指连接、联合、调和所有的活动及力量；控制是指按照已有规则和既定程序，监督事物的运行过程。

　　著名的管理学家斯蒂芬·P. 罗宾斯（Stephen P. Robbins）认为"管理是指协调和监管他人的工作活动，从而使他们有效率、有效益地完成工作"[①]。协调与监管他人的工作区分了管理岗位与非管理岗位。

　　管理过程学派的重要代表人物哈罗德·孔茨（Harold Koontz）认为"管理是指设计并保持一种良好环境，使人们在群体状态下高效率地完成既定目标的过程"[②]。在 1961 年发表的《管理理论的丛林》一文中，他指出："管理就是在正式的组织化群体中通过别人做事情的艺术，也是创造一种环境使这种组织化群体里的人们以个体或协作方式实现群体目标的艺术，也是排除绩效障碍的艺术，以及在有效地达成目标过程中保证最有效率的艺术。"[③]

　　周三多教授等认为"管理是为了实现组织的共同目标，在特定的时空中，对组织成员在目标活动中的行为进行协调的过程"[④]。芮明杰教授认为"管理是指对组织的资源进行有效整合以达成组织既定目标与责任的动态创造性活动"[⑤]。邢以群教授认为，管理是人们通过综合运用人力资源和其他资源，以有效地实现目标的过程。项保华教授认为"管理就是让人做事并取得成果"。

　　管理定义的多样性既反映了学者们研究视角、主题与方法的不同，又反映了理论界与实践界对于管理认知的不断深入。综合各种定义，本书把**管理**定义为：管理是指人们根据组织的内外部环境，整合人、财、物、信息、时间等资源，通过计划、组织、领导、控制与创新等职能，以有效地实现预定目标的过程。

　　为深刻理解管理的定义，需把握以下要点：

　　（1）管理的工作必须基于特定的环境。人们必须把握环境的现状及变化趋势，使管理工作不断适应变化的环境。

　　（2）管理的对象是组织的资源。管理对象包括人、财、物、时间、信息等，但最重要的是人。人是生产力中最根本的、最活跃的因素，人具有主观能动性。人有意识、有目的地进行活动，能主动调节自身与外部的关系，具有自我开发与自我利用的能力。因此，对人的能动性调动得如何，在很大程度上决定着管理的最终效果。

　　① 罗宾斯，库尔特. 管理学[M].11 版.李原，孙健敏，黄小勇，译.北京：中国人民大学出版社，2012：8.
　　② 孔茨，韦里克. 管理学——国际化与领导力的视角（精要版）[M].9 版.马春光，译.北京：中国人民大学出版社，2014：4.
　　③ 张钢. 管理学基础文献选读[M].杭州：浙江大学出版社，2008：94-95.
　　④ 周三多，陈传明，刘子馨，等. 管理学[M].7 版.上海：复旦大学出版社，2018：7.
　　⑤ 芮明杰. 管理学：现代的观点[M].2 版.上海：格致出版社，上海人民出版社，2005：15.

（3）管理的基本职能是计划、组织、领导、控制与创新。各项管理职能在逻辑上存在先后顺序，在实践中相互联系、相互融合。

（4）管理的核心是协调与整合。人们必须对目标、任务、思想、行为、活动、利益等进行协调，实现各类资源与各自目标的整合，通过有效协调来实现整合与统一，在不断变化中求动态平衡。

（5）管理的目的是有效地实现预定目标。所有的管理行动都必须紧紧围绕目标而有序进行，并且追求高效地实现目标。

二、管理的实质

为了有效实现既定目标，我们就必须特别关注组织内外部多层面、多环节、多活动之间的有效协调。协调是指使表面看上去似乎是相互矛盾的事物，如长远目标与近期目标、集体利益与个人利益、专注优势与创新优势等，实现有机融合和动态平衡。

从某种意义上讲，协调已经成为维系组织正常运转的重要纽带。领导者的协调能力成为维持组织有序运作的关键要素。孔茨指出，很多专业人士把协调看作管理的一项独立职能，而实际上把协调看作管理的本质更为确切。因为管理者的绝大部分工作就是协调组织成员在利益、资源、时机等方面的分歧，使大家对组织目标达成共识。

人类活动的显著特征之一就是具有明确的目的性。人们之所以需要管理，是因为管理有助于个人追求和组织目标的确立与实现。因此，管理的实质是人们为了实现一定的目标而采取的一种手段。一方面，管理本身不是目的，它只是人们用以实现目标的一种手段，我们不能为了管理而管理。另一方面，管理作为一种工具，用得好，有助于目标的达成；用得不好，则可能适得其反。我们应努力提高自身的管理水平，以更好地发挥管理的作用。

毋庸置疑，管理是手段而不是目的，但在实践活动中，人们常常由于缺乏对管理本质的正确认识而错把手段当目的。为了取得良好的管理效果，我们必须正确认识管理的实质，有效运用管理的手段。

第二节　管理思想的演变

时代是思想之母，实践是思想之源。任何管理思想的产生都与其所处的时代背景息息相关，任何管理思想的发展都与社会实践紧密相连。管理实践与管理思想的产生可以追溯至人类社会的出现。自从出现了人类社会，人们的社会实践活动就表现为有目的、有协作的形式，就有了管理实践。随着时代的变迁，管理思想不断创新，并引领着管理实践。随着管理实践的不断发展，人们对管理活动也有了更为深刻的认识，逐步形成各种管理思想与管理理论，并在管理实践中得到不断修正与完善。

一、管理产生的原因

人们通常认为共同劳动导致了管理的产生。其理由是两个或两个以上的人在一起劳动，就必然会产生相互之间的协调问题。共同劳动的确需要管理，但并不意味着只有共同劳动才需要管理。实际上，每个个体也会同样面临目标与目标之间、资源与目标之间、活动与活动之间、人与人之间的协调问题。因此，个人也需要管理，即自我管理。这就说明了共同劳动是组织或团队管理产生的原因，但不是管理产生的根本原因。

从每个人对目标、资源、活动等进行协调的目的来看，管理产生的根本原因在于人的欲望无限性与人所拥有的资源有限性之间的矛盾。一方面，欲望是人性的组成部分，是人类与生俱来的，不仅如此，人们还会随着当前欲望的满足而不断产生新的欲望；另一方面，人们要有所获得，必须有所投入，想得到满足的欲望越多，所需要的投入就越多。而每个人所拥有的可以投入的资源总是有限的，如时间有限、知识有限、能力有限、财力有限、精力有限等。这就产生了一对矛盾，即人类欲望无限性与资源有限性之间的矛盾，并因而产生了协调这对矛盾的需求（见图1.1）。

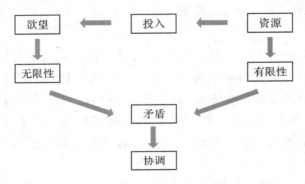

图 1.1　管理产生的原因

为了协调人类的欲望无限性与资源有限性之间的矛盾，人类想方设法，并先后采取了不同的方法。从某种程度而言，人类的发展史也是人类寻找这对矛盾协调方法的历史，组织和管理就是在人类寻求解决这对矛盾的过程中产生和逐步发展起来的。

人类首先想到的是，如何尽可能地拓展自己所拥有的资源。向大自然要资源是最早的人类生产活动的起因。在早期猿人阶段，人类通过制造简单的工具以提高向大自然索取食物的能力。在晚期猿人阶段，人类为了生存并抵御外来威胁，就常以二三十人为一群进行生活，并由此产生了人类社会第一个社会组织形式——血缘家族。人类为了更好地满足生存与发展的基本需求，开始采用组织的手段，通过群体的分工与协作，形成超越个人的群体力量，从而满足靠个人的力量无法实现的欲望。

随着人类的不断繁衍，他们的需求不断扩张。受限于当时的生产力发展水平，从大自然所能得到的资源不能满足人类不断增长的欲望，于是产生了以掠夺他人资源为目的的战争。人们试图通过战争的方式,掠夺他人的资源以拓展自身的资源,从而满足自身急剧增长的各种欲望。

战争的主要起因是掠夺资源,但战争也需要消耗资源。当战争的双方旗鼓相当时,即使己方打败对方,己方也必然在战争中丧失众多的资源,并且对方的资源大多已毁灭于战火中。因此,在各方力量大致相同的情况下,人类又创造了和平的贸易方式。人们通过贸易的方式,将自身相对富余的资源与他人交换,来获得相对稀缺的资源,从而更好地满足自身的欲望。

随着人类社会的进一步发展,当通过上述各种方式所获得的资源仍然难以满足其不断增长的需要时,先贤们认识到了过度推崇和放纵欲望的不良后果,主张理智地调控与节制欲望。在我国古代,相当一部分先贤主张"清心寡欲",希望通过约束人的欲望,使有限的资源得以满足人的欲望,由此导致了伦理道德的形成。为了约束与改变人的欲望,人们提出了各种伦理道德规范,期望通过教育的手段,教化社会成员,以此调节欲望无限性与资源有限性之间的矛盾。

在社会实践中,为了使有限的资源更好地满足人类的欲望,西方则提出了科学管理的方法,主张通过科学的方法来提高资源的利用率,力求以有限的资源满足尽可能多或高的目标。这就是管理的功能,也是所有管理工作的根本出发点。为了实现共同目标,促成有效协作,人们就必须合理利用有限的资源,按照自然法则、法律法规与科学方法的要求,进行系统管理。

在协调欲望无限性与资源有限性这对矛盾时,道德与管理的方法各有优缺点。通过道德教育的方法,人们可以达到缓解这对矛盾的目的,但效果也常常不稳定;通过科学管理的方法,人们确实可以提高资源的利用率,在一定程度上缓解这对矛盾,却无法最终解决这对矛盾。因此,我们必须既注重道德教育又注重科学管理,将东方传统的教育方法与西方科学的管理方法相结合,以达到既不断提高思想道德水平又有效利用有限资源的目的。

总之,管理与生产、组织、战争、贸易、道德等一样,都是人们为了有效地协调无限欲望与有限资源之间的矛盾所采用的方法或手段(见表 1.1)。

表 1.1　协调的方法

方　法	基本思路
生　产	通过劳动向大自然要资源,从而在一定程度上满足自身欲望
组　织	通过与他人的分工协作,满足靠个人的力量无法实现的欲望
战　争	通过掠夺他人资源来拓展自身资源,从而满足自身更多的欲望
贸　易	通过与他人交换资源,以更好地满足自身的欲望
道　德	通过教育来约束与改变人的欲望,使有限的资源得以满足人的欲望
管　理	通过科学的方法来提高资源的利用率,力求以有限的资源满足尽可能多的欲望

二、管理思想的发展

管理思想是随着社会生产力和民族文化的发展而发展的。中华民族是一个历史悠久的伟大民族，在我国各个历史时期，都可以发现极其丰富的管理思想，所蕴含的管理之道可谓博大精深。但时至今日，我国的管理思想还相对欠缺系统的整理与深化。尽管人类管理思想的发展可追溯到人类试图通过集体劳动来达到一定目标的时代，但系统化的管理思想，一直到19世纪末20世纪初，才伴随生产力的发展和科学技术的进步，在西方形成并蓬勃发展起来。本部分主要阐述西方管理思想的产生与发展过程。

视频：西方管理
思想发展历程

（一）早期管理思想

从人类社会产生到18世纪，人们为了更好地生存与发展而进行管理实践，但尚未对管理实践进行科学的提炼，没有形成系统的管理理论。早期的一些管理思想与管理实践大多出现于埃及、中国、印度、希腊与意大利等国家的史籍与宗教文献中。18世纪下半叶从英国开始的工业革命导致了工厂制度的产生，使得在工厂里制造产品比在家庭作坊内更具经济效益。新兴的工厂制度所提出的管理问题完全不同于以前传统组织所碰到的管理问题，给管理人员带来前所未有的挑战。典型问题包括：工人的组织与相互间的配合问题；人与机器、机器与机器的协调运转问题；劳动力的招募、培训与激励问题；纪律的维持问题；等等。人们需要去探究与解决这些管理问题。在这种背景下，管理理论研究开始出现。

早期研究者为了解决工业革命所带来的一系列管理问题，从各自从事的领域出发，对管理理论进行了一些探索。其中，对后来的管理思想具有较大影响的代表人物是亚当·斯密（Adam Smith，1723—1790）、罗伯特·欧文（Robert Owen，1771—1858）和查尔斯·巴贝奇（Charles Babbage，1792—1871）。1776年，斯密发表《国民财富的性质和原因的研究》一书，他在书中提出了劳动分工与经济人的观点。欧文特别重视人的因素，他是企业人道主义实践的开拓者，他的思想后来发展成行为管理思想。巴贝奇是英国著名的数学家，是可编程计算机的发明者，是科学管理思想与定量管理思想的先驱者。他深刻认识到专业化分工的优势，运用系统、科学的方法来使用机器与工具，主张实施利润分享制来获得工人们的协作。

尽管这些先驱者从不同角度提出了一些管理思想，但他们毕竟不是专门研究管理的，因此他们的研究并未形成一种系统化的管理理论，这与当时社会普遍只注重生产组织、增加产量、减少浪费、追求利润最大化等相关联。早期的管理人员通常凭借自己的经验来管理，更重视的是具体的方法而不是理论，管理的重点是解决分工与协作问题。

（二）经验管理思想

作为一类新的组织，工厂不同于以往任何一类组织，在当时缺乏可以借鉴的管理经验的情况下,人们只能凭借自己的能力和对新颖管理问题的理解来探索管理实践。人们难以从理论上解释成功的原因,因此当时流行的是经验管理思想。**经验管理思想的基本观点**是:组织管理的有效性主要取决于管理者的经验与素质,通过研究经验(案例)可学会有效管理。相关学者通过重点分析典型组织的管理者实际管理的经验,提炼出决定成败的关键因素,从而向其他组织的管理者提供管理改进策略。

经验管理学派注重管理实践经验的积累,并通过分析经验(案例)来研究管理,认为通过研究各种各样的成功或失败的管理案例,就能理解管理问题,从而自然而然地学会有效管理。相关学者重视探究实际管理者的管理经验教训和组织管理的实际经验,强调用案例研究与比较分析的方法来总结管理经验。其中的代表人物有彼得·F.德鲁克(Peter F. Drucker,1909—2005)、欧内斯特·戴尔(Ernest Dale)等。他们设法理解与学会运用那些在实践中被证明是有效的管理技巧。他们认为,通过发现在个体情境中什么可做、什么不可做,实践者或学生们就能在相似的情境中做出同样的抉择。[①]

(三)科学管理思想

随着工业革命从英国转向欧洲大陆和美洲,在 19 世纪后期,工业得到了前所未有的发展。发明热促发了工厂制度的日益普及、生产规模的不断扩大与同类产品的急剧增加,从而导致了市场竞争的加剧。在这种情况下,提高劳动生产率成为企业能否获得竞争优势的关键。在早期研究与经验总结的基础上,科学管理思想也随之产生。科学管理思想着眼于寻找科学地管理劳动和组织的各种方法。**科学管理思想的基本观点**是:管理有效性不仅取决于管理者的经验,更重要的是依据科学管理的理论、原则和方法。科学管理思想包括三种各有特点的管理理论:科学管理理论、一般管理理论和官僚组织理论。

1.科学管理理论

最早突破传统的经验管理思想的代表人物是弗雷德里克·温斯洛·泰勒(Frederick Winslow Taylor,1856—1915)。他提出了通过对工作方法的科学研究来提高工人劳动效率的基本理论与方法。他于 1911 年出版了代表作《科学管理原理》。泰勒在该书中提出的理论奠定了科学管理的理论基础,标志着科学管理思想的正式形成,因此他被管理学界尊称为"科学管理之父"。

科学管理理论(scientific management theory)关注通过使用科学的方法来确定完成工作的"最佳方法"。通过在企业中的大量试验与实践,泰勒在《科学管理原理》一书中提出了四条科学管理原则(见表 1.2)。

---

① 张钢.管理学基础文献选读[M].杭州:浙江大学出版社,2008:85-86.

表 1.2　泰勒的科学管理原则

科学的方法	对工作的每个要素开发出科学方法，以代替陈旧的经验方法
合适的工人	科学地挑选、培训与教导工人，使之成长
真诚的合作	管理者真诚地与工人进行合作，以确保工人按科学方法行事
明确的职责	明确管理者和工人各自的工作和责任。管理者按照科学原理制定工作方法，工人负责按此完成相应的工作

泰勒认为，科学管理是所有相关要素的整合：它是科学，而不是单凭经验的方法；它是和谐，而不是冲突；它是合作，而不是个人主义；它以最大产出代替有限产出；它让每个人达到最高效率与获得最大富裕。[①]

科学管理的核心是通过科学研究来决定工作方法，而不是凭每一个工人过去的经验。泰勒认为，对于工人们与管理层，科学管理的本质都是一场彻底的"心理革命"。以前，劳资双方的兴趣集中在双方共同努力所取得的盈余的合理分配上，而科学管理则鼓励"共同利益"，主张双方都应该进行一次"心理革命"，将相互对立关系转变为相互合作关系，实现双方的共同富裕。双方通过遵循科学管理原则，共同为提升劳动生产率而努力，从而都可以从中获益。

在企业管理实践中，泰勒通过持续的努力，做了很多开创性的工作：进行劳动方法、工具、材料的标准化；科学地挑选与培养工人；实行刺激性的差别计件工资制；明确管理工作的专业化；推进基于劳资双方共同利益的"心理革命"；采用职能组织形式；推行例外管理制度等。

在科学管理发展史上，弗兰克·吉尔布雷斯（Frank Gilbreth）和莉莲·吉尔布雷斯（Lillian Gilbreth）这一对夫妇熠熠生辉。他们的主要贡献是发现有效的手部和身体动作，并为优化工作绩效设计出合理的工具和设备。[②] 弗兰克·吉尔布雷斯是首个使用电影摄像机来分析工人动作的人，他坚信最大的浪费来自不必要的、不恰当的以及无效的动作，他全身心地投入动作、技能和疲劳问题的研究中。莉莲·吉尔布雷斯通过她的专业训练、洞察力以及理解力，给科学管理注入了人的因素。她注意到，在科学管理中，无论是聘用工人、激励工人和从整体上考虑工人福利，个性化是根本原则；科学管理的目标是加强和巩固个人特点、特殊才能与工作技能，使每个人发挥出最大潜能。[③]

2. 一般管理理论

泰勒等人在美国研究与倡导科学管理理论的同时，欧洲也出现了对组织管理的研究，其中最为著名的就是由法国工业家亨利·法约尔提出的一般管理理论。泰勒和他那一学派的人主要关心的是作业方面的问题，注重的是车间管理与科学方法的运用。当管理层在分析需要完成的基本工作任务或者运用时间与动作研究以消减多余动作

①　雷恩，贝德安. 管理思想史［M］. 6版. 孙健敏，黄小勇，李原，译. 北京：中国人民大学出版社，2012：113.
②　罗宾斯，库尔特. 管理学［M］. 15版. 刘刚，等译. 北京：中国人民大学出版社，2022：35.
③　雷恩，贝德安. 管理思想史［M］. 6版. 孙健敏，黄小勇，李原，译. 北京：中国人民大学出版社，2012：129-133.

时,他们就是在应用科学管理理论。而**一般管理理论**(general administrative theory)关注整个组织,研究有关管理者做什么以及如何才能做好等更一般的管理问题。

法约尔根据自己长期担任公司总经理的经历与三十多年的管理实践,于 1916 年发表了《工业管理与一般管理》一书,提出了具有普适性的五大管理职能和 14 条管理原则。

法约尔把工业企业内的所有活动划分成六类:技术活动、商业活动、财务活动、安全活动、会计活动与管理活动。前五类活动为人们所熟知,因此要重点研究的是管理活动。他认为管理活动包括五大要素:计划、组织、指挥、协调与控制。

通过对企业管理实践进行科学总结和提升,法约尔系统地提出了管理的一般原则。他认为,想要执行好管理职能,就要学会运用 14 条管理原则:劳动分工;权责相当;纪律严明;统一指挥;统一领导;个人利益服从整体利益;报酬合理;权力集中;等级链;秩序;公平;人员稳定;首创精神;团结精神。

法约尔明确地提出了管理的概念,最早确定与描述管理要素或管理职能,主张年轻的工程师们增加对管理要素的关注。他具有高层管理者的视角,强调管理的一般性与普适性,认为人们可以通过接受教育来获得管理能力,提倡在大学与专科院校开展管理教育。他的观点被各界人士不断复述,显而易见,当今许多管理者在本质上还是法约尔主义者。

3. 官僚组织理论

官僚组织理论是科学管理思想的重要组成部分,这一理论主要基于德国社会学家马克斯·韦伯(Max Weber,1864—1920)的工作。官僚组织理论强调组织的运转要以合理的方式进行而不是依据业主或管理者的判断。

韦伯在一生中担任过多所大学的教授,是一位卓越的学者,对社会学、宗教学、经济学与政治学等都拥有浓厚兴趣。他反对当时盛行的靠传统的自觉(封建制)与裙带关系(世袭制)来管理的思想,认为这不仅是不公正的,而且还造成了人力资源的巨大浪费。在 20 世纪初期,他提出了权力结构理论。该理论基于一种理想组织模式。韦伯将该组织模式称为官僚组织(bureaucracy)。韦伯提出的理论从本质上说是规范性的,这与泰勒和法约尔提出的以管理实践者为导向的建议形成有趣的对比。[①]

理想的官僚组织是一种以具有明确的劳动分工、清晰的等级关系、详尽的规章制度和非人格化的相互关系为特征的组织形式。韦伯确定了理想官僚组织的基本特征(见表 1.3),并且相信这些特定的优点会被有毅力的实施者获得。他尝试用法定权力替代基于传统和超凡魅力的权力,而且提出以一种客观公平的、基于价值的标准来挑选、雇佣与晋升员工。因为这种组织模式强调高度结构化、非人格化、正式化与法定权力,所以有利于杜绝任人唯亲、组织涣散、人浮于事等情况,有助于组织提高效率与达成目标。这种组织模式在精确性、稳定性、纪律性与可靠性等方面具有比较优势,虽然存在各种争议的声音,但它至今仍是许多大型组织的设计样本。

---

① 雷恩,贝德安.管理思想史[M].6 版.孙健敏,黄小勇,李原,译.北京:中国人民大学出版社,2012:173.

表 1.3 韦伯的理想官僚组织的基本特征 [①]

劳动分工	工作被分解为简单的、程序化的、定义清晰的任务
管理层级	将各种职位组织成权力层级，并具有清晰的指挥链
职业导向	管理者是组织的专业管理人员，而不是该组织的所有者
正式的选拔	根据技术资格为职位甄选人员
正式的规则	遵从有关的正式规则和其他控制措施
非人格化	规则与控制措施具有普遍适用性，而不是因人而异

与其他管理思想相比，科学管理思想呈现的特点包括三方面：管理研究的重点是如何提高效率；主张用科学管理来代替单纯的经验管理；倡导管理专业化与职业化。

（四）行为管理思想

随着科学管理的普及、生产技术的日趋复杂和生产专业化程度的日益提高，劳资矛盾也随之激化。劳资矛盾的有效协调与员工积极性的有效调动成为企业劳动生产率提升的关键。人的因素得到了越来越多的关注，而霍桑试验（Hawthorne studies）的结果催化了行为管理思想的正式形成。行为管理思想把重点放在影响组织中个体行为的各种因素上，强调管理的重点是理解人的行为。

科学管理思想尽管在提高劳动生产率方面取得了显著的成绩，但由于强化对工人的严格控制和动作的规范化，忽视了工人的社会需求和情感需求，从而引起了工人的不满与社会的责难。在这种情况下，管理者需要运用新的管理理论与方法来进一步调动工人的积极性。组织是由一群人组成的，管理者通过他人的工作来完成既定目标，因此有些研究者就把管理研究的角度转向对人类工作行为的研究上，并最终导致了行为管理思想的产生。**行为管理思想的基本观点**是：人不仅是经济人，更是社会人，其劳动生产率受到社会、心理和群体因素的影响。行为管理思想产生于科学管理时代的后期，但直到 20 世纪 30 年代才引起各方的关注。为了清楚地表述这一过程，我们从三个方面来介绍行为管理思想的发展过程。

1. 霍桑试验

在管理思想发展史上，没有任何一项研究能够像霍桑试验那样获得管理学界持续广泛的关注。在美国西方电气公司的霍桑工厂进行的一系列试验，即霍桑试验，开始于 1924 年，历时 8 年之久。该研究最初的目的是根据科学管理原理，探讨工作环境对劳动生产率的影响。研究人员试图通过照明度变化与产量变化之间的关系来分析工作环境与劳动生产率之间的关系。他们改变工作场所的照明度，得到的结果是：产量的浮动与照明度的变化并无直接关联；无论照明度如何变化，产量都普遍提高。1927 年冬，著名心理学家与管理学家乔治·埃尔顿·梅奥（George Elton Mayo，1880—1949）开始参加

---

① 罗宾斯，库尔特. 管理学［M］. 11 版. 李原，孙健敏，黄小勇，译. 北京：中国人民大学出版社，2012：30.

该项试验。1928—1932年,由梅奥组建的研究团队持续在霍桑工厂进行研究,探究心理与社会因素对工人工作行为的影响。梅奥认为,"小组中人员心理态度的显著变化"是解释霍桑试验谜团的关键因素。[①] 该项研究的结果表明:劳动生产率不仅同物质条件有关,而且同工人的心理、态度、动机有关,还同群体中的人际关系以及领导者与被领导者的关系相关。梅奥在1933年发表的《工业文明中的人的问题》一书中,对霍桑试验的结果进行了总结,其主要结论包括下述三个方面。

(1)工人是"社会人",是复杂的社会系统的成员。人们的行为并不单纯出于追求金钱的动机,还有社会、心理方面的需要,即追求人与人之间的友情、安全感、归属感与相互尊重等。管理者若能真诚关心下属,重视情感沟通,那么工人的生产率将会有较大的提高。

(2)企业中除了存在正式组织之外,还存在非正式组织。这种非正式组织的作用在于维护其成员的共同利益,使之免受内部个别成员的疏忽或外部人员的干涉所造成的损失。非正式组织有自己的核心人物与领袖,有大家共同遵守的观念、价值标准、行为准则与道德规范等。非正式组织以其特有的感情倾向与精神导向,左右着成员们的行为。

(3)新的领导能力在于提高工人的满意度。在决定劳动生产率的因素中,置于首位的因素是工人的满意度。工人的满意度越高,其士气就越高。工人的高满意度来源于其个人需求的有效满足,既包括物质需求,又包括精神需求。

2.人际关系运动

根据霍桑试验,提高劳动生产率的关键在于管理者对工人的更多关心和尊重。这就要求管理者与工人建立良好的协作关系,并理解如何才能使工人对工作感到满意。为此,研究人员从各个方面开展了人际关系研究:对人性的研究;对人的需要、动机、行为与激励的研究。20世纪30年代至40年代,工作中的人际关系研究形成热潮。人际关系训练也在20世纪40年代末期开始流行,其主要目的是提高人际技能与克服沟通障碍。

3.行为科学学派

人际关系学家认为工人是有各种各样需要的"社会人",这比"经济人"的观点有了更大的进步,但他们对人性的描述较为简单,常使管理者不知道在特定情况下应该采取何种行动。为此,后续研究需要从各种角度更全面详尽地分析人的工作行为。行为科学理论就是在这种需求推动下形成的。1949年,在美国芝加哥大学召开了一次由哲学家、心理学家、精神病学家、生物学家和社会学家等参加的跨学科的科学会议,讨论了应用现代科学知识来研究人类行为的一般理论。这门综合性学科在会议上被定名为"行为科学"[②]。行为科学学派强调通过科学研究来形成关于组织中的人的行为理论,并要求能据此指导管理者的管理实践。他们运用心理学、社会学、人类学、管理学等学科知

① 雷恩,贝德安.管理思想史[M].6版.孙健敏,黄小勇,李原,译.北京:中国人民大学出版社,2012:222.
② 周三多,陈传明,鲁明泓.管理学——原理与方法[M].5版.上海:复旦大学出版社,2012:65.

识，从个人、群体及组织的各个方面来分析人的工作行为。他们不仅关注人的需要、动机与激励因素，而且研究环境的压力、人际的沟通、组织的变革、纷争的解决、领导的方式等。

行为管理思想改变了人们对管理的思考方式。相关研究者把人看作宝贵的资源，探究人的作用、需要、动机、相互关系和社会环境等方面对管理活动及其结果的影响，探究如何处理好人与人之间的关系、协调人的目标、激励人的主动性与积极性，以提高工作效率。但是，个人行为的复杂性导致对行为准确分析与预测的困难性，因此，行为科学要在实践中得到广泛的应用，还有待理论的进一步发展与完善。

（五）定量管理思想

定量管理思想产生和发展于第二次世界大战中。英国与美国的军队为了解决当时战争中的一些问题，组建了由各类专家组成的运筹研究小组，获得了理想的效果。譬如，英国通过数学家构建的资源最优分配模型，解决了怎样以有限的皇家空军力量来抵抗庞大的德国空军的难题。定量方法的成功逐渐引起了实业界的关注。随着战后资本主义生产力的迅速发展与企业规模的迅速扩大，产生了管理精细化需要。在第二次世界大战中总结出来的资源分配运筹方法为战后解决管理精细化问题奠定了基础。这种需要与方法的结合促进了定量管理思想的发展。当运筹研究人员在战后纷纷到公司就业以后，定量管理思想在企业管理中得到了迅速运用与推广。

定量管理思想的基本观点是：有效管理的关键在于度的把握，定量化能提高管理的效率与效益。定量管理思想的核心是把数学、统计学和信息技术用于管理决策与提高组织效率。它包括三个主要分支。

1. 管理科学

管理科学（management science）亦称运筹学，通过具体的数学模型与统计模型的应用来提高决策的有效性。例如，通过线性规划的方法，对有限的资源进行合理的配置；通过博弈论的方法，对企业的竞争战略进行深入的剖析。1953 年，美国管理科学学会成立，并开始出版《管理科学》杂志。

2. 作业管理

作业管理（operation management）亦称运营管理，包括库存管理、工作安排、计划编制、设备安装与设计、质量控制等方面，常用到预测技术、库存分析、物资供应系统、网络图、质量控制统计技术和项目计划评审技术等定量化方法。作业管理可看作实用管理科学的一种形式，但它所用的数学与统计方法比管理科学所涉及的内容要简单得多。

3. 信息技术在管理中的运用

通过信息技术建立的管理信息系统，可把原始资料转化为各个层次的管理者决策所需要的信息。信息技术的优越性，使得管理者可以通过管理信息系统迅速了解情况并提出对策建议，从而有效提升管理效率。

定量管理思想的特点包括三方面：力求减少决策中的个人艺术成分，依靠决策程序与数学模型来寻求优化方案;以效益作为各种备选方案评判的依据;强化信息技术在组织管理中的运用。定量研究人员把科学的知识与方法用于探究复杂的管理问题,以便制定正确的目标和合理的行动方案。因此,与其说定量管理思想是探求管理的科学,不如说是努力把科学应用于管理,从这一点而言,定量管理思想与科学管理思想是极为相似的。

信息化是时代发展的大趋势。这要求管理者改善决策方法与管理方式,寻求合理分配与使用资源的更好手段。因此,定量管理思想在管理决策中得到了越来越多的运用,尤其是在计划与控制决策中。在管理实践中,解释与预测组织成员的行为是比较困难的,而且时常受到实际情境难以定量化的限制。但是,随着移动互联网的迅速发展和神经科学、智能技术、云技术与大数据分析技术的广泛运用,定量管理思想必将在 21 世纪得到更大的发展与完善。

（六）权变管理思想

在上述各种管理思想不断运用与发展的同时,随着政治、经济、科技与社会环境的变化,新的管理思想不断涌现。20 世纪 70 年代发生的"石油危机",标志着企业所处的环境从稳定走向动荡,而经营的全球化则要求企业能够适应不同文化背景与社会制度。外部环境成为管理学界最受关注的因素之一。如何适应环境变化以及怎样在多变的环境中脱颖而出等问题成为管理研究的重点。与此相适应,从 20 世纪最后几十年看,占主导地位的管理思想是权变管理思想,其中包括系统理论、权变理论与过程理论等。

1. 系统理论

系统观是对管理思想进行组织、阐述与理解的有效方式。切斯特·I. 巴纳德（Chester I. Barnard,1886—1961）是系统理论的主要代表人物之一。他于 1938 年发表《经理人员的职能》一书,从社会组织系统的角度分析了经理人员的职责与任务,探讨了组织形成的原因、正式组织与非正式组织之间的关系等。他被认为是系统组织理论的创始人。但是,直到 20 世纪 60 年代,系统理论才对管理思想产生了广泛的影响。此后,从系统角度分析组织的理论得到了迅速的发展。

系统是指相互依赖的各部分以一定的形式组合而成的一个整体。每一个系统都包括四个方面:从周围环境中获得这个系统所需要的资源;通过技术和管理等过程,促进输入物的转化;向环境提供产品或劳务;环境对组织所提供的产品或劳务做出反馈。根据系统理论,组织是由相互依存的因素所组成的系统。局部最优不等于整体最优。因此,管理者的作用就是确保组织中各部分之间的相互协调,以实现组织的整体目标。

2. 权变理论

之前的管理研究倾向于寻求普遍适用的最佳方法。而根据权变理论,组织的管理应根据其所处的内外部环境的变化而变化,世界上没有一成不变的、普遍适用的最佳管理理论与方法。

根据科学管理理论,要提高劳动生产率,就必须进行分工,这是普遍适用的管理原则;根据权变理论,在一定的范围内,分工确实会提高效率,但分工太细则会降低效率。

科学管理理论采用"假如 X，那么 Y"的表达形式。权变管理理论采用的则是"假如 X，那么 Y，但只有在 Z 的情况下"的表达形式，其中 Z 为环境变量。

3. 过程理论

过程理论是在法约尔的一般管理理论的基础上发展起来的。该理论学派把管理看作一个过程，认为管理是由许多相互关联的职能所组成的。通过对这些职能的分析，可归纳出一系列的管理原则，从而形成系统的管理理论。孔茨等人对该学派进行了发扬光大。孔茨的主要代表作包括《管理学》《管理理论的丛林》《再论管理理论的丛林》等。孔茨是过程理论的集大成者，他使该理论更为系统化、条理化。因为过程理论提供了一个分析与探究管理的思维框架，其内涵既广泛又易于理解，所以这一学派已被人们广为接受。

权变管理思想的基本观点是：每一种管理理论与方法都有适用范围，管理者在实践中做什么取决于具体的环境，要根据组织所处的环境因地制宜地处理管理问题与寻求适合的管理模式。在继承以前各种管理思想的基础上，权变管理学派把管理研究的重点转移到了对管理有重大影响的环境因素的研究上，试图通过对环境因素的研究，找到各种管理理论与方法的具体适用场合。

进入 20 世纪 80 年代，随着经济活动的国际化与环境的复杂多变，组织管理面临着新的挑战。这迫使西方发达国家的管理理论界与实践界认识到规模扩张与盲目多元化的危害，转而重视竞争战略理论、组织文化理论及全面质量管理理论。

进入 20 世纪 90 年代以后，各种新的管理理论不断涌现，其中最著名的是企业再造理论、学习型组织理论与核心能力理论。进入 21 世纪以后，随着市场竞争的加剧、顾客需求的个性化和科学技术的日新月异，引起了管理规则的重构、知识管理的兴起与网络化组织的发展。

党的二十大报告指出，实践没有止境，理论创新也没有止境。问题是时代的声音，回答并指导解决问题是理论的根本任务。今天我们所面临问题的复杂程度、解决问题的艰巨程度明显加大，给理论创新提出了全新要求。目前，我国基本上还处于同步引进西方国家先进的管理理论，着手发掘中国古代管理思想，开始总结管理实践中的成功经验，探索创立中国特色的管理理论与方法的阶段。我国管理理论研究还落后于先进的管理实践，许多在我国管理实践发展起来的管理思想与方法，还有待管理学者进行系统总结。

第三节　管理的重要性

与人类的欲望相比，人类拥有的资源总是短缺的，因此，管理的必要性是普遍存在的。人类为了更好地满足自身的欲望或实现预期的目标，就必然会有效地利用其有限的资源。无论人们从事何种职业,实际上都在参与管理:或管理自我,或管理家庭,或管理企业,或管理社会团体,或管理国家。自我的成长,家庭的幸福,组织的成败,国家的兴衰,都与管理的有效性密切相关。

一、对社会发展的重要性

(一)管理是社会发展的支柱力量

现代管理科学是 20 世纪人类最伟大的成果之一。科学、技术、管理是现代社会发展的三大支柱。科学与技术是两个轮子,管理是轴。通过科学管理,科学技术才能有效转变为生产力,才能有效推动物质文明建设、精神文明建设与社会进步。美国在总结第二次世界大战后经济实力的高速增长时,自称"三分靠技术,七分靠管理"。德鲁克曾一针见血地指出:"发展中国家并不是发展上落后,而是管理上落后。"[①]因此,人们学习管理的基本理由是鉴于管理在当今社会中的重要性。我们在生活中已日益感受到管理在社会中的重要作用。我们经常可以看到管理不善所导致的各种恶果。社会各个层面都需要能提高效率与效益的管理者。人类社会如果得到良好的管理,不良现象就会得到改善,大家的梦想才能逐渐变为现实。在 21 世纪的中国,要"实现中华民族伟大复兴的中国梦",需要管理思想、理论和方法的支撑、融合与创新,需要大量德才兼备、知行合一、卓有成效的管理者。

(二)管理是所有组织的普遍需要

管理的普遍性是指无论组织规模的大小,无论组织属于何种类型,无论组织的哪个层次,无论组织的哪个职能领域,无论组织处于任何地域,管理都是不可或缺的(见图 1.2)。[②] 在上述各种各样的组织环境中,管理者都需要履行计划、组织、领导、控制与

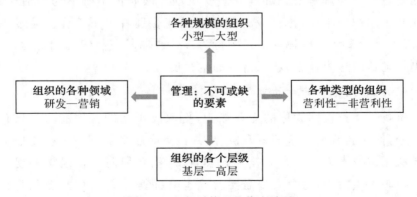

图 1.2 组织对管理的普遍需要

资料来源:罗宾斯,库尔特.管理学[M].15 版.刘刚,等译.北京:中国人民大学出版社,2022:15(略有调整).

---

① 朱占峰.管理学原理——管理实务与技巧[M].2 版.武汉:武汉理工大学出版社,2009:7.
② 罗宾斯,库尔特.管理学[M].15 版.刘刚,等译.北京:中国人民大学出版社,2022:14-15.

创新的职能，只不过从事各种职能的重点有所差别而已。管理良好的组织会获得利益相关者的支持与奠定成长的根基；管理不善的组织会导致核心人才的流失与成长基础的丧失。通过学习管理，你能够明确成功组织的基因，并确立学习的标杆；你能够发现不良组织的问题，并采取必要的行动加以改正。

（三）管理是效益提升的决定因素

现代化大生产更加突出了科学管理的重要价值。管理是有效地组织共同劳动所必需的。随着生产社会化程度的提高，组织规模的扩大，组织经营的全球化，资源配置的复杂化，以及劳动分工的精细化，组织的科学管理就显得日益重要，尤其要求重大决策的正确与战略执行的高效。经济实力是社会发展的重要基础，而振兴经济必须依托有效的管理。如果缺乏科学的管理，各种环境要素与资源条件就难以产生协同效应，也就无法获得理想的社会与经济效益。在当代社会中，以有限的资源投入获得最大的产出，是每一个组织都需要遵循的原则。无论营利性组织还是非营利性组织，都必须有成本费用观念，都需要追求效益优化。而决定一个组织效益大小与资源效率高低的先决条件是资源的有效配置与优化使用，其基本手段是科学管理。[①] 因此，管理是促进经济发展与提升社会效益的决定性因素。

二、对个人发展的重要性

（一）管理的认知：个人生存的关键要素

自学校毕业后，你就开始了自身的职业生涯。你必须面对的一个现实是：一般走上社会，不是从事管理就是被人管理。学习现代管理知识也许只是为了能获得某个学位，但这应该与绝大多数学习管理的人无关。当你对管理的认知水平得到不断提升时，你就会更好地管理自己与理解所处环境的演变机理。假如你不得不为生活而去工作，那么你肯定在某个组织中工作，你将成为管理者或在管理者手下工作。通过系统学习管理知识，你就可以较多地了解你的上司的行为方式或你所在组织的内部运作方式，从而有助于你更好地适应这个社会，增强自身的生存能力。

（二）管理的能力：个人晋升的重要条件

你的职位晋升不仅仅因为你的专业能力，更取决于你的管理能力。只有具备了一定的管理能力，你才会获得更多的晋升机会，并在更高层次的职位上获得职业生涯的成功。若你想从一位技术人员晋升为技术管理者，你就必须向所在组织展现你所拥有的管理素质。在职场生活中，每个人都需要清醒地规划个人成长之道，要培育自身的管理意识，积极地面对各种竞争，从大处着眼、小处着手，不断提升自身的管理素质。

（三）管理的方法：个人成材的有效手段

灵活运用管理的方法有助于个人成就一番事业。因为个人资源相对于个人追求的

---

① 辛磊，易兰华.企业管理概论［M］.2版.上海：上海财经大学出版社，2012：24.

有限性,你必须学会组合运用各种管理手段。管理学中的大多数知识同样适用于自我管理。人的一生是有限的,你要在有限的一生中达成理想的实现或欲望的满足,就需要掌握有效管理的方法。在各项管理能力中,首要的是自我管理能力,因为当你难以改变他人时,只能从改变自己开始。学好管理学,有助于个人明晰自身的定位,有助于个人在实践中少走弯路,有助于个人早日成材。

总之,我们学习现代管理的基础知识,不仅是当今社会发展的需要,而且是每个人在社会中生存与实现个人理想的需要。我们都应该用心学习一些管理知识,并努力把管理知识转化为推动社会进步与自身成长的力量。

第四节　管理学及其特点

一百多年的现代管理学发展史,产生了精彩纷呈的管理思想、学派、理论与方法,让人们感知到管理学的博大精深。孔茨把这种现象称为"管理丛林",并指出丛林虽然茂盛,但长得杂乱了一些,因此我们要避免迷失在这片丛林中。[①] 随着管理实践活动的日趋丰富与繁杂,各界人士越来越重视管理学在个体日常生活与组织经营活动中的作用。这就为深入地探究管理活动的本质与原理提供了必要的条件,从而有助于管理界发展与完善管理学的内容。

一、管理学的定义

管理学是指系统地研究管理活动的普遍规律、基本理论与一般方法的科学。经过众多研究者的概括与提炼,形成了各种管理理论与方法。管理学的形成和发展与人类社会进步、文化积累以及思想变化是密不可分的。它是人类智慧的结晶,为人们提供了一套比较完整、系统的管理理论与方法。

管理学科的研究对象大致包括四个层次:个体层次、群体层次、组织层次与组织间层次。管理学研究以组织为核心,往下衔接群体与个体的研究,往上衔接组织间的研究。因此,管理学注重于研究管理中的一般问题,主要以组织管理为研究对象,探究管理者如何有效地管理其所在的组织。

管理学是整个管理学科体系的基石。对于不同行业、不同部门、不同性质的组织,其具体的管理方法与内容可能很不相同,因此形成了许多专门的管理学科,如企业管理、学校管理、行政管理、工业管理、农业管理、科技管理、财政管理、城市管理、社团管理以及国民经济管理等。管理学是一门研究一般组织管理理论的科学,聚焦于所有组织的普遍性

---

① 杨杜.管理学研究方法[M].大连:东北财经大学出版社,2009:41.

管理问题,所涉及的管理基本原理、基本思想与基本原则是各类管理学科的概括与总结。

二、管理学的特点

视频:管理学特点
及学习方法

为了更好地掌握现代管理基础知识,我们首先要了解管理学的特点。管理学作为一门重视事实知识与原理知识的科学,具有以下基本特点。

(一)管理学是一门不精确的科学

人们通常把在给定条件下能得到确定结果的科学称为精确的科学。一般来说,管理者应首先进行计划,应根据员工变化着的需要来调整相应的激励手段。这也许可以称为管理原则,但显然缺乏精确科学中的严密性。这主要是因为影响管理的因素众多,而且管理活动主要是与人打交道,不可控因素太多,使得人们只能借助于假设或人为的分析来进行定量与定性相结合的研究。

科学是正确反映客观事物本质与规律的知识体系,是建立在实践基础上并经过验证或严密逻辑论证的关于客观世界各个领域中事物的本质特征、必然联系与运动规律的理性知识。根据这一概念,管理学是一门科学,尽管不像自然科学那么精确,但是经过长期的探索与总结,已形成了反映管理过程客观规律的理论体系,据此,可以解释管理工作中过去和现有的变化,并预测未来的变化。我们可以用许多精确科学中所用的方法来定义、分析、度量各种管理现象,可以通过科学的方法来学习与研究管理学,不同的只是不能像精确科学那样进行严格的实验。

管理学是一门科学,因此我们能通过学习掌握其基本原理,并据此指导实践;而它又是不精确的科学,因此在实际运用中,要具体问题具体分析,不能不顾实际情形,机械地运用管理理论与方法。

(二)管理学是一门综合性科学

作为达成目标的有效手段,管理不仅在各种组织中普遍存在,而且涉及人、财、物、信息、技术、环境的动态平衡。管理过程的复杂性、动态性和管理对象的多样化决定了管理所要借助的知识、方法和手段的多样化。因此,管理学的研究也必然涉及众多的学科,主要有哲学、经济学、社会学、心理学、生理学、人类学、伦理学、政治学、法学、数学、计算机科学、系统科学等。

管理学的综合性决定了我们可以从多元视角出发研究管理问题;管理的复杂性和对象的多样化则要求管理者必须具有广博的知识,以自如地应对各种各样的管理问题。

(三)管理学是一门应用性科学

管理理论来源于实践,运用于实践。管理学的学习者和应用者要提高调查研究能力。调查研究是做好工作的基本功,因此管理者要学会调查研究方法,践行调查研究工作,在调查研究中提高管理素质。由于管理环境的不确定性,在应用管理知识时,管理者需要具有针对性、创造性与灵活性。我们可以借鉴先进组织的经验,但不能简单地复制别人成功的做法。部分实战者所讲的成功技巧,可能是不可重复的一次性体验。因此,管理具有很强的实践性,管理者需要在实践中探索新的战略方向与运作方式,依靠持久的努力走出一条成功之道。

管理学的实践性决定了仅靠学校难以培养"成品"的管理者。为了成为优秀的管理者,我们除了通过系统学习来掌握管理学基本知识以外,还要在管理实践中不断磨炼,积累管理经验,干中学、学中干,真正领悟管理的真谛。

(四)管理学是一门发展中的科学

管理学的形成与发展有其深刻的历史渊源。管理学发展到今天,已经历了不同的历史发展阶段。在每一个历史阶段,由于时代背景的不同,产生了各种管理理论。这些理论有些已经过时,有些仍在发挥作用。但总体而言,管理学是一门非常年轻的学科,还处于不断更新、整合与完善的发展过程中。同时,作为一门与社会经济发展紧密相连的学科,它也必将随着社会的进步、经济的发展、科技的革新而得到进一步发展。

综上所述,管理学是一门科学,管理实践则具有艺术性。管理学研究管理过程中的客观规律,由一整套的基本概念、理论与方法组成。这使得我们能够对具体的管理问题进行具体的科学分析,并进而得出科学的结论。从这个意义上来说,它是一门可以学习与传授的科学。但管理活动又具有很强的实践性。面对错综复杂的管理环境与管理问题,管理者需要具有根据实际情况行事的经验、能力和技巧,需要运筹帷幄、灵活应变、开拓创新。因此,你懂得管理学基本知识,并不意味着你在实践中能正确地加以运用。从这个角度而言,管理又是一项基于管理者直觉、经验与悟性的艺术。

根据管理学的研究焦点与基本特点,我们认真学习管理理论知识,学会分析管理问题的思维与方法,有助于在实践中认清管理问题,并提出正确的解决方案;努力将所学管理知识应用于实际管理问题,则可进一步加深对管理理论的理解与掌握,以真正领悟管理知识;而广泛地学习各种学科知识,则有助于更好地从各种角度加深对管理学的理解,提高处理实际管理问题的能力。因此,为了学好管理学,我们必须多读书、多观察、多倾听、多思考、多实践。

与人文社科类专业的学生相比,理工类专业的学生更习惯于量化思维与逻辑思维,更倾向于追求最优选择、标准答案与单一目标。当今社会不仅仅需要具有严密逻辑思维与扎实专业知识的理工类人才,更需要具有创新性思维与良好人文素养的复合型理工类人才。"现代管理基础"是一门主要为理工类专业的学生提供管理基本知识的课程,因此我们在教学过程中要注重对学生"管理思维方式"——非线性思维、批判性思维、开放性思维、系统思维、底线思维与创新思维的培养和强化。

扩展阅读:体验
式教学

❖ **思考题**
·························

1. 如何理解管理的定义？

2. 管理产生的原因是什么？

3. 管理思想如何随着社会的发展而发展？

4. 21世纪的企业管理出现了哪些新趋势？

5. 霍桑试验得出了哪些主要结论？

6. 为什么要学习管理？

7. 管理学的基本特点是什么？

8. 如何运用管理理论来分析和解决管理实践问题？

第●章
企业发展及其特点

👉 **学习目标**

①明确组织的形成条件
②解释组织的功能与实质
③了解企业的定义与类型
④理解企业生命周期理论
⑤了解企业发展中的关键问题
⑥解释组织文化及其形成过程
⑦理解影响企业发展的环境因素
⑧了解环境因素管理的基本思路

为了满足多元化的社会需要,人们建立了各种类型的经济、社会和政治组织。德鲁克认为,企业是一种为了满足社会需要而将人们集合起来的经济组织,它是当代社会的代表性机构,代表着社会的经济基础。一个凭借大型企业将其工业资源组织起来的自由企业经济体和一个稳定强大的社会,不仅是相容的,更是互补的。[①] 企业是经济发展的基本细胞,其发展事关一个国家或地区的经济地位、民生就业和社会稳定。通过本章的学习,我们需要把握以下要点:组织的形成条件;组织的功能与实质;企业的定义与类型;企业生命周期理论;企业发展中可能出现的各种问题;影响企业发展的各类环境因素。

---

① 德鲁克.公司的概念[M].慕凤丽,译.北京:机械工业出版社,2009:224.

第一节　组织的形成与功能

管理学的主要研究对象是组织。组织是指人们为了实现某一特定目的而形成的一个系统集合。任何一个组织的构成要素包括：组织成员；组织目标；组织结构。企业作为以营利为基本目的的经济组织，其形成必须满足组织的形成条件，其功能的发挥取决于由成员配置、职位职权体系和规章制度等所组成的分工与协作结构。

一、组织的形成条件

视频：组织的形成
条件

　　管理学界公认的一个事实是，巴纳德对于"组织及其管理世界"的本质把握能力是首屈一指的。巴纳德认为，组织的形成必须具备下列条件：①存在能够彼此交流的人；②他们愿意做出贡献；③为了实现共同目标。因此，组织的形成条件是：合作的意愿；共同的目标；顺畅的沟通。这是组织最初成立时的必要条件与充分条件，并存在于所有的这类组织之中，相应地，企业的形成条件也主要包括这三个方面，以下将结合巴纳德的观点进行阐述。[①]

（一）合作的意愿

组织的生命活力，在于组织成员贡献力量的意愿。组织成员做出贡献的意愿是任何组织所不可缺少的。在一定程度上，合作的意愿意味着个体的自我克制与个体行动的非个人化，其结果是个人力量的凝聚与结合。

合作的意愿是每个个体对在特定企业中与在其他机会中获得的或预计到的"净满足"或"净不满足"进行比较之后的一种表现。也就是说，合作的意愿首先是把根本诱因与所需做出的牺牲进行比较的"净结果"，其次是把特定机会与其他机会所能得到的"净满足"进行比较的结果。

这个结果的衡量则完全是个人的、主观的，因此，组织依存于"个人的动机和满足个人的诱因"。为了更好地促进人们的合作，企业领导者要致力于形成一支同心合力、优势互补的团队。

（二）共同的目标

当考虑到团队的合作行动比个体的独立行动可能更为有利时，个体就会形成同别人进行合作的感觉或愿望。但只有确定了合作的目标与目的，合作的意愿才能逐渐形成与持续。因此，要创建一个组织，领导者必须发起，并与有意愿的个体一起确

立共同的目标。如果没有共同目标,就无法知道或预测个体需要付出什么样的努力,也无法知道个体期望得到什么样的满足。共同目标的必要性是不言而喻的,它隐含在"合作""协调""组织"这些字眼当中。如果共同目标不能让加入组织的个体认同或接受,它是不会激发起合作行动的,因此,共同目标得到认同与个体具有合作意愿往往是同时形成的。

共同目标的实现与个人动机的满足是相辅相成的。加入特定组织的每个人都具有双重人格:组织人格和个人人格。在一定程度上,组织的共同目标对个人而言并没有直接意义,而真正对其有意义的是组织与个人的关系,即组织施加给个人的责任以及给予个人的利益。一般而言,组织的共同目标是外在的、非个人的、客观的事物;个人的动机则是内在的、个人的、主观的事物。因此,企业管理者要让组织成员认识到组织共同目标的实现是个人欲望得到满足的根源。反复灌输共同目标的信念,是组织管理者的一项主要工作。这也为各类组织为什么要进行许多教育工作或思想工作提供了合理解释。

(三)顺畅的沟通

组织的共同目标能否有效实现,决定了个体的贡献意愿或合作意愿;个体是否具有贡献意愿或合作意愿,则决定了组织共同目标的实现。这两者是组织形成的互为前提的条件,而只有依靠每个个体的有效沟通,这两个条件才能实现共存。只有通过不断的沟通与互动,才能实现组织的共同目标与个体的合作意愿之间的动态平衡。也就是说,使"组织实现共同目标"和"个体做出贡献意愿"呈现动态平衡过程的可能性,是组织成员之间的沟通与交流。

显而易见,企业的共同目标必须为组织成员所共知,这就必须以合适方式进行持续的沟通。人们之间的信息交流主要依靠口头与书面的沟通。当然,人们能够观察到的具有明显意义的工作或行动,也是沟通的有效方式。沟通技术与平台是任何组织的重要组成部分。无法有效沟通也是许多组织决策失灵与执行失效的关键原因。因此,组织成员彼此的沟通对于组织的形成与发展具有至关重要的作用。只有促进组织成员之间的有效沟通,才能形成所有成员愿意共同遵循的组织群体规范。

二、组织的功能与实质

组织的持续存在,一是取决于其实现共同目标的能力。共同目标实现的程度标志着组织有效的程度。组织的动力取决于员工做出贡献的意愿,而这种意愿要求这样一种信念,即共同目标能够实现。在协作劳动的过程中,员工如果发现共同目标无法实现,那么这种信念就会逐渐削弱并降到零,如此,组织的有效性就不复存在了,员工做出贡献的意愿也就随之消失。二是取决于个人在实现共同目标的过程中所获得的满足。如果这种满足不能超过个人的付出,员工做出贡献的意愿也会消失,员工就失去工作的动力;反之,如果个人的满足超其付出,员工做出贡献的意愿就会持续下去,员工就会获得工作的动力。因此，管理者既要让员工明确与实现组织的共同目标，又要努力激发员工的工作动机与兴趣。[①]

在组织管理中，最常见的问题就是人们不知道如何正确处理人与人之间、部门与部门之间的关系，经常由于欠缺共同目标和相互协作而导致组织的瓦解。实际上，个人为何要加入一个组织，是因为这个组织可以在一定程度上有助于其实现个人目标或满足个人欲望。人的欲望的无限性，使得人不仅想实现靠其个人力量能够有效实现的目标，而且还想实现靠其个人力量无法或难以有效实现的目标，为此，就必须借助他人的力量，组织也就因此而产生。因此，组织的功能在于克服个人力量的有限性，实现靠个人力量无法实现或难以有效实现的目标。

组织通过组织成员间的分工协作来发挥功能，即通过分工发挥每个成员的专长，通过协作形成群体力量。因此，分工协作是组织实现有效性的手段，也是组织管理的重点。而组织成员间要进行分工协作，就要求志同道合、能力互补、沟通顺畅。因为只有志同道合，才能进行相互协作；只有能力互补，才能进行合理分工；只有沟通顺畅，才能进行高效行动。因此，组织成员的志同道合、能力互补、沟通顺畅是组织有效发挥功能的前提，也是组织成长和发展的前提。

只有认清组织的实质，我们才有可能处理好组织内部的各种关系。从本质上而言，组织是一个利益共同体。一个人之所以愿意加入到一个团队中，受群体规范的约束，与其他人共享成果，是因为在这个组织中能够更好地实现自己的目标。而一个人要实现独自难以实现的目标，就必须借助于群体的力量。如此，只有在通过群体的努力实现了共同目标之后，个人才有可能实现自身的目标。在组织发展的过程中，我们关心他人、帮助他人，在很大程度上是出于对自己在这个组织中的个人利益的关心。因此，组织的发展依托于群体的努力，个人的发展依托于组织的发展。

第二节　企业的概念与类型

企业作为协作劳动的一种组织形式，其出现是社会分工发展的必然结果。作为一种经济组织，企业具有鲜明的特征与多元的形态。

一、企业的概念

所谓**企业**，其实是一个集合概念，它是泛指一切从事生产、流通或者服务性活动以谋取经济利益的经济组织，凡追求经济目的的经济组织，都属于企业的范畴，所以企业

---

① 巴纳德.经理人员的职能[M].王永贵,译.北京:机械工业出版社,2013:63-71.

是指以营利为目的的组织。[①] 根据企业的定义,可以发现企业具有以下特征。

（一）经济性

企业是一个经济组织。企业是组织生产要素进行生产经营活动的单位,是通过层级结构与权责分配而组成的一个经济实体。它从事社会商品的生产、流通或服务等经济活动,是社会经济系统的基本组成单位,是国民经济的微观基础。作为经济组织,它拥有自己的成员、财产、名称与组织机构,努力实现劳动者、生产资料与劳动对象的有机结合。企业在从事经济活动过程中要牢牢把握高质量发展要求,特别关注人民对美好生活的追求与向往,高质高效地完成经济目标。

（二）营利性

企业是一个营利性组织。企业不同于政府机构、事业单位与公益团体,也区别于非营利性经济单位。企业通过从事一种或多种具体的业务以谋求利润。企业需要以自身的收入补偿各项支出并获得利润,否则就无法得以生存与发展。

（三）自主性

企业必须依法设立,在国家法律许可的范围内,从事经营管理活动,自主经营,自负盈亏,实行独立核算。一般而言,企业因有自负盈亏的责任,就必须有自主决策的权利。自主决策权可以调动企业管理者的积极性,并促使他们在职责范围内更好地承担经济与社会责任。

（四）社会性

企业是一个社会组织。首先,企业是一个为满足社会需要而存在的组织。企业必须生产和提供人们所需要的产品或服务,其存续要以满足人们的需要为前提。其次,企业是一个向社会全面开放的系统。企业的经济活动必然受到社会环境、政治环境等的影响与制约,它的存续离不开社会的支持与帮助,与此同时,它对社会发展、文化繁荣也会产生一定的影响。[②] 最后,企业是一个由社会个体组合而成的利益共同体。企业由拥有不同资源和能力的个体组成,每个个体通过推动企业发展来实现各自的追求。

二、企业的类型

由于经济活动与管理环境的动态化与复杂化,作为基本经济单位的企业呈现多种属性与多元形态。根据不同的分类依据,企业可分为不同的类型,常见的企业类型如表 2.1 所示。

[①] 中华人民共和国公司法(实用版)[M].北京:中国法制出版社,2017:2-3.
[②] 吴拓.现代工业企业管理[M].北京:电子工业出版社,2012:6.

表 2.1　常见的企业类型

分类依据	企业类型
财产组织形式与所承担法律责任	个人独资企业；合伙企业；公司制企业
经济活动方式	生产企业；流通企业；服务企业
所属行业和部门	农业企业；工业企业；建筑安装企业；运输仓储企业；邮电企业；商业企业；旅游企业；金融企业；咨询企业
生产要素密集度	劳动密集型企业；资金密集型企业；知识密集型企业
生产资料所有制形式	全民所有制企业；集体所有制企业；合资经营企业；私营企业；外商投资企业；港澳台投资企业；混合所有制企业
生产规模	大型企业；中型企业；小型企业
生产社会化组织程度	单厂企业；多厂企业；经济联合体；连锁企业；企业集团
生产经营活动区域	国内企业；境外企业；国际企业

企业根据财产组织形式与所承担法律责任的不同,可分为个人独资企业、合伙企业和公司制企业。公司制企业是典型的法人企业,它是现代企业的主要组织形式。《中华人民共和国公司法》(以下简称《公司法》)适用的公司有两种:一是有限责任公司,二是股份有限公司。

（一）个人独资企业

个人独资企业,是指依照《中华人民共和国个人独资企业法》在中国境内设立,由一个自然人投资,财产为投资人个人所有,投资人以其个人财产对企业债务承担无限责任的经营实体。这是一种最简单的企业组织形式。个人独资企业普遍存在于小型加工业、零售业、物流运输业、手工业、农业、林业、渔业、服务业、中介业等领域。个人独资企业具有以下法律特征:由一个自然人投资;投资人对企业的债务承担无限责任;内部机构设置简单,经营管理方式灵活;属于非法人企业,不具有法人资格,但却是独立的民事主体,能以自己的名义从事民事活动。

（二）合伙企业

合伙是指两个以上的人为着共同目的,相互约定共同出资、共同经营、共享收益、共担风险的自愿联合。合伙企业,是指自然人、法人和其他组织依照《中华人民共和国合伙企业法》在中国境内设立的普通合伙企业和有限合伙企业。普通合伙企业由普通合伙人组成,合伙人对企业债务依法承担无限连带责任。有限合伙企业由普通合伙人和有限合伙人组成,普通合伙人对企业债务承担无限连带责任,有限合伙人以其认缴的出资额为限对企业债务承担责任。[①] 其最常见的领域为中介业,如律师事务所和会计师事务所等。

---

①　中国注册会计师协会.经济法[M].北京:中国财政经济出版社,2023:137-152.

（三）公司制企业

公司制企业是指由投资人依法出资设立，有独立法人财产，自主经营、自负盈亏、独立核算的法人企业。由于各国法律对公司规定的不完全一致，而且不同类型的公司法律特征有一定区别，公司的概念并不统一。根据我国《公司法》的规定，**公司**是一种企业组织形态，是依照法定的条件与程序设立的，以营利为目的的商事组织。公司的基本特征为：①依法设立；②以营利为目的；③以股东投资行为为基础设立；④具有独立法人资格[①]。我国法定的公司制企业包括有限责任公司和股份有限公司两种形式。以下内容基于我国《公司法》的规定，说明了这两类公司的主要特点。

有限责任公司的股东以其认缴的出资额为限对公司承担责任；股份有限公司的股东以其认购的股份为限对公司承担责任。公司股东对公司依法享有资产收益、参与重大决策和选择管理者等权利。设立公司应当依法制定公司章程。公司章程对公司、股东、董事、监事、高级管理人员具有约束力。

有限责任公司由一个以上五十个以下股东出资设立。设立股份有限公司，可以采取发起设立或者募集设立的方式。发起设立，是指由发起人认购设立公司时应发行的全部股份而设立公司。募集设立，是指由发起人认购设立公司时应发行股份的一部分，其余股份向特定对象募集或者向社会公开募集而设立公司。

上市公司是股份有限公司的典型代表。**上市公司**是指其股票在证券交易所上市交易的股份有限公司。上市公司具有两个基本特征：它必须是已向社会发行股票的股份有限公司；股票必须在证券交易所开设的交易场所公开竞价交易。上市公司设独立董事。"独立性"是独立董事这一职位的"灵魂"。独立董事应当独立履行职责，不受上市公司主要股东、实际控制人或者其他与上市公司存在利害关系的单位或个人的影响。[②]上市公司设董事会秘书，负责公司股东会和董事会会议的筹备、文件保管以及公司股东资料的管理，办理信息披露事务等事宜。上市公司应当依法披露股东、实际控制人的信息，相关信息应当真实、准确、完整。

有限责任公司与股份有限公司之间的主要区别如表 2.2 所示。

表 2.2　有限责任公司与股份有限公司之间的区别

项　目	有限责任公司	股份有限公司
设立	由一个以上五十个以下股东出资设立	发起设立或者募集设立；应当有一人以上二百人以下为发起人，其中应当有半数以上的发起人在中华人民共和国境内有住所
注册资本	在公司登记机关登记的全体股东认缴的出资额	在公司登记机关登记的已发行股份的股本总额

① 财政部会计资格评价中心.经济法[M].北京:经济科学出版社,2018:28.
② 中国注册会计师协会.经济法[M].北京:中国财政经济出版社,2023:195.

续表

项　　目	有限责任公司	股份有限公司
股权转让	股东之间可以相互转让其全部或者部分股权	股东持有的股份可以向其他股东转让,也可以向股东以外的人转让
	股东向股东以外的人转让股权的,应当将股权转让的数量、价格、支付方式和期限等事项书面通知其他股东,其他股东在同等条件下有优先购买权	股票的转让,由股东以背书方式或者法律、行政法规规定的其他方式进行;转让后由公司将受让人的姓名或者名称及住所记载于股东名册
组织机构	股东会是公司的权力机构;只有一个股东的有限责任公司或股份有限公司,不设股东会	
	设董事会;规模较小或者股东人数较少的有限责任公司或股份有限公司,可以不设董事会,设一名董事,行使公司法规定的董事会的职权。该董事可以兼任公司经理	
	设监事会;规模较小或者股东人数较少的有限责任公司,可以不设监事会,设一名监事,行使公司法规定的监事会的职权;经全体股东一致同意,也可以不设监事	设监事会;规模较小或者股东人数较少的股份有限公司,可以不设监事会,设一名监事,行使公司法规定的监事会的职权
利润分配	按照股东实缴的出资比例分配利润,全体股东约定不按照出资比例分配利润的除外	按照股东所持有的股份比例分配利润,公司章程另有规定的除外
财务会计报告	应当按照公司章程规定的期限将财务会计报告送交各股东	财务会计报告应当在召开股东会年会的二十日前置备于本公司,供股东查阅
		公开发行股份的股份有限公司应当公告其财务会计报告

第三节　企业生命周期

　　任何生物体都具有遵循生命周期的现象,经历一个从出生、成长、老化到死亡的生命历程。随着生命周期的演化,人们可以预知生物体的行为模式。企业同样也有类似于生物体的生命周期。企业生命周期是指企业诞生、成长、成熟、衰退甚至死亡的历程。但企业是人造物,若能抓住科技与产业变革机遇,提升创新能力与发展质量,勇于变革,革故鼎新,企业是可以延长自身寿命甚至实现基业长青的。为此,我们要研究企业生命周期的特点,以实现企业的可持续发展。

　　企业生命周期理论成为经济学与管理学理论对于企业成长问题的基本假设之一。由于新创企业平均寿命短,因此,如何把企业"做强、做大、做久",成为众多创业者或企业家共同关心的问题。国内外学者结合长期的企业实践,提炼出许多企业生命周期的理论或模型,对企业成长所经历的阶段及其特点进行划分和描述。其中以管理学家伊查克·爱迪思(Ichak Adizes)博士提出的企业生命周期理论最具代表性(见图2.1)。在其所著的《企业生命周期》一书中,他深刻地剖析了企业成长与老化的本质及特征。他将企业生命周期划分为10个阶段:孕育期、婴儿期、学步期、青春期、盛年期、稳定期、贵族期、官僚化早期、官僚期以及死亡期。本部分将根据爱迪思博士的观点,描述企业生命周期各阶段的基本特点与应变举措。[①]

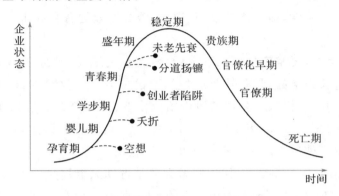

图 2.1　爱迪思的企业生命周期理论

资料来源:爱迪思.企业生命周期[M].赵睿,译.北京:华夏出版社,2004:96,195(略有调整).

一、创业阶段

视频:企业生命周期理论概述

万事开头难,企业创建也是如此。各种想象不到的困境,将不断地考验创业者的胆识、毅力与智慧。无数创业者以自己的亲身经历告诉我们:在创业阶段,企业生存是第一位的。因此,新创企业要着力解决的首要问题是生存问题而不是成长问题。只有在市场中先立足,才有机会通过逐步积累把事业做大。笔者认为,创业阶段基本对应于爱迪思企业生命周期理论中的孕育期与婴儿期。

（一）孕育期

企业生命起源于"孕育期"。这一时段先于企业出现,企业只是作为"概念"存在,还没有正式诞生。孕育期所强调的是创业的意图及其实现的可能性。尽管未来的创业者在这个时期只是高谈阔论而没有具体的行动,但他或她正在通过推销自己的"奇思妙想"而确立需要承担的责任。创业者越是成功地把自己的意图推销给别人,其责任心就越强。这个过程对于企业的健康"出生"是非常关键的。企业要按照创业者的意图运作,就需要创业者承担相应风险。

1.基本特征

孕育期的基本特征是:未来创业者追求的是诞生一个全新的企业;领导人的非凡勇

---

① 爱迪思.企业生命周期[M].赵睿,译.北京:华夏出版社,2004.

气、责任意识与风险意识是其中的关键；创业团队必须以市场需求与产品价值为导向。在创业者所要承担的责任成功地经受过考验后，以及在创业意图经受过现实检验后，企业就有了生命。创业者与投资者承担了责任与风险，而且风险越高，所要承担的责任越大。当然，为了成功创建企业，创业者所需要的远不只是好设想、有市场与有资金。任何一家新企业最需要的都是一位富有责任心的领导者。只有那种企业一旦诞生就全身心投入、殚精竭力的领导者，才能把设想、市场、资金有效地融合起来。

2. 关键问题

在企业的孕育期，要避免出现以下可能导致严重后果的问题：过于乐观估计未来市场的需求；过于追求当下的利润；缺乏敢担风险的领导者。这个时期的一大隐患是"创业者承诺过多"，如答应把未来公司的股份给合作者、律师等。这就如在恋爱过程中，有的人不顾实际地信誓旦旦、山盟海誓，而后则完全不负责任。因此，创业者既要注重现实需求，又要超越那种过于注重眼前利益的狭隘意识。

需要特别指出的是，未能经得住现实考验的孕育期只能算是一场"创业空想"。如果创业者在面对艰难处境时，不愿意承担相应的风险，那往往就会使"创业意图"流于空想。

3. 管理重点

企业孕育需要领导人敢于承担风险，企业要诞生必须有很强的创新精神。创业者需要认清企业孕育期的正常现象与不正常现象，并结合可能出现的关键问题，确立相应的管理重点（见表 2.3）。在企业的孕育期，其管理重点包括两个方面：

（1）市场导向的产品发展。创业者要根据尚未被满足的市场需求或潜在的市场需求，重视产品概念的市场测试，重视目标顾客选择与顾客价值创造，确定可行的盈利模式，以保证产品的市场可行性。

（2）选择合适的领导人。"理想"的领导人既具有创新精神，又敢于承担风险；既具有高度的责任心，又时刻注视着现实世界；既要坚持自己的梦想，又愿意向他人学习。因此，"健康"的创业者是那种既具有狂热的坚强信念，又仍然听得进道理的人。

表 2.3　爱迪思企业生命周期理论的孕育期

正常现象	不正常现象	管理重点
充满激情且经过现实考验	所担责任未经过现实考验	市场导向的产品发展
从头至尾进行了细节考虑	未经过从头至尾的细节考虑	
创业者关注现实且有激情	创业者狂热而不现实	选择合适的领导人
致力于增加价值的产品导向	纯粹的利润导向	
所担责任与风险相当	所担责任与风险不相当	
创业者掌握控制权	创业者的控制地位不稳固	

（二）婴儿期

当创业者承担了实实在在的风险时，企业就进入了婴儿期。这个时期的企业处于刚成立阶段,企业将为生存而奋斗。婴儿期的企业存活的关键在于"足够养分的摄取"和"亲生父母的照顾",即"必要资金的获得"和"创业者的持续关爱"。

1.基本特征

处于婴儿期的企业,其产品概念已被市场所接受,有了一定的销售收入,其目标追求是销量增长与资金平衡。婴儿期企业的基本特征是:行动导向,机会驱使;对销售收入极为关注;非常脆弱,稍不留神的结果往往是问题变成了危机,实行的是危机管理;创业者一般揽大权于一身,企业缺乏制度与规范,也缺乏授权;资金平衡以及创业者忘我的工作投入是成功的关键。因此,创业者努力工作,事必躬亲,拒绝授权,并关注短期结果,这都是企业生存的关键要素。但企业一旦进入学步期,这些做法则会病态性地制约企业的发展。

2.关键问题

在企业的婴儿期,要避免出现以下可能导致严重后果的问题:资金不恰当地投在长线项目里;以折扣降价来刺激销售成长,企业处于亏损运营状态;讲求规范和程序化运作,降低了企业灵活性;太早的授权使企业管理失控;把股份转让给不会与创业团队同舟共济的风险投资者;创业者缺乏足够的工作热情。

健康的婴儿期企业在能量积聚与资金获得方面是比较均衡的。这时的健康创业者控制企业的经营,获得家庭的支持,凡事亲力亲为,而且乐此不疲。一旦创业者的工作热情不复存在,对自己的创造物感到疏远以及对企业失去控制,或者运营资金不足时,就会出现企业"夭折"的情形。当然,源自家庭与社会的压力以及外来投资者的过多干预也可能使创业者失去工作热情,从而导致创业"夭折"。

3.管理重点

婴儿期企业最重要的是执行力,注重实干。因此,这一时期的企业应致力于销售扩张,并注意保持资金平衡。创业者需要明确企业婴儿期的正常现象与不正常现象,并确立相应的管理重点(见表2.4)。在企业的婴儿期,其管理重点包括五个方面:

(1)推动销售扩张。为实现销售增长,创业者需要建设销售组织,扩展销售区域,发展新顾客,以及推进产品系列化。

(2)实现资金平衡。创业者要致力于拓展资金渠道,建立现金流量的控制体系,并执行每周资金运作汇报制度。

(3)强化实干精神。婴儿期要承担的风险必须要靠有效行动来消除。因此,实干精神与能力居于主导地位。企业应选用执行力强,有奋斗精神且能干实事、出实效的人。

(4)明确业务焦点。新创企业必然存在资源相对匮乏的问题,因此,创业者需要明确业务焦点,集中有限资源,专注于关键客户。只要企业能认真分析应做哪些事情、如何去做和由谁去做,创业者就可以在婴儿期避免资金不足的困境。

(5)获得必要支持。创业者既要有坚定的意志,又要努力获得必要的支持,尤其是来自家庭、外来投资者以及实干型人才的支持。

表 2.4 爱迪思企业生命周期理论的婴儿期

正常现象	不正常现象	管理重点
现金支出大于收入	意想不到的负现金流	推动销售扩张
责任心持续不变	责任心丧失	
缺乏管理深度	过早授权	实现资金平衡
缺乏制度	过早制定规章制度和工作程序	
缺乏授权	创业者失去控制权	强化实干精神
能听得进意见的独裁者	刚愎自用、听不进不同意见	
出现失误	不容忍出现失误	明确业务焦点
根据危机进行管理	出现无法管理的危机	
家庭支持与外部支持	缺乏家庭支持与外部支持	获得必要支持
短期融资用于短期投资项目	短期融资用于长期投资项目	

二、成长阶段

新创企业如果能生存下来，且创业者保持热情、勇于实施，一般可以较快地步入成长阶段。在孕育期，我们看到了创业设想的形成。在婴儿期，极具责任心的创业者将设想付诸实践。如此，设想慢慢变成现实，企业现金流也不错，产品销售也得到了增长。企业不仅存活下来了，而且渐渐显现出兴旺的景象。处于成长阶段的企业能在较短时间内获得快速发展，规模经济效应逐步产生，经济实力日趋增强，市场占有率提升，投资机会增多，员工人数增加，主业日益明显，抵御风险的力量得到增强。[①] 笔者认为，成长阶段基本对应于爱迪思企业生命周期理论中的学步期与青春期。

（一）学步期

当资金与经营活动达到稳定水平时，企业就会脱离婴儿期而进入学步期。企业在历经创业的艰辛后，创业者拥有了成绩与资金。有了成绩的保障，创业者显得信心满满，拥有非常好的感觉。有了运营的资金，创业者就常常冒出新的设想，忙于发展新业务与投资新项目。这就像一个学步的小孩，到处走动，却不知危险。

1. 基本特征

学步期企业开始进入盈利阶段，收入与利润逐步增加，员工显得充满活力。其目标追求是收入与利润的成长，以及市场份额的增长。学步期企业的基本特征是：一般已在业内建立了一定的市场地位，其生存有了保障；在创业者的眼中，处处是机会，常有投资其他事业的欲望与行动；创业者应将注意力放在运作绩效的提升上，追求收入与利润的双重成长；内部管理一般还不规范，但这是保持灵活性所必需的。

---

① 张玉利，陈寒松.创业管理.北京：机械工业出版社，2006：182.

2.关键问题

在企业的学步期,要避免出现以下可能导致严重后果的问题:创业者将其兴趣放在多元化投资上,造成现金流枯竭,主业得不到支持;过早地进行授权而又未能建立相应的管控体系,造成企业失控。

学步期企业如果不能形成适合自己的规章制度,没有将管理行为制度化,就会落入"创业者陷阱"。创业者是企业最宝贵的资产也是企业最大的风险。企业成长的速度往往要快于创业者移植其个人领导模式和领导哲学的速度。这个时期的创业者不能再唱独角戏了。这就到了创业者试图授权的时候了,但结局往往是分权与失去控制。创业者试图摆脱日常的管理,但又不想放弃控制。创业者离一线越来越远,同时又在授权上存在困难。企业构建了方针政策与规章制度,但创业者常常是第一个开始违反政策与制度的人。

3.管理重点

学步期企业应强化市场策略的制定,并对销售和业务范围进行有效控制。企业学步期的正常现象与不正常现象如表2.5所示。在企业的学步期,其管理重点包括以下方面:

(1)市场策略制定。企业应制定整体市场策略,重视客户需求与偏好分析,识别新机会,加强品牌传播,有力促进销售,并持续强调创新精神。

(2)销售控制。为防止销售失控,企业应强化客户信用控制、经销商控制、市场秩序控制与销售组织控制等方面。

(3)业务范围控制。企业应确定合适的业务边界,谨慎地进行多元化发展,以防止多元化陷阱。

(4)高层团队组建。创业者在高层团队中引入必要的核心人才,开始推进高层管理团队的组建与分工,尝试解决管理行为制度化的问题。

表 2.5　爱迪思企业生命周期理论的学步期

正常现象	不正常现象	管理重点
自信	自大	市场策略制定
热心、精力充沛	缺乏重点、精力太过分散	
找寻其他可做的事情	要做的事情没有范围	销售控制
成本控制不够	缺乏成本控制	
销售超出了配送能力	不顾质量进行销售	业务范围控制
责任不明确	缺乏责任心	
内部分化	相互间的信任和尊重减少	高层团队组建
基础不稳固	基础崩溃	
创业者不可或缺	创业者步入陷阱	

(二)青春期

学步期企业成功与自大的程度决定了其危机的大小,而危机的处理过程促使企业管理层认识到经营方针与规章制度的重要性。经营方针与规章制度的形成标志着企业行政管理系统的出现,也标志着企业向青春期的转变。从某种意义上来说,青春期企业得到了再生。从孕育期到婴儿期的转化,是企业实体的诞生。青春期是情感意义上的再生,企业在情感上逐步脱离了创业者,重新塑造自身。企业就像一个小青年,正努力脱离自己的家庭,确立自身的独立性。

1. 基本特征

青春期企业建立了一定的市场地位,但内部管理尚未跟上,它的首要任务是完善内部管理及业务运作机制。因此,其目标追求是规范化管理,以及收入与利润的增长。青春期企业的基本特征是:规模的迅速膨胀带来的管理滞后问题;新老员工之间、创业者与职业经理人之间出现冲突,开始出现派系与权力斗争的现象;企业目标与领导风格开始转换;创业者开始学习如何授权。

2. 关键问题

在企业的青春期,可能会出现以下导致严重后果的问题:日益规范的管理体系与企业原有的运作风格产生矛盾,而创始人往往会首先打破规则,从而使管理失控局面持续下去;职业经理人与董事会合作"赶走"创始人,从而使企业失去创新精神,提前进入老化阶段;过度的权力斗争使企业产生离心力。

青春期企业面临三个方面的挑战:职权的授予、领导风格的转变与企业目标的转换。这常常引发冲突与产生派系。具有创新与冒险精神的创业者和行政管理人员及董事会甚至"分道扬镳"。一旦创始人再次控制了局面,职业经理人往往被迫离开企业。如果行政管理人员在派系斗争中获得了胜利,创始人则很有可能被迫离开,如此,企业会慢慢丧失创新精神,并陷入"未老先衰"的境地。

3. 管理重点

青春期企业应引入规范的组织管理体系,并注重创新精神的巩固。创业者与职业经理人需要一起认清这个时期的正常现象与不正常现象(见表2.6)。在企业的青春期,其管理重点包括以下方面:

(1)建立管理制度与流程。企业需要引入规范的管理制度,建立管理标准与业务流程,建立企业管理控制体系和业务控制体系,以及明确界定各方的职责。

(2)实施与推广规章制度。领导人应带头遵守规章制度,并推进规章制度在企业内部的全面执行。

(3)引进职业经理人。企业应聘请职业经理人,明确职业经理人和企业创始人的职责分工,协调各自的矛盾。

(4)建立授权体系。企业开始由集权向分权转变,明确企业内部权限划分。

(5)强化创新部门建设。企业应强化市场部门建立与研发部门建设。

(6)建立创新机制。企业建立激励创新的制度,建立促进创新的产品开发和推广流程。

表 2.6　爱迪思企业生命周期理论的青春期

正常现象	不正常现象	管理重点
合伙人或决策者之间、创业者与管理者之间发生冲突	退回学步期或陷入创业者陷阱	建立管理制度与流程
暂时丧失远见	行政管理人员掌权	实施与推广规章制度
创业者控制企业	创业者被排挤出企业	引进职业经理人
授权摇摆不定	权力不断更迭导致日常管理瘫痪	建立授权体系
没有坚持既定的政策	相互间的信任与尊重逐渐丧失	强化创新部门建设
董事会努力施加控制	董事会解聘创新型领导者	建立创新机制
变革领导风格的困难	领导风格一成不变、失去作用	
缺乏控制	实施过度而耗费颇大的控制	
利润提升且销售稳定	利润提升而销售下降	

三、成熟阶段

企业经过了成长阶段，就会逐步进入发展速度放缓而利润率提升的收获时期。这个阶段的企业被称为成熟企业。企业的成熟阶段包括爱迪思企业生命周期理论中的盛年期与稳定期。

（一）盛年期

如果企业构建了有效的行政管理制度，并把自身的领导机制制度化，那么企业就会走向盛年期。

1. 基本特征

盛年期是企业生命周期中最为理想的状态。企业的目标追求是内部规范运作、运作效率提升以及收入与利润的增长。盛年期企业的基本特征是：有清晰的愿景和价值观；管理成熟而规范，有科学的业务计划和预算体系，其灵活性和可控性达成有效平衡；市场地位显著，产品利润率高，市场占有率高，品牌知名度高，市场竞争力强；凝聚力强，整合力强。

2. 关键问题

盛年期的企业最具挑战性同时也是最大的问题是如何保持创新。在企业的盛年期，可能会出现以下导致严重后果的问题：对于创新精神，缺乏重视，使企业缺乏发展动力，从而步入稳定期；骄傲自满，缺乏危机意识；把企业带入盛年期的高层管理团队开始退休，且找不到合适的继任者。

3. 管理重点

盛年期的企业应注重业务组合管理与创新精神提升。在业务组合管理上，企业应明确企业业务类型，划分业务单元，制定各业务单元的发展策略，完善配套的组织体系与管理模式,营造适合各业务单元独立发展的组织环境。

在创新精神提升上,企业应通过流程和制度予以保证,并采取合适的战略举措：培育新项目；收购具有创新精神的企业；引进与培养创新型人才；通过有效授权和划小业务单元来激发创新精神。

与此同时,企业还应重视企业文化建设、危机意识激发与接班人才培养,避免自满自大与机体老化,刺激企业进一步成长,以保持盛年期的状态。

（二）稳定期

处于盛年期的企业若不能持续培育和巩固创新精神,不能激发危机意识,其灵活性慢慢下降,就会进入稳定期。

1.基本特征

稳定期企业追求的是财务绩效。此时,企业首先丧失创新精神,缺乏进一步成长的动力。其基本特征是：依然强健,收入与利润稳定；发展停滞,丧失灵活性；对长期发展愿景失去兴趣,开始远离市场；行为趋于保守,欠缺创业精神；不再追求销售收入的增长和市场份额的提升,而是注重财务绩效,必要时会缩减市场预算和研发预算；不再以成长指标进行考核,而是以利润率和投资回报率进行考核；不再研究客户需求,而是注重内部人际关系；不再寻找市场机遇,而是巩固现有成果。

2.管理重点

稳定期企业应注重活化创新精神,可采取的具体管理举措包括：更换欠缺创新精神的领导人,引入和任用创新人才；全面识别市场机会；扩大相关市场定义,刺激发展需求；划小业务单元,鼓励业务分立或分拆上市；激发员工活力,鼓励向下属授权。

四、老化阶段

处于成熟阶段后期的企业一般都会考虑多元化经营的问题。由于现有业务已经难以提供令人满意的成长空间,企业需要寻找新的增长点。如果不能成功实现业务转型与激发创新精神,企业就开始进入老化阶段。企业的老化过程是一个日趋衰退的连续过程,会经历贵族期、官僚期（包括官僚化早期）,直至最终倒闭。

（一）贵族期

在环境相对舒适的稳定期里,企业各级人员习惯于按规定办事与享受安逸的工作氛围,企业管理层也往往会变得越来越保守与固执,而企业家创新精神和实干精神的下降导致了企业由稳定期进入贵族期。

1.基本特征

贵族期企业追求的是投资回报。这一时期的企业注重行为方式,开始规避风险。其基本特征是：企业内部优越感强；实干精神逐步减弱；销售收入开始下滑；对于成长的预期开始减少；关注的是过去的成就而不是未来的梦想；奖励的是那些唯命是从的人；对于人际关系的兴趣高于对于创新与冒险的兴趣；把资金投入到控制制度、福利与设备上;关注做事的方式而不是做事的内容及原因;重视正式的着装、称谓与传统;把并购其他企业作为获得新市场与新产品的手段;资金充足,但市场地位与竞争实力逐步下降。

2.管理重点

贵族期的企业应注重通过危机感的树立来刺激并活化企业。为树立危机感,可推进下列举措:适时通告市场地位与市场份额的下降;大量暴露潜在的问题;分析员工离职原因与离职结构;分析新产品成功率。

为活化企业,可推进以下举措:构建活化组织与强化创新的文化;改变扼制创新的企业制度;划分业务单元,构建滋生创新的组织体系;适当减少控制,鼓励创新与发展;鼓励试错;改革绩效考评体系和薪酬管理体系。

(二)官僚期

如果贵族期企业不肯面对现实,那么伴随着市场份额、收入与利润的持续下降,就会加速企业步入官僚化早期阶段。在这个时期,企业内部冲突不断,各级人员集中于内部地位之争,忙于保全自己,忽视客户需求,且很少考虑采取补救性措施。伴随着实干人才的逐步流失与顾客服务能力的逐渐丧失,企业也就慢慢成为纯粹的官僚机构。

1.基本特征

官僚期企业注重按规定办事,各级人员忙于内部的权力斗争。其基本特征是:员工以规章制度为导向,官僚主义盛行;派系斗争严重,忙于瓜分利润;专业人才流失严重,行政型人员掌握主权;市场份额锐减;企业现金流出现问题,处于亏损经营状态;大量削减营销与研发预算,市场竞争力进一步下降;顾客不得不想方设法来绕过繁多规章制度构成的障碍。

2.管理重点

官僚期企业应通过系统的企业再造来获得重生。因此,这一时期的管理重点具体包括三个方面:

(1)组织再造。企业应着力推进组织文化重塑、组织体系再设计、制度改革及人员替换等举措,以建立创新能力。

(2)流程再造。企业应大力推进业务管理流程再设计与职责再界定,以重新获得经营效率。

(3)业务重组。企业应努力推进产品结构重组、业务运作模式再设计和盈利模式再设计,以恢复盈利能力。

官僚机构空有一副庞大的躯干,其实体则非常虚弱。如果不全力推进企业再造工程,那么必将出现谁也不愿对该企业负责任的时刻,它将不可避免地步入破产清算的结局。因此,如果企业不能解决老化阶段的病症,就必将走向衰亡之道。但如果企业能够适时推进理念、技术、产品、业务流程及营销模式的创新,就可能走向新生,即进入蜕变期。蜕变期是决定企业能否长寿的关键,如同蝉的蜕变过程一样,合理的蜕变意味着企业的新生。[1]

为了明确影响企业动态演变的关键因素，爱迪思引入了 PAEI 分析方法。他认为，在企业发展的不同阶段，执行功能 P(performing the purpose of the organization)、行政功能 A(administration)、创新功能 E(entrepreneurship)、整合功能 I(integration)这四种因素所发挥的作用是不同的，并决定着企业的成长或衰退。在孕育期，创新功能（E）是企业最重要的部分；在婴儿期，企业最重要的功能变成执行功能（P）；学步期企业需要注重执行功能（P）和创新功能（E）的均衡发展；青春期企业需要发展与强化行政功能（A）以及把创新功能（E）制度化；盛年期企业的各项功能得到了较为协同的发展，此时的工作重点是巩固创新功能（E）和发展与强化整合功能（I）；稳定期企业的工作重点是有效激发创新功能（E）；贵族期企业往往过度注重行政功能（A）和整合功能（I），此时的工作重点是同时激发创新功能（E）和执行功能（P）；在官僚期，企业基本只有行政功能（A）在发挥作用，而其重生之关键就在于该企业是否会任命一位擅长执行功能（P）的领导者来带领组织成员走出困境。

总之，在生命周期的不同阶段，企业有不同的目标追求，存在不同的问题。为了能够适应新的发展阶段，企业必须学习新的行为模式。如果企业不能成功地构建适合特定阶段的经营管理体系，不能适时解决特定阶段的关键问题，不能确立特定的管理重

视频：企业不同生命
阶段的发展策略

点，就可能停滞于该阶段，有的企业甚至从此销声匿迹。因此，在不同的发展阶段，企业应在分析各类环境因素的基础上，关注 PAEI 等因素的演变，把握其中的主要矛盾，并采取相应的发展策略。企业领导人的基本职责就是对企业进行有效管理，将企业引向盛年期并保持基业长青。

第四节　影响企业发展的环境因素

企业的发展取决于天时、地利与人和，即企业的外部环境、经营条件与成员合力。任何企业的运营都与社会的各个层面有着千丝万缕的联系。企业能够做什么、做到何种程度，都必然受到宏观环境、行业环境与利益相关者的影响，而且与管理团队、资源状况、核心能力、组织文化等密切相关。因此，企业有效管理的前提是对影响其绩效的内外部环境因素进行细致深入的探究。

视频：影响组织
绩效的因素

一、企业环境因素的构成

任何企业的生存与发展态势，不仅取决于管理者的努力，而且会

① 雷家骕，王兆华，尹航.企业成长管理学：理念、思路与方法.北京：清华大学出版社，2012：30.

受到存在于企业内部与外部的各种因素的影响。**企业环境因素**是指存在于企业内外部并对企业绩效产生影响的各种力量和条件因素的总和。

根据对企业绩效的影响方式的不同,企业外部环境因素可大致分为两大部分:一般环境因素与任务环境因素。**一般环境因素**亦称宏观环境因素,是指可能对企业绩效产生间接影响的外部环境因素。这类因素一般包括政治、法律、经济、社会、文化、科技等因素及其变化趋势。**任务环境因素**亦称微观环境因素,是指可能对企业绩效产生直接影响的外部环境因素。这类因素一般涉及行业发展格局、同业竞争状况、顾客需求态势以及利益相关者要求等方面。

企业内部环境因素一般由组织文化(内部氛围)与经营条件(企业实力)两大部分构成。**组织文化**是指企业在发展过程中,在领导者积极倡导和全体员工自觉实践的基础上,逐步形成的共有价值观和信念体系,以及以此为核心形成的行为规范、道德准则、群体意识与风俗习惯等的总和。组织文化通常对员工的行为具有引导与约束作用,在员工的头脑里,"这就是我们做事的方式"影响着对有关问题的定义、分析与解决。

企业经营条件是指企业所拥有的各种资源的数量与质量状况以及运用这些资源的能力。这类因素主要包括资源禀赋、资金实力、研发力量、营销模式、品牌声誉与人员素质等。企业发展是内外部各种因素相互作用的过程与结果。只有具备良好经营条件的企业,才能发掘与把握新出现的市场机遇,才能发现与满足顾客的主导需求。越来越多的经营者相信特异的资源、能力及文化是企业获得持续竞争优势的关键。

综上所述,影响企业发展的环境因素的构成如图 2.2 所示。

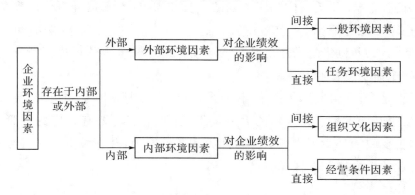

图 2.2　影响企业发展的环境因素

二、企业环境因素的分析

企业管理的过程,既是企业知己知彼、运筹帷幄的过程,又是企业理清思路、明确方向的过程,也是企业整合资源、提升能力的过程。因此,为了提升运营效率与达成共同目标,管理者必须把握企业的内外部环境因素,既应分析企业的一般环境因素与任务环境因素,又应探究企业的组织文化因素和经营条件因素。

（一）一般环境因素

一般环境因素主要包括政治（political）环境、经济（economic）环境、社会（social）环境、技术（technological）环境、自然（natural）环境等五类因素。因此，企业的一般环境因素分析可简称为 PESTN 分析。

1. 政治环境因素

政治环境因素一般包括企业所在国家或地区的政治制度、政治形势、政治力量、政府制定的方针政策、法律法规及其连续性和稳定性等因素。政治环境因素对企业运营的影响主要表现在所在地区政局的稳定性和政府对待各类组织及活动的态度。地区政局的稳定性是任何企业在制定长期发展战略时所必须考虑的，因为它将影响到企业目标实现的可能性大小。政府对各类组织及活动的态度则决定了各类组织可以做什么、不可以做什么。

当前，我国已进入中国特色社会主义新时代。我国坚持走中国特色社会主义政治发展道路，自改革开放以来，国内政治环境稳定，利于企业平稳发展。我国全面推进中国特色大国外交，推动构建人类命运共同体，推动构建新型国际关系，充分展现了负责任的大国担当。这为我国企业开拓国际市场、开展国际贸易提供了良好的声誉。当前，世界百年未有之大变局加速演进，新一轮科技革命和产业变革深入发展，国际力量对比深刻调整，我国发展面临新的战略机遇。这是一个充满机遇和挑战的时代，也是一个需要创新和变革的时代。在这样的大背景下，企业管理者要有敏锐的洞察力和前瞻性，把握世界发展的大趋势，积极适应国际市场的变化和需求，不断提升企业的竞争力和影响力。同时，逆全球化思潮抬头，单边主义、保护主义倾向明显上升，局部冲突和动荡频发，全球性问题加剧，世界进入新的动荡变革期。这是一个全球环境复杂和风云变幻的时代，也是一个需要合作和共赢的时代。

企业管理是全球性的活动，我国不少企业已进军国际市场，在不少国家开办了实业，与众多国家开展贸易。在这样的大环境下，企业管理者要有宽广的视野和胸怀，对有关国家的主要政治环境因素具有分析能力和预见能力，并积极参与国际合作和交流，持续强化企业的使命感和责任感。

2. 经济环境因素

经济环境因素通常包括企业所在国家或地区的经济制度、经济结构、物质资源状况、经济发展水平、消费水平等因素。地区生产总值增长率、就业率、利率、通货膨胀率、可支配收入的变化、股市指数和经济周期是一些可以用于反映经济环境的指标。经济环境因素会对企业所需的各种资源的获得方式和价格水平产生影响，也会对市场需求结构产生影响。

不同的经济制度有不同的资源供给方式。在市场经济背景下，很容易通过市场获得的某些资源，在计划经济制度下可能很难获得。物质资源状况、经济结构、经济发展水平会在很大程度上影响一个国家或地区的各种资源的价格水平，而这些资源的价格水平变化将会明显地影响各类企业的投入与产出。劳动力、原材料及相关项目成本的上涨,既可能为一些企业的发展创造机遇,也可能导致一些企业陷入困境。在不同的经济发展阶段,国民消费水平不同,市场需求结构也不一样。

任何一个国家或地区经济的发展都存在不平衡现象,其发展过程也呈现波浪式前进,即经济发展具有周期性。在不同的经济发展周期,每个国家往往都会采取不同的经济政策,存在着不同的市场机遇,当然也存在各种陷阱。党的二十大报告指出,我们要坚持以推动高质量发展为主题,把实施扩大内需战略同深化供给侧结构性改革有机结合起来,增强国内大循环内生动力和可靠性,提升国际循环质量和水平,加快建设现代化经济体系,着力提高全要素生产率,着力提升产业链供应链韧性和安全水平,着力推进城乡融合和区域协调发展,推动经济实现质的有效提升和量的合理增长。所以,企业必须研究经济发展规律,关注主要经济指标,及时把握经济发展的周期,抓住经济发展过程中的各种变化,以正确制定和调整经营目标。

3. 社会环境因素

社会环境因素一般包括企业所在国家或地区的社会结构(包括人口结构)、社会风俗与习惯、道德与价值观念、文化教育水平等因素。社会环境因素主要通过行为规范(风俗、道德、法律)、人口结构(人口规模、年龄结构、人口分布)和生活方式与态度(家庭结构、教育水平、价值观念)的变迁来影响一个国家或地区的群体行为特征、劳动力的数量与质量以及所需产品和服务的规模、品质与类型等,从而影响各类企业的生存与发展。

当前对企业未来发展有重大意义的人口因素包括:居民闲暇时间增多、四口之家增多、晚婚晚育倾向、无子女夫妇增多、人口老龄化趋势等。随着世界范围内居民生活水平的提高,许多国家的人将更健康长寿,有更多的收入与时间用于休闲、旅游与养生。为积极应对人口老龄化,培育经济发展新动能,提高人民生活品质,国务院办公厅于2024年1月发布《关于发展银发经济增进老年人福祉的意见》。该意见包括四个方面:发展民生事业,解决急难愁盼;扩大产品供给,提升质量水平;聚焦多样化需求,培育潜力产业;强化要素保障,优化发展环境。在众多社会环境因素中,社会主要矛盾、社会伦理道德和社会责任感对于企业运营的影响是较为突出的。当前,我国社会主要矛盾是人民日益增长的美好生活需要和不平衡不充分的发展之间的矛盾。企业要牢牢把握这一主要矛盾,确立自身的发展战略和核心价值观。党的二十大报告指出,中国式现代化是全体人民共同富裕的现代化。共同富裕是中国特色社会主义的本质要求,也是一个长期的历史过程。中国式现代化是物质文明和精神文明相协调的现代化。物质富足、精神富有是社会主义现代化的根本要求。企业在追求经济利益的同时,要勇于承担社会责任,尽力满足人民对美好生活的需要。企业目标定位和伦理道德是相联系的,其卓越的绩效必须建立在合乎伦理道德的基础上。企业的诚信经营理念事实上就体现出伦理道德观与社会责任感对企业长期发展的影响。许多经营者都在支持企业承担社会责任。今后,这些观念将更深入地影响广大企业经营者,从而影响企业未来的目标定位和发展路径。

4.技术环境因素

技术环境因素通常包括企业所在国家或地区的技术水平、技术政策、科研潜力和技术发展动向等因素。在科学技术迅速发展的今天，技术环境因素对特定企业的影响可能是创造性的，也可能是破坏性的。20 世纪下半叶以来，信息化、柔性制造系统、激光技术、集成电路技术、新材料、新设备、新能源等层出不穷。在充满变化的当代世界里，任何企业想要获得发展，就要在产品、服务、经营管理方式等方面保持技术的先进性。

技术进步从劳动力、劳动资料、劳动对象等方面推动着社会生产力的发展。技术发展也改变着企业经营管理的方式。进入 21 世纪，技术更新周期大为缩短，信息技术飞速发展，使得加快技术研发和信息技术应用成为各类组织所必须面对的重要任务和挑战，而人员的技术素质也随之成为竞争的关键要素。互联网技术的广泛运用与人工智能技术的发展，给众多企业带来了机会和挑战。数字技术创新将为企业带来全要素生产率的提升，为我国企业高质量发展赋能。[①] 党的二十大报告指出，必须坚持科技是第一生产力、人才是第一资源、创新是第一动力，深入实施科教兴国战略、人才强国战略、创新驱动发展战略，开辟发展新领域新赛道，不断塑造发展新动能新优势。巩固优势产业领先地位，在关系安全发展的领域加快补齐短板，提升战略性资源供应保障能力。推动战略性新兴产业融合集群发展，构建新一代信息技术、人工智能、生物技术、新能源、新材料、高端装备、绿色环保等一批新的增长引擎。加快发展数字经济，促进数字经济和实体经济深度融合，打造具有国际竞争力的数字产业集群。

5.自然环境因素

自然环境因素是指企业所在国家或地区的自然资源与生态环境因素。它主要包括土地、森林、河流、海洋、矿产、能源、水源等方面的利用与保护状况。任何企业都需要关注环境保护、生态平衡与可持续发展等因素对企业运营的影响。这些因素不仅关系企业的社会形象和道德责任，也直接影响企业的成本效益和核心竞争力。在过去较长一段时期里，我国的快速发展在一定程度上是以自然资源的过度开发与牺牲生态环境为代价的，这使得我国的自然资源及生态环境遭受到相当程度的破坏，给未来国内资源依赖型企业的经营造成很大压力。我国人口众多、资源相对不足、环境承载力较弱的基本国情，决定了中国式现代化必须摒弃大量消耗资源能源、肆意破坏生态环境的现代化老路，努力走人与自然和谐共生的现代化新路。[②] 这就要求企业在制定战略规划和进行经营决策时，充分考虑环境因素的影响和风险，采取有效措施减少排放和浪费，提高资源利用效率和能源转化率，加强环境管理和监测，积极参与环境保护和修复工作，建立良好的环境文化和信誉。企业必须实现发展方式绿色转型，坚持人与自然和谐共生的发展理念，综合平衡企业利润、顾客期望与社会责任之间的关系，以保证健康发展和可持

---

① 黄勃,李海彤,刘俊岐,雷敬华.数字技术创新与中国企业高质量发展——来自企业数字专利的证据[J].经济研究,2023,58(3):97-115.

② 《党的二十大报告学习辅导百问》编写组.党的二十大报告学习辅导百问[M].北京:学习出版社,党建读物出版社,2022:39.

续发展。

（二）任务环境因素

与一般环境因素相比，任务环境因素对企业发展的影响更为直接与具体，因此绝大多数的企业管理者也都更为重视任务环境因素。对大多数企业来说，其任务环境因素主要包括资源供应者、顾客、竞争者、政府主管部门和社会特殊利益代表组织等。

1.资源供应者

企业的资源供应者是指向该企业提供资源的人或单位。这里所指的资源不仅包括人力、原材料、设备和资金等，而且包括信息、技术、服务和关系等企业运营所需输入的要素。对大多数企业来说，股东、金融机构是其主要的资金供应者；学校、人员培训机构、人才市场、职业介绍所是其主要的人力资源供应者；新闻机构、情报服务中心、咨询服务机构、政府部门、网络平台是其主要的信息供应者；大专院校、科研机构、发明家是其技术的主要源泉。

在运营过程中，企业依赖于供应者的资源供给，因此，一旦主要的资源供应者发生问题，就会导致整个企业运营的减缓或中止。管理者应努力避免在不了解供应者的情况下进行战略决策。为了防止企业陷入困境，管理者在战略上一般都尽力寻求所需资源的及时可靠、保质保量的供应，并避免过分依赖于单一的资源供应者。

2.顾客

顾客是指一个企业为其提供产品或服务的人或单位。企业能否成功取决于能否吸引、获得和留住顾客。源于忠诚顾客关系的利润是任何企业生存的基础。但许多企业在经营中常犯战略性错误：忽视顾客导向原则，或只重视吸引新顾客而忽视维护与顾客的长期友好关系。随着企业间竞争的进一步加剧，以及卖方市场向买方市场的转变，顾客对产品或服务的态度与行为对企业的生存与发展起着越来越大的作用。因此，企业有必要从战略角度考虑顾客的作用，通过构建有助于促进企业与顾客发展良好关系的各种能力，加强对顾客关系的管理，使顾客忠诚于企业。

3.竞争者

竞争者是指与企业争夺资源与顾客的人或单位。竞争者之间不是相互争夺战略资源，就是相互争夺关键顾客。基于资源的竞争一般发生在许多企业都需要同一资源的时候。最常见的资源竞争就是人才竞争、资金竞争和原材料竞争。当众多企业争夺有限资源时，该资源的价格就会上扬。比如，当资金短缺时，利率就会上升，企业运营成本就会上扬。

基于顾客的竞争一般发生在同一类型的企业之间。随着顾客的日益成熟，市场竞争不断升级。一是竞争范围进一步扩大，既面临国内同类企业的挑战，又面临国际跨国企业的挑战，真可谓"国内市场国际化，国际竞争国内化"；二是竞争手段持续升级，从最早的数量、规模竞争，发展到价格、质量竞争直至文化、品牌竞争。这就要求企业必须确立正确的竞争理念，苦练内功，提高水平，以打造卓越的品牌声誉。

资本经营方式使得 21 世纪的竞争更为激烈与复杂。资本凭借其强大的力量，打破各种行业壁垒，长驱直入，令企业经营者防不胜防。竞争的结果是优胜劣汰，推动生产要素由差的企业向好的企业重组，推动优胜企业吸引更优质的资源、顾客、技术、人才，以及兼并劣势企业的资产。

4. 政府主管部门

政府主管部门主要是指国务院各部委及地方政府的相应机构，如工商行政管理部门、技术监督部门、物价部门、财政部门、税务部门等。政府主管部门拥有特殊的管理权力，可制定有关政策法规、规定价格幅度、征税、减税、对违法的企业采取必要的行动等，而这些手段对一个企业可以做什么和不可以做什么以及能取得多大的收益，都会产生直接的影响。政府的政策法规一方面会增加或减少企业的运营成本，另一方面会扩大或限制管理者的决策范围。

5. 社会特殊利益代表组织

社会特殊利益代表组织是指代表着社会上某一部分人的特殊利益的群众组织，如工会、消费者协会、环境保护组织等。这些组织虽然没有像政府部门那么大的权力，但却可以对各类企业施加相当大的直接影响，既可以直接向政府主管部门反映情况，又可以通过各种宣传工具来制造舆论，从而引起人们的广泛注意。实际上，部分政府法规的颁布就是对某些社会特殊利益代表组织所提出要求的回应。企业要提升社会形象与品牌声誉，就必须关注社会公众的利益与特殊利益群体的需要。这要求企业既重视为当地社区的繁荣与发展做出贡献，又重视对特殊利益群体的影响。

（三）经营条件因素

企业的运营离不开相关资源和能力的投入。企业拥有的资源不仅在客观上是有限的，而且对这些资源的利用能力也是有限的。同样的资源在不同企业或同一企业不同时期的利用情况及利用效果也是不同的。企业对资源的拥有情况和利用情况会影响或决定组织可能开展的业务种类、规模和可能达到的效果。只有明确企业未来的资源运用变化态势，才能判断该企业是否具有进一步发展的潜能，并准确评价该企业的优势与弱点。

企业资源主要包括人力资源、资金资源、技术资源、物质资源、客户资源和关系资源等。资源，尤其是战略性资源，在不同的业务范围和职能领域如何进行分配是企业战略执行的关键问题。企业管理能力主要包括人力资源管理能力、财务管理能力、技术研发能力、产品开发能力、市场拓展能力和综合经营管理能力等。

扩展阅读：战略与
文化的匹配

（四）组织文化因素

组织文化是"组织成员的共同价值观体系"这一观点长期以来得到广大学者的认同。组织文化一旦形成，就会在很大程度上对管理者的思维和决策产生影响，并体现在管理者履行管理职能的过程中（见表 2.7）。在企业经营管理的过程中，组织文化可能产生的影响主要包括两个方面：一方面是来自固有文化的支撑或阻碍；另一方面是围绕文化的核心假设与价值观变革而对整个组织可能带来的震动。如果企业欲采取的"看待问题的方式"与"解决问题的方式"不一致，员工就会使自己深深地陷入"认知"与"行动"的混乱之中。这种混乱必然对企业运营产生根本性的影响。因此，如果企业不能使员工认知与具体实践相一致，就不会形成具有强执行力的组织文化。

表 2.7　组织文化对管理者履行管理职能的影响

计划职能	组织目标是长期导向的还是短期导向的
	组织目标是否体现对社会责任和公众利益的关注
	计划应该包含的风险程度
	计划应该由个体还是集体来制定
组织职能	组织分权的程度和管理者给下属授权的程度
	组织的规范化程度和官僚化程度
	中基层管理者彼此联系和互动的程度
领导职能	管理者对于提高员工满意度的关注程度
	什么样的领导方式是得到组织和员工认可的
	是否应该消除不一致意见
	哪类人如鱼得水、常被提拔
控制职能	对员工的行为是施加外部控制还是允许员工自我控制
	在员工绩效评估时强调什么标准
	预算超支将会导致什么后果
创新职能	是否允许员工试错
	是否允许挑战现有经营管理规则
	是否勇于承认那些令人不安的事实
	是否为员工的创新设想提供价值实现的机会

资料来源：罗宾斯，库尔特.管理学[M].11版.李原，孙健敏，黄小勇，译.北京：中国人民大学出版社，2012：55（部分内容有所调整和补充）.

　　为了深入分析组织文化因素，就必须了解其构成部分。组织文化主要包括三层面：物质文化（外层文化）、制度文化（中层文化）与精神文化（内层文化）。

　　1.物质文化

　　物质文化位于组织文化系统的最外层。这是组织文化最直接的外在表现，也是组织文化存在的基础。物质意义上的文化即为企业各种物质设施与有形产品中内蕴的文化价值。企业的物质文化主要表现在具有文化艺术氛围的建筑造型、功能设计、装饰风格、基本标识、员工着装、娱乐设施、产品与品牌等方面。物质文化具有很强的直观性，能被相关利益者直接感知，不仅在一定意义上影响社会对企业的整体感觉，而且直接关联到员工的工作情绪。

2.制度文化

制度文化位于组织文化系统的中间层。制度文化规定了组织成员在共同活动中应当遵循的行为准则，主要是指对组织及其成员的行为产生规范性、约束性影响的部分，集中体现了物质文化与精神文化对组织中个体行为与群体行为的要求。每个企业都应构建规范化的制度体系，以保证各职能部门与工作团体的日常业务运作。企业的制度文化蕴含于制度结构之中，影响着制度的实施与变革。制度文化作为组织文化层次体系的中间纽带，在组织文化塑造中，发挥保证价值观体系的效用。企业的使命、愿景、目标、核心价值观、权力结构都需要制度的保证与强化，因此，可从企业制度上发现其文化风格。譬如，根据企业权力体系，可发现权力观念；根据企业营销与服务制度，可发现顾客服务观念。

3.精神文化

精神文化位于组织文化系统的内核层。精神文化一般是指企业全体员工共同信奉的核心价值观。核心价值观是"企业的共同信仰"，是企业赖以维系的精神纽带，是企业努力使全体员工认同的信条。精神文化通常要经过长久的价值判断与认同才能形成，体现出较为稳定的思考方式和文化沉淀。精神文化作为组织文化的核心与灵魂，是物质文化与制度文化的升华，影响着员工做事的思维方式。

价值观是价值主体在长期的工作和生活中形成的对于价值客体的根本性看法。价值观是一个长期形成的价值观念体系，具有鲜明的评判特征。企业价值观就是一种以企业为主体的价值观念，是企业人格化的产物。具体地讲，企业价值观就是一个企业在追求经营成功的过程中，对目标追求以及自身行为的根本看法和评价。它解释了企业秉承什么、支持什么、反对什么。例如，IBM 公司的价值观为"成就客户、创新为要、诚信负责"。IBM 的管理者大多数是从内部提拔起来的，他们信奉与遵守 IBM 的价值观，若不如此做，将难以获得晋升的机会。海康威视数字技术股份有限公司的核心价值观为"成就客户、价值为本、诚信务实、追求卓越"。该公司致力于以创新的智能物联应用，建设便捷、高效、安心的智能世界，助力人人享有美好未来。

从文化的起源上，组织文化常常反映创始人的远见与使命，这起因于创始人的创造性思想以及实现这些创造性思想的倾向性。创始人确立并影响员工开展工作的思维与方式，往往就形成企业的早期文化。在企业建立之初，往往依靠创始人的人格魅力与运作能力把全体员工凝聚在一起，因此创始人的行为与态度深刻地影响着组织中的所有人。文化起源主要是两方面因素相互作用的结果：创始人的倾向性和假设；第一批成员从自己的经验中领悟到的东西。[①] 在此基础上，企业逐渐形成了特有的做事与思维方式。

组织文化是在创始人倡导与实践的基础上，经过较长时间的提炼、传播与规范管理

---

① 罗宾斯.管理学[M].4 版.黄卫伟,孙健敏,王凤彬,等译.北京:中国人民大学出版社,1997:61.

而逐步形成的。组织文化的形成过程为：①文化在特定环境与条件下产生，反映组织不断适应环境变化的需要；②文化发端于创始人与先进分子的倡导与示范，并逐渐为大多数人所理解和接受；③通过文化的梳理、提炼与整合，形成一定的理论与规范，使之不断科学化与系统化；④在相互沟通、逐步强化、不断修正的基础上，使全体员工思想观念与行为趋同化，形成共有的观念体系。[①]　因此，对于已有一定规模与历史沉淀的企业来说，要构建适应组织发展的文化，就必须重视发挥高层领导的作用。一旦高层领导没有相应的理念与努力，那么更换其中的关键领导就成为文化建设必不可少的一步。

　　企业的内外部环境因素对管理效果有着重要的影响。只有在企业环境因素允许的范围内，管理者才能有所作为。管理者的工作往往取决于他们对环境的了解、认识和把握程度，取决于他们能否正确、及时和迅速地对环境变化做出响应。因此，任何管理者都必须学会有效管理企业环境因素。

　　企业要管理环境，首先必须了解所处的环境特征。组织理论学者詹姆斯·D. 汤姆森（James D. Thompson）用环境的变化程度和环境的复杂程度来衡量企业的环境特征。环境的变化程度用于衡量企业环境是处于相对稳定还是日趋动荡的状态；环境的复杂程度用于衡量企业环境是处于相对简单还是日趋复杂的状态。据此，他将企业环境分为四类状态：①相对稳定和简单的环境。在这种环境中，管理者可采用强有力的组织结构形式，通过计划、纪律和规章制度以及标准化程序等方式来管理。②动荡而简单的环境。企业可在大多数部门保持强有力的组织结构的同时，对内部的一些部门采用较灵活的管理方式。③相对稳定但极为复杂的环境。企业一般需采用分权的组织结构形式，各部门可根据自身的特点来组织各自的活动。④动荡而复杂的环境。企业必须采用分权式的、各部门相对独立的组织结构形式，同时强调各部门之间及时而有效的相互联系，以便可以快速且有效地对环境变化做出适时响应。

　　一般来说，除了部分实力雄厚的特大型企业外，大多数企业对于改变其外部环境因素常常是力不从心的，因而经常是外部环境因素主宰着企业发展。这不是说管理者对于外部环境因素的影响就无能为力了。管理外部环境是困难的，但又是可能的。企业外部环境因素管理的一般步骤包括：①收集环境信息；②研究变化规律；③预测变化趋势；④分析影响程度；⑤做出适时反应。

　　一般环境因素不是管理者可以影响的，更不是管理者所能改变的。对于一般环境因素，主要是如何主动适应它。对于任务环境因素，管理者是可以而且应该通过努力加以管理的，管理者可以主动地改变自己，变被动为主动。例如，企业可以采用联盟或参股的方式，控制其主要供应商，以确保资源的稳定供应，或者与供应商联合起来对付强大的竞争对手。在 2023 年 12 月的一次交流中，项保华教授指出，就社会经济系统而言，宏观有整体大趋势，微观有局部确定性，中观层面涉及多主体多因素交互影响，具有较大程度的不确定性，因此，决策原则需遵循"反脆性"——在亏得起的基础上冒险以争

①　刘仲康，郑明身. 企业管理概论. 武汉：武汉大学出版社，2005：102-103.

取大机会、在创新探索基础上实现能力积累提升。为了有效管理影响企业发展的环境因素，管理者既要训练理性分析能力，又要提升基于经验历练的直觉和洞见。

内部环境因素管理的关键是找到影响企业竞争优势的经营条件因素与组织文化因素。管理者需通过改变这些因素的组合方式来构建与确立持续竞争优势。经营条件因素管理的关键是战略资源整合与核心能力构建。企业经营的成功在很大程度上必须依托自己的资源禀赋，因此企业必须不断积累与优化配置具有价值性、稀缺性和难以替代性等特征的战略资源。企业在获得必要战略资源后，还要培养与提升对各种资源的协调和组合能力，以形成具有独特性、价值性、辐射性、难以模仿性、学习积累性等特征的核心能力。组织文化因素管理的关键是塑造与组织发展战略相匹配的核心价值观。管理者应通过影响员工的思想观念，发挥员工的主观能动性，创造团结合作的工作氛围，以有效满足员工的精神需要来提升工作效率与效益。

总之，企业管理者应系统分析外部环境中的机会与威胁因素，以及内部环境中的优势与劣势因素，找到影响企业未来发展的关键战略要素，正确把握企业的发展方向，构建企业的持续竞争优势，实现企业的可持续发展。也就是说，管理者应根据企业的生命周期阶段，明确影响企业发展的环境因素，明确组织管理的要点。组织通过分工协作达成组织目标，因此组织管理的要点包括三方面：①定位。确立能够为群体所接受和认同的共同价值观和发展目标，突出本组织与其他组织的区别，这是一个组织得以存在的基础。②激励。调动员工的能动性，使组织充满创造力。组织的主体是人，它的运作依赖于人，其功能也是为了满足人的需要。管理者致力于创造一种激发每个员工主动性和创造力的良好气氛，是组织最大限度地发挥功能的关键。③规范。明确各项规范，建立相互信任的关系，并以此作为组织运作的基础。规范是员工相互信任的基础，而信任是员工为共同目标而通力合作的基石。

◆ 思考题

1. 企业具有哪些特征？
2. 组织是如何形成的？
3. 如何避免企业老化？
4. 企业创业阶段的管理重点是什么？
5. 企业环境因素由哪些部分组成？
6. 如何分析企业的任务环境因素？
7. 企业应如何管理外部环境因素？
8. 如何建设"凝聚人心"的组织文化？

第一章

有效管理及其过程

☞ **学习目标**

① 理解如何衡量管理的有效性
② 解释效益与效率之间的区别
③ 了解有效管理的基本过程
④ 理解计划工作的基本内涵
⑤ 理解组织工作的基本内涵
⑥ 理解领导工作的基本内涵
⑦ 理解控制工作的基本内涵
⑧ 学会管理的基本思维方式

管理者想要提高个体、团队和组织的绩效与成就,使各项工作达到令人满意的程度,就要提高有效性。[①] 从古至今,卓有成效的管理一直是所有组织孜孜不倦追求的目标。因此,什么是有效管理,以及如何实现有效管理,便成了组织与管理者关注的话题。通过本章的学习,我们应理解如何衡量管理的有效性,知道有效管理的基本过程,懂得管理的基本思维方式,从而能正确处理管理问题与看待管理功能。通过了解与运用这些知识,我们对有效管理能够有更为全面和正确的认识。

第一节　有效管理的衡量

管理是帮助人们更好地实现目标的工具。根据管理产生的原因,人们可以用管理的有效性来衡量管理工作的好坏。管理的有效性包括两方面:效益和效率(见图 3.1)。

---

① 德鲁克.卓有成效的管理者[M].许是祥,译.北京:机械工业出版社,2009:17.

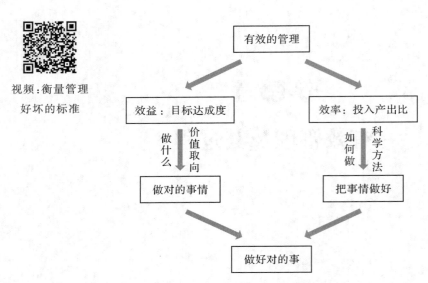

图 3.1　有效管理的衡量

一、效益:做对的事情

效益（effectiveness）是指在特定时期内的目标达成度,也就是产出满足需求的程度。在具体的管理实践中,这个解释包含两层意思:正确的目标定位;恰当程度的目标达成。当通过必要的管理活动使组织正确选择并适度达到对组织发展有益的目标时,我们便认为管理是有效益的。

效益是管理永恒的主题,任何管理活动的最终目的都是追求某种效益。如果通过管理所获得的产出不是组织所需要的,那么这种产出再多,也毫无价值。相应地,这种管理便是无效的管理。只有当组织通过高效的管理过程实现了既定的目标时,这种管理才是有效的管理。

讲究效益,就是讲究目标定位,讲究"做什么"。德鲁克认为,效益概念的核心是"做对的事情(to get the right things done)"的能力。"做什么"即组织方向的选择,也就是选择正确的事情,明确组织的使命与目标。在战略思考中,方向正确是前提,否则一切努力都是枉然。只有确定了组织的发展方向,明确组织的性质和任务,才能保证所有成员对未来发展有一致性认识,才能协同行动、高效完成。比如,2016 年,浙江省实施"最多跑一次"政务服务改革,通过"一窗受理、集成服务、一次办结"的服务模式创新,用数据多跑路换取群众少跑腿,让企业和群众到政府办事"跑一次成常态,跑多次成例外"[①]。这种创新模式既提升了群众的幸福感和获得感,又有效改善了营商环境。

效益的衡量与提升既与目标定位有关,又与价值取向有关,因此组织需要考虑管理的道德性。这体现在如何让人做正确的事上。在管理过程中,道德性的要求倾向于从

---

① 段治文,邢乐勤.浙江精神与浙江发展[M].5 版.杭州:浙江大学出版社,2023:105.

精神层面出发将组织整体及组织成员看成是伦理道德意义上的存在。任何组织想要获得持续的发展，就需要努力以社会共同接受的法律准绳、道德观念与价值准则来指导目标定位与管理行为，确立全体员工认同的共同价值观，兼顾利益相关者的追求，以保证个体、组织、社会的和谐共生。

员工的态度、能力与行为直接决定组织的效率与效益，并显著影响利益相关者要求的满足。本职工作是个人追求理想与实现事业的基本平台。绝大多数员工都有发挥自身潜力与实现自身抱负的愿望，组织能够满足员工的自我实现需要是其努力工作与快乐工作的最大动力。组织管理的效益还包含员工的满意度，因此需要重视管理的艺术性。这体现在如何让人愉快地做事上。管理者应致力于让组织成员在合作共事中能够身心愉悦，既能快乐地体验工作过程，又能快乐地分享工作成果。管理者必须以人为本，从个人需求出发，注重人岗匹配，权衡每项工作对人的知识、能力与价值观要求，在满足员工自我实现需要的同时，有效达成组织的目标。

二、效率：把事情做好

效率（efficiency）是指在特定时期内，组织的产出与投入之比。如设备利用率、工时利用率、劳动生产率、资金周转率以及单位产品成本等，都是对企业运营效率的具体衡量指标。有效率的管理是指以有限的投入获得尽可能多的产出。相同的投入可以得到更多的产出，或者使用较少的资源而能得到相同的产出，都代表组织效率的提升。

一定的投入所能获得的产出，主要取决于组织所采用的工作方法。讲究效率要求组织以比较经济的方法来达成预期的目标。组织所拥有的资源通常是短缺的，因此，就必然关心资源的利用效率，就必然要求持续改进做事的方法。当管理者通过精心组织的管理活动，将生产产品或提供服务所需要的资源最小化的时候，我们就可以说这个组织的管理是有效率的。比如，1913年，福特应用创新理念和反向思维逻辑提出汽车组装流水线的概念，工人们可以不用四处走动，而是在传送带旁操作。流水生产线带来了汽车生产效率的革命性提升，也为福特汽车公司带来了巨大的财富与名誉。

讲究效率，就是讲究工作方法，就是讲究"如何做"。德鲁克认为，效率概念的核心是"把事情做好（to do things right）"的能力。工作方法事关"如何正确地做事情"，即组织如何真正达到既定方向的问题。知行并重，知方向后，管理者就面临运营方法抉择问题。因此，在确定组织方向之后，还得依托一系列的方法来保证目标的实施，否则目标只能悬在空中。

管理效率提升与管理过程优化密切相关。管理过程具有一定的客观规律，因此，效率的衡量与提升需考虑管理的"科学性"。这体现在如何让人高效地做事上。我们需要掌握科学的管理方法，遵循科学的管理规律，从而提高组织的运营效率。科学方法考虑的是组织如何有效配置资源以实现目标的问题。方法的选择是动态权变的，是多元的，而不是唯一确定的。管理者既要考虑目标设计优化的方法，也要考虑目标实施与控制优化的方法。

三、有效的管理:做好对的事

效率与效益是衡量管理有效性的两个不同方面,两者既相互区别,又相辅相成。效率强调高效过程与科学方法,而效益突出目标定位与价值取向。效益是解决做什么的问题,这要求组织选择正确的目标,致力于做有助于目标实现的事情;效率是解决如何做的问题,这要求组织选择合适的工作方法和行动路径,以求比较经济地达成设定的目标。高效率在一定程度上促进高效益,而对于高效益的追求也会驱使组织提高效率,使资源流向能带来效益的组织,实现资源的合理配置。单纯只重视效率或者效益的管理,都会给组织带来不良后果。

有效的管理必须同时具有效率和效益,两者缺一不可,但效率与效益相比较,效益是第一位的。仅注重效率而不注重效益,就会导致碌碌无为;仅注重效益而不注重效率,则会得不偿失。一件有害于目标实现的事,效率越高、完成得越好,只是在错误的道路上越走越远;而把一件可做可不做的事情做得很完美,也没多大价值。因此,有效的管理要求我们首先做对的事,其次把事情做好。在管理的全过程中,既要在每一个环节上讲效率,更要在制定具体的目标与计划时讲效益。

在日常管理中,人们无法获得良好管理效果的重要原因往往是人们只注重其中的一个方面,而忽视另一个方面。譬如,有的政府部门只重视如何根据各种政策法规、规章制度来规范人们的行为,使其保持正确的方向,而不重视提高办事效率与寻求科学方法,以至于常常错失最佳时机或难以达成预期目标;有的企业则常常只注重效率而忽视效益,极端追求管理的科学化与标准化,虽然大幅提升了员工的劳动生产率,但是大量生产出来的商品却不是市场所需要的,以至于库存积压、债台高筑;有的人天天忙碌而缺乏人生目标,或者理想丰满而欠缺有效行动,以至于长久体会不到成功的喜悦。

有效的管理要求同时关注管理的科学性、道德性、艺术性,分别强调的是客观自然、主客关系、主观感受,分别注重的是求真、求善、求美的理念。科学求真,"由知,而信,而行";道德求善,"由信,而知,而行";艺术求美,"由行,而知,而信"或"由行,而信,而知"。由此可见,有效管理的本质就在于"真、善、美"的统一,"知、信、行"的协同。管理涉及待人、接物、处事等方面,而其切入点是人,因为管理都是通过人的主观能动作用而展开的,把握住人性也就把握住管理的本质。[①]

总之,在整个管理过程中,管理者要把效益作为管理的根本目的和最终归宿,兼顾效益与效率,做到有效益和高效率地运用组织资源达成组织目标。成功的管理不仅要确保"做对的事情",而且要竭尽所能地"把事情做好"。**有效的管理**就是"做好对的事(to do right things right)"。

为了高效地达成组织目标或个人目标,组织或个人都应努力提高组织管理或自我管理的有效性。因此,一个重要的问题是:有效的管理可以学会吗? 德鲁克通过长期的

---

① 项保华.管理之理——困惑与出路[M].北京:人民邮电出版社,2009:2-3.

探究,发现有效的管理者有一个共同点:他们在实践中都要经过一段训练,这一训练使他们工作起来能卓有成效。他认为,有效性是一种后天的习惯,是一种实践的综合,是可以学会的,但习惯的养成必须依托反复的实践与练习。他进一步指出,要成为一个卓有成效的管理者,必须在思维上养成五种习惯,这也就是管理者卓有成效的要素(见表 3.1)。

表 3.1　管理者卓有成效的要素

要　素	主要内涵
知道时间用在何处	明白可控时间的有限性
	懂得有系统地工作
	善用有限的时间
重视对外部的贡献	并非为工作而工作,而是为成果而工作
	重视他人对自身成果的期望
善于利用各自的长处	利用自己、上司、同事和下属的长处
	不把工作建立在自己的短处上
	不去做自己做不了的事情
聚焦少数重要的领域	按工作的轻重缓急设定优先次序
	坚守优先次序
	坚持要事第一
善于做出有效的决策	有效的决策事关处事的条理和秩序问题
	有效的决策总是基于"不同意见的讨论"而做出的判断
	有效的决策需要的是正确的战略而非令人炫目的战术

资料来源:德鲁克.卓有成效的管理者[M].许是祥,译.北京:机械工业出版社,2009:21-23(略有调整).

第二节　有效管理的过程

各类组织的目标与管理要求虽然各不相同,但是若去掉管理的具体形式、做法,就可以看到有些基本的管理工作是所有管理者都在做的,而且都共同遵循着一定的规律,这些基本的管理工作便是管理职能。[①] 如何才能保证做好对的事? 根据现代管理理论,有效管理主

视频:有效管理的职能与过程

①　陈黎琴,赵恒海,高士葵.管理学[M].北京:经济管理出版社,2011:13-15.

要是通过做好基本的管理职能来达到的,有效管理的过程便是这些管理职能系统运作的过程。

在管理活动和管理学研究发展的不同阶段,人们对于管理基本职能的确定和划分也具有不同的看法。在 20 世纪初,管理过程学派的创始人法约尔就开始对管理的具体职能加以概括和系统论述,指出所有的管理者都履行着五种管理职能:计划、组织、指挥、协调、控制。这就是人们通常所称的"五职能说"。

在法约尔之后,许多学者对管理职能做出了进一步的探讨。到了 20 世纪 50 年代中期,美国加利福尼亚大学洛杉矶分校的两位教授哈罗德·孔茨和西里尔·奥唐奈(Cyril O'Donnell)在编写《管理学》教科书时,采用计划、组织、人事、领导和控制五种职能作为该书的基本框架。

随着管理理论的不断发展,在 20 世纪 70 年代后,管理学家们通常认为管理的基本职能包括计划、组织、领导、控制。自 21 世纪以来,人类进入知识经济时代,而知识经济的核心是创新。管理创新的必要性与重要性越来越突出,得到人们的广泛重视,于是越来越多的学者将创新纳为管理的第五大职能。因此,有效管理的过程将围绕计划、组织、领导、控制、创新这五大职能来展开。

一、计划工作

计划工作(planning)是管理的首要职能,是关于未来行动的蓝图。任何管理活动都是从计划工作开始的。清晰的目标和合理的计划是管理有效益的保证。只有确立了清晰的目标,组织才有了前进的方向,明确知道应该做些什么。而管理高效率的追求还要求组织对资源分配、工作具体开展情况进行统筹的安排与布局,这便需要计划职能来明确实现目标的途径与方法。因此,**计划工作**表现为确立目标和明确达到目标的必要步骤的过程,包括估量机会、设定目标、制定实现目标的战略方案、形成协调各种资源和活动的具体行动方案等。只有在计划工作完成后,其他管理职能才能有目的、有秩序地进行。

日趋复杂与多变的环境为组织的经营带来了更大的风险,而计划职能正是管理者用来降低风险的有力手段。有效的计划工作应当具有目的性、预见性、稳定性与灵活性等特点,如表 3.2 所示。其中,目的性是计划的根本原则;预见性是对计划的基本要求;稳定性是计划得以实施的前提;灵活性则是计划能快速适应环境变化的保障。

表 3.2　有效计划工作的特点

特　点	含　义
目的性	所有计划工作都是为组织总体目标和某一时期的目标服务
预见性	计划是针对未来做出的,需考虑全面,防患于未然
稳定性	计划应保持相对稳定,不能朝令夕改
灵活性	计划的动态调整需要基于适应环境变化而修正行动方案的能力

由于组织性质的不同,以及管理活动本身的复杂性和多元性,计划工作也变得十分复杂和多样,因此,组织或个人应不断提升制定与实施计划的能力。计划工作不仅仅是在组织管理中扮演着重要角色,个人的自我管理也需要大量运用计划思维。人们运用计划手段来合理安排资源、时间、精力,提高自己的工作效率,从而达到自己的工作或学习目标。

二、组织工作

为了实现目标,管理者负责设计和安排员工的工作去执行既定计划的过程,便是组织职能在发挥作用。**组织工作**(organizing)是为了有效地达成计划所确定的目标而进行组织结构的设计与变革、人员配备以及权力配置的过程。它是计划工作的自然延伸,一般包括任务的分解、部门的构建、层级的划分、权责的明确、人员的配备以及协作关系的建立等内容。

组织工作的任务是构建一种工作关系网络,进一步明确在各个层面上需要做什么、怎么做以及由谁去做,协调组织好每个部门、岗位及个体,使组织成员在这样的网络下更有效地开展工作。在每一项计划的执行中,在每一项管理活动中,管理者都要做大量的组织工作。组织工作的优劣在很大程度上决定着这些计划和管理活动的成败。一个组织能走多远,在很大程度上也取决于该组织结构的科学性与有效性。由此可以看出,组织工作是组织协调运转的前提,组织职能是管理活动得以顺利进行的必要环节。

组织职能的有效开展一般要遵循合理性、效益性、规范性与动态性的要求。合理性,即组织工作要基于组织的使命和战略开展,不能有悖于组织的目标与计划;效益性,即要求科学配置人力资源和其他资源,达到人、财、物、岗的匹配,以取得最佳效益;规范性,即要求在组织的构建和运行过程中,必须形成和实施特定的规则和制度;动态性,即要求管理者根据组织条件、业务活动或环境特点的变化,对组织工作进行相应的变革和调整,承担组织改革甚至组织再造的职能。

在组织工作中,传统的思路往往只关注内部组织结构的设计,以保证人与工作的匹配。然而,在经营环境日趋动荡化与复杂化的今天,这种思路未免显得狭窄,常常使得组织与外界环境脱节,跟不上竞争者的脚步。因此,当今的组织工作已经从组织内部扩大到组织外部,如何实现组织内外部资源共同的优化配置成为构建竞争优势的重要环节。于是,不少组织努力识别出自己的核心竞争力,将非核心环节"外包"成为常用战略。此外,还有不少企业在组织工作上采取广泛的开放性创新模式,与产业链的上下游结成紧密的创新网络。这都是组织工作顺应时代而生的新思路。

三、领导工作

每个组织都是由人组成的,任何活动的行为主体都是人。人是组织中唯一具有能动性的因素,然而每个人的需要、偏好、性格、素质、价值观、工作职责和掌握的信息等方面存在很大差异,在相互合作过程中必然会产生各种矛盾和冲突。因此,在将组织成员安排在适当的岗位上之后，管理者还需要开展一项管理职能来合理协调人与人之间的关系，以调动员工积极性。在一个组织中，**领导工作**（leading）就是管理者利用职权与威信施加影响，指导、协调和激励各类人员努力去达成目标的过程。

管理就是引领未来、落实计划、实现目标的过程。在计划和组织的基础上，领导起到了统领的作用。领导职能是组织机器得以有效运转的润滑剂。领导工作一般包括：选择合适的领导方式，营造良好的工作氛围，运用职权和威信，发挥指导、协调和激励的作用。凡是有下属的管理者，都需要履行领导职能。对于不同层次、类型的管理者来说，其领导职能的内容及侧重点不尽相同。

相比于其他管理职能而言，领导职能更受到管理者素质和管理风格的影响，是一项具有很强艺术性的管理活动。个人的力量总是有限的，有能力的领导者，懂得识人、育人和用人的领导艺术，将更多、更大的力量团结起来，协同达成组织目标，提升自身、下属和组织的价值。纵观历史，平民出身却能聚拢将才、开拓大汉王朝的汉高祖刘邦便是很好的例子。

领导职能并不是刻板、一成不变的工作，其工作侧重点会随着环境的变化而变化。如今，随着信息技术的发展以及新生代员工涌入人才市场，组织变得更为扁平化，组织成员更加崇尚个性、自由以及发展空间，这就要求管理者不能仅仅依托"胡萝卜加大棒"的激励手段，更要将信任、支持、认可和发展承诺作为激励的重要内容，以更好地调动员工积极性和发挥员工创造力。

四、控制工作

管理者的水平再高，前期的计划、组织工作再完善，任务在执行过程中也难免受到各种因素的干扰，导致实践活动偏离原来的计划。因此，目标的实现需要控制职能的保障。**控制工作**（controlling）是指管理者为了确保实现组织目标而对各项工作进行检查和评估，并采取必要纠正措施的过程。控制职能是保证目标按计划实现所必不可少的工作。控制工作主要包括定标准、测成效、纠偏差等内容。

从纵向来看，组织的各个管理层次都需要履行控制职能。越是基层的管理者，控制的定量化程度越高；越是高层的管理者，控制的综合化程度越高。从横向看，各项管理活动、各个管理对象都需要进行控制。离开了控制，管理活动的效率和效益都难以保证，因为再严谨的组织都有可能脱离轨道，并可能导致计划无效、组织无效的严重后果。

作为对管理运行情况的检测和调整，控制职能与计划职能有密切的联系。计划工作为控制提供了标准，控制工作是计划得以实现的保证。计划越明确、完整，控制的效果就越好；控制工作越科学、有效，计划也就越容易得到实施。[①] 在管理实践中，控制不仅是对某时点以前的组织活动情况的检查和总结，而且可能是对某时点以后的组织活动的局部甚至全部的调整。因此，很难区分出计划与控制究竟哪个是管理的开始，哪个

---

① 陈传明，周小虎.管理学［M］.北京：清华大学出版社，2008：225.

是管理的结束,控制在整个管理活动中起着承上启下的连接作用,是管理过程的监视器和调节器。

控制工作意味着对员工的活动进行监督,这并不表示控制与信任、授权完全对立。目前,强调信任员工和向下授权的趋势使许多组织开始重视员工自我监督和自我矫正能力的培养,但整个组织自上而下的全面控制仍然不可或缺。

五、创新工作

管理职能的变化和社会环境的变化有着密切的关系。创新职能的提出源于 20 世纪 70 年代后的世界环境的剧变。最近几十年来,面对瞬息万变的市场需求,管理者如果墨守成规,就无法应对新形势的挑战,因此,新世纪的管理工作离不开创新职能。

从哲学角度来看,创新是人类思维和实践的一种特殊形式,是人类突破传统、对旧事物的否定和对新事物的肯定的过程。在管理学上,"创新"这个概念最早由约瑟夫·阿洛伊斯·熊彼特(Joseph Alois Schumpeter)在《经济发展理论》一书中提出。他指出,创新就是建立一种新的生产函数,是对生产要素的新组合。他认为,创新包括五种情况:采用一种新产品;采用一种新生产方法;开辟一个新市场;获得原材料或半成品的一种新供应来源;实现任何一种产业的新组织,比如形成一种垄断地位,或打破一种垄断地位。[①]

熊彼特对创新理论做出了巨大贡献,他特别强调,创新并不等于发明。一种发明只有应用于经济活动并成功时才能算是创新。创新者不是实验室的科学家,而是既有胆识、敢于承担风险又有组织实干才能的企业家。但熊彼特将创新局限在了生产过程中的新变化,不能很好地概括与揭示"创新"作为一项管理职能的内涵。

自从熊彼特提出"创新"概念以来,人们曾对创新赋予了各种各样的定义。一般而言,**创新工作**(innovating)是指对原有事物的改变或新事物的引入,是创造新的理念并将其付诸实践的过程。在此基础上,人们进一步提出了技术创新和管理创新等概念。

周三多教授是将创新纳入管理职能的代表人物,他认为:"创新首先是一种思想以及在这种思想指导下的实践,是一种原则以及在这种原则指导下的具体活动,是管理的一种基本职能。"他将传统的四项管理职能定义为管理的"维持职能",并强调"有效的管理在于适度维持与适度创新的组合"。他认为创新是管理工作的原动力,因为在被称为"唯一不变的就是变化"的当今世界,要想使组织立于不败之地,管理者必须具有创新精神,敢于应对各种挑战。[②]

根据维持与创新职能的观点,管理工作的核心便是维持与创新。党的二十大报告指出,必须坚持守正创新。守正才能不迷失方向、不犯颠覆性错误,创新才能把握时代、引领时代。管理的维持和创新观点与守正创新强调的是一致的。对于企业而言,"守

---

① 熊彼特.熊彼特:经济发展理论[M].邹建平,译.北京:中国画报出版社,2012:69-70.
② 周三多,陈传明,鲁明泓.管理学——原理与方法[M].5版.上海:复旦大学出版社,2012:543-544.

正"就是维持现有的正确运营方式,保证系统活动的顺利进行;"创新"则为更好地履行管理基本职能、实现资源更有效利用提供依托和框架。维持职能是保证系统活动顺利进行的基本手段,也是系统中大部分管理人员,特别是中层和基层的管理人员要花大部分精力从事的工作。创新职能体现了组织的主动变革和主动行动,一般是由高层管理人员主导和推进的。创新职能是在维持职能基础上的发展,而维持职能则是创新职能的逻辑延续,两者相互连续、不可或缺。只有创新,没有维持,组织就会陷入无时无刻不在变化之中的混乱状态;而只有维持,没有创新,组织就会因缺乏活力而成为一潭死水,因不能适应环境的变化而最终被淘汰。因此,卓有成效的管理应该是实现维持与创新相结合的管理。

与其他管理职能不同,创新职能本身并没有某种特有的表现形式,它总是在与其他管理职能的结合中体现自身的存在与价值。作为一项管理职能的创新是一个通过四项传统维持职能的创新,将资源从低效率使用转向高效率使用的过程。衡量管理中创新工作成功的标准不只在于内容的新颖性,而更在于能否在管理实践中取得比以前更高的效率和效益。这种创新是企业其他各类创新(如技术创新、产品创新、营销创新等)的基础,为便于区分,可以称之为管理创新。无论是技术创新、产品创新还是营销创新,若要付诸实施,都必然会对现有的管理体系、生产组织方式带来一定的冲击,并有赖于新的管理体系和生产组织方式的建立。没有相应管理创新作为基础,其他创新就很难实现或难以为继。管理创新是一个循环往复的系统过程,包括创新目标提出、创意产生、创意评估与筛选、创意实施与修正等。

根据不同的维度,管理创新可划分为不同类别。根据创新内容的不同,管理创新可分为观念创新、手段创新和技巧创新。根据创新的程度,管理创新可分为渐变性创新和创造性创新。在管理实践中,管理者需要针对不同类别的管理创新采取相应的创新方法和手段,以便能更加有的放矢地开展管理创新工作。

所有的管理创新都始于观念创新,新的管理思想也是由观念创新结合管理经验与新的科学技术产生的。观念创新所产生的管理思想直接决定了整个创新活动的成败。任何创新都要依靠一定的管理手段或技巧才能落到实处。一种新的管理方法只有经历了组织化、制度化的过程才能成为现实的管理手段,发挥其应有的作用。而管理技巧创新的重点则是在管理的实际应用上。总的来说,观念创新是各项创新工作的基础,手段创新是观念创新的进一步具体化,而技巧创新则保证了观念创新和手段创新更为大家所接受,提高了管理的有效性。在实际操作中,从观念创新到技巧创新的过程并不一定是连续的,很可能跳跃进行。

日趋激烈的市场竞争和日新月异的科技发展给企业经营管理带来了新的挑战。企业产品生命周期不断缩短使得通过产品创新、工艺创新带来的竞争优势稍纵即逝。管理创新有助于提高企业的生存能力、经济效益、发展能力和环境适应能力,已然成为企业可持续发展的关键与在不确定环境中的制胜法宝。

以上五项管理职能组成了有效管理的基本过程。计划职能着眼于明确目标及其实现途径;组织职能着力于分工与协作关系的建立;领导职能着重于把握方向与激发人的工作积极性;控制职能的重点在于纠正偏差;创新职能把焦点放在持续改进与完善以及资源的更有效利用。它们回答了一个组织要做什么和怎么做、靠什么做、做得怎样以及如何做得更好等基本问题。创新职能顺应时代而生,为其他四项基本职能安上马达,使管理活动更加有动力地高速运转。五项管理职能相互配合,共同致力于管理有效性的提高。在实际管理活动中,管理的各项职能在内容上是相互交叉、紧密相关的。尽管它们之间存在着某种逻辑上的先后顺序关系,但在现实中各职能往往有机融合,形成相互交错、周而复始、不断反馈的循环系统。

总之,管理是由计划、组织、领导、控制、创新等职能组成的一个系统过程。各项管理工作之间是相互作用、相互影响的。管理者需要搭建让各项管理要素充分发挥作用的基础平台,尤其要为各类不同的人才打造施展才能或发掘潜能的"表演舞台"。若仅仅做好其中的一两项管理工作或无法将各项管理工作连接成一个有机系统,组织管理必将出现瓶颈环节,也就难以获得有效性。因此,管理者要注重抓瓶颈、搭平台、做系统。组织应高度关注管理的这五项职能,特别要理解和把握所包含的新的要求和内涵,竭力实现可持续发展。

第三节 管理的基本思维方式

思维决定行为,行为决定结果。党的二十大报告指出,我们要善于通过历史看现实、透过现象看本质,把握好全局和局部、当前和长远、宏观和微观、主要矛盾和次要矛盾、特殊和一般的关系,不断提高战略思维、历史思维、辩证思维、系统思维、创新思维、法治思维、底线思维能力。我们的一言一行都受到了思维的影响,并影响最终的结果。只有思路清晰,才能明确真正的问题,也才能把握问题的实质。在组织中,"要我做事"与"我要做事"这两种不同的思维,会导致截然不同的工作效益。因此,为了获得卓有成效的结果,我们必须掌握管理的基本思维方式。

一、系统思考

系统思考是指用整体的观点来提炼、分析与解决问题。万事万物是相互联系、相互依存的。只有用普遍联系的、全面系统的、发展变化的观点观察事物,才能把握事物的发展规律。根据系统思考的方法来办事情,就应该把事情看成一个系统,不仅要分析其中的组成部分,更要探究这些部分之间的相互作用。我们不能只见"森林"不见"树木",更不能只见"树木"不见"森林"。为了全面地探究管理问题,我们需要做到既有分析,又有综合。为了有效地解决管理问题,我们既要具备开放心态,又要拥有多元视角,还要重视务实分析。因此,我们需要学会的**管理基本思维方式之一**是:系统思考——树立

"具体问题具体分析"的开放性思维方式。

（一）开放心态

心态是人的思维方式与相应的处事态度。心态会影响一个人的精神境界，制约一个人的行为举止，左右一项事业的成功。管理者在引导员工行为的过程中，首先要做的就是调整好自身的心态，在此基础上，努力了解、把握与调节员工的心态。开放的心态是心灵的营养品，它能使我们获得机会、成功、健康和快乐。环境的不确定性加大了目标与计划实施的难度，因此我们需要拥有的一个基本常识是"凡事都有例外"，从而保持开放心态，主动拥抱变化。

在待人、接物、处事的过程中，面对一个管理问题，我们应该如何思考与回答？第一种方式是基于自身过去的经验或清楚的前提和答案，给出肯定的回答。回答正确的前提是：现在与过去相同或前提条件及答案确定。但是，在多变的环境面前，经验回答的正确率下降。面对一个似曾熟悉的管理问题，许多人经常直接凭借以往的经验做出迅速的决策和直接的回答。只有在决策或答案被实践证明是错误时，他们才慢慢意识到此问题并非彼问题，尽管在形式上两者似乎是一样的。

对问题分析的开放心态，有助于消除个人思维定式对于问题解决的影响。为此，我们必须改变想找标准答案的习惯。大部分管理问题的解答都需要开放性思考，这要求我们掌握通过不断试探来找到合适方案的实践艺术，而不应奉行照搬理论、简单模仿和拿来主义。从这个角度而言，当前的人才培养体系还有待于进一步完善。部分人从幼儿园到大学甚至研究生阶段，受到层层加码的应试教育的影响，使得学习就如挖洞，挖得越深，思维越受限。我们应树立开放心态，要让学习变得如登山那样，站得越高，视野越开阔，从而看得越远。

（二）多元视角

为了从整体上把握管理问题，我们需要具有多元视角。多元视角要求拓展管理问题分析的角度与层面。在探索管理问题时，我们要注重从不同视角来考察问题，以便更全面、系统地把握问题背后的实质。许多事情都是可以从多个角度进行观察的。在这些角度以及相应所得到的局部观察结论之间，实际上并不存在所谓的对错优劣之分，它们相互补充才能描绘出事情的整体。在探寻管理问题的过程中，每个参与者实际上都具有自身的看法，代表着一个不同的观察角度，如果不允许不同看法的存在，或者强行对这些不同看法做出对或错的划分，就很容易在团队内部造成互不服气或相互矛盾的现象。通过多元视角来看待管理问题，其实并没有改变客观事实，但却有可能改变人们对于事实的认识和看法，引发工作态度、思路及行为的转变。

多元视角有助于把管理问题看透想清。我们想要做到这一点，就要拓展思考的层面或维度。组织管理涉及复杂的人文社会系统，除非能站在更高的系统层次上，否则可能无法明确"真正的问题是什么"。若我们将管理问题的全貌比喻为"大象"，试图采取"盲人摸象"的方法，仅仅利用解剖刀去了解"大象"的结构，是无法整体认知"大象"的。

显然,人们在认识作为生命整体的"大象"时,仅靠两维的触觉或三维的透视,而不对"大象"的功能进行动态过程考察,也就是补充"时间维度"的信息,那么就不可能从功能与结构两个层面真正把握"大象"的本质特征。在很多情况下,人们看不清问题的全貌与本质,主要不是由于眼力问题,而是由于所处的位置与所站的地方有问题。如果人们不知"大象"为何物,若只想通过触觉加上想象,以形成关于"大象"的整体形象,这基本上是不可能的。为了把握问题的实质,人们必须进行全面、深入的考察,突破认识论上的局限,采用高维度的分析视角,以"跳出迷宫看迷宫"。因此,强调多元视角的主要目的在于认清所面对的管理问题的时空与情境依赖性,以获得关于该问题所涉及的人、事、物的动态信息。

（三）务实分析

务实是指要立足于"拓实业,讲实话,重实据,办实事,求实效"①。一是拓实业。管理者要引导员工基于具体的情境,专注于当前的事业。在鼓励员工立足现实的前提下,促进大家积极主动、勇攀高峰,以开拓未来的新事业。二是讲实话。真实情况的把握依赖于有效沟通,而有效沟通的第一步就是要讲实话。管理者要提倡对同事坦诚相待,对上级不得欺瞒,对下级真诚相告。三是重实据。经营的好坏需要用实在的经营数据作为评定的依据,管理的成败需要用切实的员工满意度作为评价的依据,服务的优劣需要以顾客是否获得良好的服务体验作为评判的依据。四是办实事。管理者倡导踏踏实实做事的行为,反对夸夸其谈,反对人浮于事。五是求实效。员工不仅要踏实做事,更要善始善终,追求实实在在的效果。

为切实做到务实分析,我们需要结合管理问题产生与演变的特定情境,从整体上全面把握管理问题的本质。在面对出现的管理问题时,为了避免犯经验主义的错误,要树立具体问题具体分析的开放性思维方式,学会说"很难说"。从某种意义上而言,管理学就是一门传授如何进行具体问题具体分析的思维和方法的学科。

在着手处理管理问题时,要避免陷入封闭思维、平面思维、经验思维或刻板思维的陷阱,首先,你要学会说"很难说"。这表明你入门了,懂得了管理对象的多样化、管理环境的多变性,知道要具体问题具体分析。最终,你要知道应该怎么说。这表明你职业化了,懂得了根据具体情况,运用管理知识,做出正确判断与决策。

二、目标导向

目标正确是前提,多方满意是结果,否则所有努力都是徒劳。为了高效地解决管理问题,我们既要破题立标,又要兼容并蓄,还要以终为始。因此,我们需要学会的**管理基本思维方式之二**是:综合协调——建立"目标导向、兼容并蓄"的思维方式。

---

① 在笔者主持的一个研究项目中,课题组在融合他人观点的基础上,提出了关于务实的五个方面。

（一）破题立标

对于一个管理问题，通过具体问题具体分析后，我们掌握了实情。其后，我们需要明问题，破难题，立目标，即明确问题性质，找到问题产生的真正原因，找到解决问题的突破点，并确立适当的目标与可行的计划。因此，需要深入探究的一个论题是：解决一个管理问题，应该解决到何种程度？

在现实中，经常出现的情况是：问题性质不清，真正原因不明，突破要点未决。在这种情况下，有些管理者却盲目决策，其结果往往是事倍功半，甚至失去解决该管理问题的最佳时机。因此，在了解实际情况后，不要先急于确定解决方案，而应先确定决策目标，即这个问题要解决到什么程度，并明确应该从何处进行有效突破。决策目标不同，决策方案也就不同，人员配备也就不一样。

（二）兼容并蓄

在确定决策目标时，面对与这一管理问题相关的各方面因素，许多人往往采用"非此即彼"的思维方式，只注重与该问题相关的个别目标的实现。管理是人们为了有效地解决问题或达成目标而采用的基本手段，其功能在于帮助人们以有限资源实现尽可能多或高的目标。对于任何一个管理问题，其目标追求是取得人们对于该问题所看重的各个目标之间的协调。

为有效解决特定管理问题，管理者所确定的决策目标应该是：尽可能取得利益相关者对于这一问题所看重的各个方面目标之间的和谐统一，即要"综合协调"。这就要求管理者在面对问题时，改变"非此即彼"的思维方式，而采用"兼容并蓄"的思维方式来解决问题。

（三）以终为始

任何事情都需以目标为导向，因此，具有"以终为始"的职业习惯的员工，会在开展一项工作之前，先明确必须达成的最终目标，进而规划阶段目标、实施方案与具体步骤，以增强未来结果的可预见性。正如"思想巨匠"史蒂芬·柯维（Stephen Covey）所言，"以终为始"意味着在做任何事之前，都要认清使命或目标，确认日常的所作所为是否与之南辕北辙，而且每天都朝着这个方向努力。[1] 概括地说，"以终为始"就是坚持以最终目标为中心，坚持结果导向，做事具有很强的目的性、预见性和计划性。

1. 目的性

目的性是"以终为始"思维方式的重要构成部分。管理者应向员工灌输"结果导向"的思维模式，使其在工作开始前就明确自己"为何要做"，要达到什么结果。有了目标与依据，员工才会明确工作的意义，才会有明确的方向，才会有清晰的行动地图。有了合理的目标，就像有了一个看得见的射击靶，努力就有依据。通过自身努力，一个人实现既定目标，所获得的成就感、快乐感非笔墨可以形容。反之，工作中缺失目标，就像没有

---

① 柯维.高效能人士的七个习惯[M].高新勇，王亦兵，葛雪蕾，译.北京：中国青年出版社，2010：114.

罗盘的航行,终究会迷失方向、迷失自我、一事无成,只能在"白了少年头"时,"空悲切"!目的性很强的人在工作开始前,就明白自己要达到的目的,明确在一定时期内需要把握的变动趋势,并制定兼具挑战性与可行性的目标。

2.预见性

积极主动的人总是带着"脑袋"工作,善于思考,具有预见性。工作中并非所有计划都能顺利实施,因为工作环境日新月异,计划有时赶不上变化。在出现问题时,根据预见能力的不同,可将员工大致分为四类:一味强调外部原因,怨天怨地的员工是不合格的员工;工作态度好,马上解决问题,但只能"头痛医头、脚痛医脚"的员工是有待提升的员工;主动解决问题,将问题消灭在萌芽状态的员工是优秀的员工;细心观察组织日常活动,能有效预见问题,采取防范措施,防患于未然的员工则是卓越的员工。预见性是"以终为始"思维的基本要求之一。在工作中,管理者应引导员工努力根据已有的迹象,预见事物的发展趋势,预测可能出现的问题,预备相关的解决方案。

3.计划性

古今中外,凡有所成就者都有极强的计划观念。计划是一切工作的起点,没有计划,就如同没有坚固根基的大厦。虽然说计划赶不上变化,但是有了计划,工作才能有条不紊。"凡事预则立,不预则废",有计划地开展工作也是"以终为始"思维的基本要求之一。良好的计划可以促使工作朝着既定方向与沿着既定路线进行。有效的计划可以帮助员工更好地理解工作的目的及要求,自觉地按照计划推进,与他人进行更好的协作,从而大大提高工作效率,增强工作满意度,体验由工作带来的成就与快乐。

综上所述,在面对管理问题时,我们要兼容并蓄,吸纳多方建议,综合协调多个目标,并根据要达到的工作目标,制定合理可行的计划。在设定了工作目标后,我们要"以终为始",将目标分解成具体的行动步骤,形成兼顾操作性与灵活性的工作行动指南。每一个目标都要分解为现在应该做什么,使现在的行动与未来的愿望联系起来。

三、责任在我

在系统思考问题与综合协调目标的基础上,我们要探究的第三个问题是:具体而言,解决管理问题应从何处着手? 在管理过程中,影响目标实现的因素是多种多样的。而且,进入 21 世纪以后,我们面对的是一个更加复杂多变的世界。在动荡变化的不确定性环境中,可以主动加以把握的是我们自己。因此,我们需要学会的**管理基本思维方式之三是**:责任在我——确立解决问题要从"认识自我、改变自我"着手的思维方式。

(一)认识自我

自知者明,自胜者强。塑造自我,首先应当正确认识自我。自我认知包括全面了解自己的个性与特长、知识与能力、兴趣与爱好、优势与弱点等方面。我们想要获得事业的成功和创造人生的辉煌,就要准确地评估自己。如果自认为弱小无能、害怕失败,则注定会成为一个平庸的人。反之,如果善于发掘自己的优点,坚持自己的特质,则会因为自己的独一无二而获得成就。正确的自我认知不仅意味着明确自己是什么样的人，还意味着明白所做工作对于自己的意义与他人的价值。

（二）改变自我

改变自我的要义是充实自我、激励自我、超越自我，直至成为所在岗位不可替代的人才。

1. 充实自我

我们要加强学习，持续"充电"，不断提升与完善自己。充实自我的要点包括四个方面：一是努力精于本职工作；二是重视能力储备与拓展；三是利用一切机会来修炼自己；四是努力养成终身学习的习惯。个人的经验、阅历与能力的局限性，独立学习往往难以收到事半功倍的效果，为此必须善于向最优秀的人学习。

2. 激励自我

战胜困难与挫折会增强自身对职业生涯成功的信心。在追求自己的人生梦想时，阻碍随时会出现，重要的是你将用什么样的态度来对待各种阻碍，采取什么样的方法来改善自己的困境。成功者的座右铭是胸怀大志、坚持到底。放弃者绝不会成功，成功者永不放弃。

3. 超越自我

在明确擅长且钟情的职业领域之后，我们一定要努力在职业上打造自身的品牌形象，使自身始终站在这一领域的前沿地带，甚至是这一领域的"领路人"，即需要不断实现自我与超越自我。实现自我是指通过实践与领悟，不断明确个人的真正需要，实现自身能力与人格的不断提升。超越自我，一是要努力实现理想的自我，努力达成自己的职业目标与生活目标；二是要勇于否定自我、突破自我，把以往成就作为新的起点，以更有挑战性的目标取代已经达成的目标。不断超越自我，是对自身提出的更高要求，也是优秀员工所应抱有的工作态度。只有严格要求自己，不断追求卓越，我们才会在岗位上提供更加周到热情的服务，在工作中挖掘自身的价值。

（三）从我做起

从我做起，自动自发。我们要积极主动地做好本职工作，并努力超越上司与他人对自己的期望。当上司安排特殊任务时，要勇于承担；当同事因工作太忙要求施予援手时，应主动帮助。主管领导在单位时，有些员工非常自觉，精神焕发，主动肯干；一旦领导不在单位，他们却极其懒散，不干实事。因此，除了自动自发以外，个人还必须学会自律。

每个人的价值观念不同、素质不同、环境不同，因此适用的自我管理方式也不同。个人的追求、态度、能力、眼界、所处的环境决定了他或她可以做什么。因此，在面对问题、面对变化时，我们应强化从认识自我开始、从改变自身入手，寻找具体应对的策略。

四、团队合作

全员齐心,其利断金。在解决管理问题的过程中,我们需要集思广益、合力求解。只有在一个和谐、团结、匹配的团体中,我们才能同心协力地为组织创造最大价值。自身的能力提升固然重要,但更重要的是,要与其他成员携手共创美好前景。因此,我们需要学会的**管理基本思维方式之四**是:团队合作——塑造"团队至上、精诚合作"的思维方式。

(一)团队意识

团队意识是指组织成员的整体配合意识。每个成员都要心怀团队,把自己当成团队的一员,而不是匆匆过客。团队合作首要的就是组织成员要有"团队感",奉行"团队至上",摒弃处处设防、各自为政的本位主义,讲究彼此沟通、随时交流、深度合作,以创造一种温和的、良好的工作氛围,使自己置身于一个互相尊重、互相信任、坦诚不设防的团体中。增强团队意识,关键是要增强团队的归属感、荣誉感和信赖感。

1. 团队归属感

所谓团队归属感,就是要把自己置身于团队之中,并为之而努力奋斗。没有哪个组织喜欢"人在曹营心在汉"的员工,也没有哪个部门喜欢成天想往其他部门调动的员工。"既来之,则安之。"要想其他人把你当成自家人,你首先要把自己当成团队成员。你要能够接受团队的现状,并有为这个团队做出贡献的决心。要想让自己成长,你就应该先设法让所在团队成长。

2. 团队荣誉感

所谓团队荣誉感,就是为自己的团队感到光荣与自豪,并为维护团队的荣誉而不遗余力。管理者应促进员工保持强烈的团队荣誉感。只要合乎法律、社会道德,员工就应该具有"团队让我干啥我就干啥"的奉献精神。我们应不损害团队的荣誉,时刻谨记团队的使命,积极为团队荣誉做贡献。只要团队需要自己,就应该全力以赴。因此,各成员要拿出自己的最佳水平,共进共退,共生共荣。

3. 团队信赖感

团队意识的培养是基于成员的相互信任。所谓团队信赖感,就是要相信自己的上司、同事或下属,把团队成员看成是事业伙伴。如果没有了相互信任,员工就无法把自己的努力转换为团队的成功。在相互信任的基础上,所有成员才能同舟共济、困难共担、价值共创,才能推进自身的成长与组织的发展壮大。团队信赖感还应该体现在成员对团队未来充满信心上。无论是在与同事的交流中,还是在对外的交往中,团队成员都能表现出足够的信心,让别人感受到这个团队的蓬勃活力和美好前程。

(二)共同愿景

共同愿景(shared vision)可以激发每个成员充满激情地关注团队的未来。根据学习型组织理论的创始人彼得·圣吉(Peter Senge)的解释,共同愿景是组织中所有员工共同愿望的景象，是他们的共同理想。因此，共同愿景是团队成员所共同向往的意象或景象，体现了团队成员发自内心的意愿。有了共同愿景，就可以促使大家对未来的前程达成共识，从而引导并激发大家沿着一条正确的方向不断前进。组织想要塑造共同愿景，就要重视以下方面。

1. 牢记团队目标

任何一个团队都有存在的使命和目标。团队成员应该对团队的使命和目标有一个清晰的认识，牢记在心，并努力为实现共同愿景而贡献自己的智慧和才能。只有这样，大家才会在工作中围绕团队目标去努力，为团队目标的实现而持续奋进。团队成员只有认同团队目标，与他人达成共识，才会在团队中体现自己的价值。团队成员需要达成共有的愿景与价值观，否则无法推进团队工作的顺利进行。相关研究表明，价值观不同的人会减少彼此之间的沟通，价值观差异会导致彼此的不喜欢或不理解，从而影响团队合作的效率与效益。①

2. 遵守团队规则

团队规则设立的目的是引导与约束团队成员的行为，增强团队的整体战斗力，使得共同愿景与各项目标能够顺利实现。团队成员应该自觉遵守团队规则，而不应该出现暗自违背团队规则的行为。共同愿景并不是个人愿景的简单相加，而是个人愿景的整合。它的创建需要基于明确的规则，需要组织成员的共同维护。

3. 承担团队责任

团队目标的实现是团队成员共同努力的结果。团队之所以存在是因为在团队中各个成员可以实现个人所无法实现的目标。团队成员应该服从团队的分工，并积极承担团队的责任。由于团队工作的相互衔接性，在培养员工"团队合作"思维的过程中，管理者不仅要求员工有个人责任感，更要强化相互负责。这里既包括各部门的责任，也包括部门内各岗位的责任。试想，如果每个成员都"不管闲事"，那么"团队合作"的理念就只会停留在空想阶段。

（三）精诚合作

团队的卓越绩效源自所有成员的精诚合作。在工作过程中，每位成员都需要树立合作共赢的观念，崇尚"精诚所至，金石为开"的信条，重视有效沟通，善于自我反省，及时填补空位，主动配合他人，使团队整体环环相扣、步步到位，共同创造美好经历与卓越价值。

1. 要沟通不要封闭

精诚合作必须基于有效沟通。在团队工作中，难免会出现各种各样的问题。这就需要团队成员进行积极有效的沟通，并且能够以正确的心态去面对可能出现的各种矛

① Hobman E V, Bordia P, Gallois C. Consequences of feeling dissimilar from others in a work team[J]. Journal of Business and Psychology, 2003, 17(3):301-325.

盾。各成员要顾全大局,以保证团队目标的顺利实现。如果团队内部沟通不畅,团队成员抱怨较多,就会严重影响团队凝聚力,进而影响团队绩效。人们想要获得"好心办好事"的结果,就要学会有效沟通,替对方着想,体验对方在特定情境下的感受,通情达理地谅解对方的行为,提出让对方心悦诚服的解决方案。"己所不欲,勿施于人",在沟通过程中,应直截了当、开诚布公,避免拐弯抹角、背后乱说。

2.要反省不要埋怨

任何人都不喜欢没有责任心的下属、同事和上司,更不喜欢寻找借口、指责他人的人。在遇到问题时,作为团队的一员,我们应该学会自省:第一,是否对事情理解得不够清楚,导致错误地执行了某些工作任务;第二,是否没有进行及时的沟通,导致对某些方面的理解和执行出现了问题;第三,在出现问题时,是否迅速采取了有效的补救措施。自我反省实际上是团队成员自我认识和提高的过程。不懂得自我反省的人,永远不会走向成熟,也就得不到他人的真诚协助。

3.要补台不要拆台

工作是一个合作的舞台,而不是一个角斗场。团队领导者要努力让各个成员明白:要想自己的事业舞台足够的宽广,首先要让自己的胸襟宽广。个人想要取得成功,就要学会合作、善于合作。在别人遇到挫折、失误和困难时,我们千万不要沾上口诛笔伐和"痛打落水狗"的恶习,要养成手下留情与让人一条路的善习。如果一个人在他人遭遇困境时落井下石,那么他或她终究会遭人唾弃,为人所不齿。反之,如果一个人在遭遇切肤之痛后,坚持团队至上、宽容对方,展现常人难以达到的胸襟,不仅不拆台,反而为对方补台,给足面子让对方下台,或协助对方顺利完成工作,那么他或她终将会得到他人的真心协助。宽宏大量、光明磊落、利他助人的言行会使自己的职业形象达到一个新境界,折射出新光彩。久而久之,这种合作精神还会感染团队中的其他成员,像润滑剂一样,使许多小摩擦、小矛盾销声匿迹。在面对他人的失误而影响自己时,有些人明哲保身,既不拆台也不补台,这也是团队领导者要大力修正的行为。总之,帮同事就是帮团队,帮团队就是帮自己。

4.要唱好主角当好配角

在团队合作中,必然有分工,有分工就必然有主角和配角。在团队工作中,主角的数量总是有限的。为保证有效的合作,团队成员就必须摆正位置,既要唱好主角,更要甘当配角,确立"我应该为他们做什么"的理念,主动配合,求同存异,协同合作,取长补短,努力为他人的工作提供方便与创造条件,从而形成最大的团队合力。

(1)积极灌输主配角互动观

根据分工协作的原理,团队中的主角与配角关系不仅是相辅相成的,而且是动态变化的。即主角与配角的关系是客观存在、相互依存的,并且在不同的时空背景中,又是互相转换的。团队建设的主要目标是使每个工作团队都成为视角多元、决策高效、执行有力的互补性团队。互补性团队通常以任务互补、专长互补、认知互补与角色互补的形式出现。① 主角与配角，只是分工不同而已，而无地位的尊卑之分。在"一台戏"里，必然会有台前和幕后之分，不可能人人都站在显眼处，不可能人人都是主角。作为主角，就要勇于承担责任，控制局面，当好"主攻"；而作为配角，则要甘当陪衬，甘为人梯，做好"佯攻"。当主角需要知识、才华、能力；当配角需要智慧、觉悟和无私品格。团队领导者需要使各个成员意识到：在这台戏中，你是配角，而在另一台戏里，你则是主角。团队成员只有互相支持、互相信赖，才能唱好"每一出戏"。

（2）努力倡导甘当配角精神

甘当配角的精神，是指团队成员要有甘为人梯、先人后己的思想品格。甘为人梯，先人后己，就是心里装着他人，遇事想着事业，支持自己的同事上进，共同沿着已经开拓的路子前进，把"接力棒"的传递看成是一种光荣；就是在工作上胸怀宽广，劳苦之事争先，享乐之事延后，把方便让给别人，把困难留给自己；就是心甘情愿地接受主角的领导，在配角的位置上协助主角披荆斩棘、破浪前进；就是坚信"一花独放不是春，百花齐放春满园"，而自己甘当一片绿叶，同朵朵鲜花形成一个有机整体，去展现团队工作的姹紫嫣红。正是因为这种甘为人梯、甘当配角的团队精神，大家才能善于发现他人的长处，理解他人工作的重要性，主动帮助他人，从而达成思想一致、目标一致和行动一致。

（3）真诚表彰甘为人梯事迹

主角有"最优"，配角同样有"最佳"。正因为有了众多甘当配角的朴实员工，组织才会创造辉煌的业绩。因此，在获得成功后，组织不应忘却这些幕后英雄。团队领导者应注意寻找并表彰"最佳"配角，让他们成为所有成员学习的榜样，并在团队内部倡导甘当配角的风气；引导员工以团队利益为重，找准自身角色，不计一时名利，重视长期目标和持续成长；驱动员工携手并进，激励员工共创美好未来！

五、知行合一

伟大的公司为什么能够基业长青？其中的关键并不是因为它们的战略完美无缺，而在于它们具备强大的执行力。即使在战略存在缺陷的情况下，其运营团队也能通过动态调整、有效执行，达成较为完美的结果。在面对管理问题时，许多人喜欢高谈阔论，却很少投入行动。在当今社会，有些人存在明显的知行背离现象，空谈梦想而光说不干，或者不知其理而盲目蛮干。因此，我们需要学会的**管理基本思维方式之五**是：知行合一——拥立"知难而上，尽力而行"的思维方式。

（一）学以致用

"知行合一"的观点是中国先哲王阳明先生首先提出的。知中有行，行中有知，知行本为一体。王阳明认为："知之真切笃实处即是行，行之明觉精察处即是知。""知"是"行"的开端，"行"是"知"的完成，有始有终才能体现为一个完整的知识过程。因此，知

---

① Miles S A, Watkins M D. The leadership team: Complementary strengths or conflicting agendas? [J]. Harvard Business Review, 2007, 85(4):90-98.

识不只是理论上的意义,还一定要运用于生活实践中。唯有如此,才能真正体现知识的价值所在。[①] 因此,我们想要真正解决管理问题,就要做到知行合一,把决策方案付诸行动。就在校学生而言,"知行合一"的要义是"学以致用"。我们要重视学中干、干中学,不断加强理论学习,积极投身实践,把学习与实践有机结合起来。

(二)知难而上

人生之路不可能是笔直的,成功之道更不可能一帆风顺,会经历各种困境与磨难,但方法总比困难多。克服困难的过程就是面对问题、思考问题、解决问题的过程,也是审视自我、提升自我与超越自我的过程。在困难面前,我们努力进取,积极行动,知难而上,就会找到攻克难关的办法。要使理想得以实现,我们就必须抱有必胜之心,并尝试各种方法以突破前进道路上的障碍。心理学上把"期望转化为现实"的现象,称之为"皮格马利翁效应"。当面对困难时,人们如果抱有"一切皆有可能"之心,积极地思考,迅速地行动,就常常能够产生"皮格马利翁"效应。人们常常会"自我设限",其中的原因可能是过去曾经失败过,或者不愿改变过去一直行之有效的方法。在行动之前,如果我们先假设会遇到的困难,再寻求可以解决的方法,就可以加快成功的步伐。实际上,不管有多少事要做,做起来有多少困难,但只要目标明确、方法恰当、行动到位,我们就一定能逐步逼近目标。

(三)尽力而行

一位企业总经理在描述自己心目中的理想员工时说:"我们所需的人才,是工作时意志坚定、努力进取、竭尽全力的人。"这种说法代表了大多数管理者的用人标准:除了忠诚以外,还要加上积极的态度与尽力的行动。当员工尽力而行地投入工作时,就会忘记工作的辛劳,看到工作带来的乐趣和成就。尽力而行者处处主动尽职,把工作看成自己的事情,保质保量完成工作并努力超越他人的期望。

1.用真心对待"自己的事情"

全心全意、尽力而行是一种敬业的职业心态与习惯。在工作过程中,我们应努力把工作当作自己的事,努力做最好的自己。不轻视每一件事情,哪怕是一件小事,也要尽力做好。在完成分内工作且时间允许的前提下,自愿选择去做职责以外的事情,以驱策自己进步,同时吸引他人更多的关注和信赖,给自我的提升创造更多的机会。管理者要促使员工养成认真对待"额外的工作"或"临时的任务"的职业习惯。"存在即合理",一般情况下,人们应承认事情存在合理性,相信上司委派的工作一定有合理的目的。即使该工作和自身的志趣、能力非常不符,人们也可将之视为自己的事情,以主人翁和胜利者的心态去做,竭尽全力去完成,在此基础上,再寻找合适的机会与上司沟通,委婉告诉上司自身的要求和感受,争取得到改善。本职工作完成的优劣程度是与自身发展密切相关的事情,代表着个人的能力和品德。试想"一屋不扫何以扫天下"。上司分配的不

① 董平.传奇王阳明[M].北京:商务印书馆,2010:90-91.

合心愿的工作任务，在一定程度上有助于检验自己适应环境求生存的能力，以及积蓄力量求发展的能力。越是艰难痛苦的经验，越能磨炼意志，越能增强面对未来的勇气。

2. 靠专精完成"高标准的工作"

在树立"视工作为自己的事情"的理念后，我们还必须重视工作的完成质量，以高标准完成工作，而这一切则依赖于"专精"，即过硬的专业能力与精益求精的精神。既然已经花了时间，为什么不做得更好呢？为什么不尽力呢？在工作中，我们应以最高标准要求自己，能做到最好，就做到最好。正如比尔·盖茨劝告青少年：事情不分大小，都应使出全部精力，做得完美无缺，否则还不如不做。依托"专精"完成高标准的任务不仅是指人们要在规定的期限内按上司要求完成工作，而且要及时反馈与工作相关的信息，包括完成工作的性质和程度、发现的问题、想到的原因以及悟到的方法等。及时反馈信息不仅是对自身工作的负责，而且可以让上司掌握充分的信息，进行适时指导。因某些不可控因素而无法保质保量完成工作时，应积极主动承担责任，以实际行动寻求解决办法。在提出解决方案的过程中，应提出多项方案供上司选择，避免让上司做没有选择的选择。这样，即使自身的任务由于某些原因而完成得不是很理想，上司也会因为详细周全的补救方案而认可你的贡献。

3. 尽全力超越"他人的期望"

在工作和学习中，我们要努力超越他人的期望，给他人留下美好的深刻印象。如果想在成功之梯上进阶，就要永远保持主动。行动甚于言语，时刻对自己的行为负责，不断超越他人的预期，你就能逐步迈向成功。没有人能保证你成功，只有你自己；没有人能阻碍你成功，也只有你自己。上司与顾客都喜欢积极主动、善解人意的员工，乐意和他共事，接受并欣赏他们提供的服务。在任何时候，我们都需要努力比自己分内的工作多做一些，比别人期待的结果更好一点。如此，就会引起他人的注意，给领导带来惊喜，就会超越顾客的期望，给顾客带来惊喜，最终成就更好的自己、理想的事业与精彩的人生！

 思考题

1. 如何进行有效管理？
2. 如何衡量管理的有效性？
3. 大学生如何做到"知行合一"？
4. 管理者如何综合协调多个目标？
5. 如何确立"责任在我"的管理思维方式？
6. 管理者如何做到"目标导向、体系推进"？
7. 如何树立具体问题具体分析的思维方式？
8. 如何理解团队合作思维在大学生社团管理中的重要性？

第四章

管理者及其素质

☞ **学习目标**

①理解管理者的定义与特征
②了解管理者与科技人员的区别
③理解管理者担任的角色
④理解管理者拥有的职权
⑤明确管理者在组织中的基本职责
⑥区分不同层次管理者的职责
⑦知道管理者应该具备的素质
⑧了解科技人员转变为管理者的方法

在一个组织中,管理工作是由管理者负责开展的。管理者素质的高低,直接关系到组织活动是否有效以及组织目标能否实现。因此,一个组织管理的成败在很大程度上取决于管理者是否很好地履行了职责。在经营环境日趋复杂的背景下,管理者应更加关注创新职能与创新活动。在推动创新活动与解决实际问题上,科技人员颇具优势。这是组织促使众多优秀科技人员跨入管理者队伍的重要原因之一。组织要使管理者或转变为管理者的科技人员充分发挥能动性与创造性,就必须建立一个有助于他们履行职责、发挥才能与提升素质的环境。本章将分析管理者、操作者、科技人员的区别;阐述管理者担任的角色与拥有的职权;说明管理者在组织中的基本职责,区分高层、中层、基层管理者的职责;解释管理者应具有怎样的素质以及为什么,并结合科技人员的特征,说明科技人员要成为管理者应注意培养和提高的方面。通过本章学习,我们应知道管理者的权责和素质要求,并通过对自己的分析,能够明确自己要成为管理者应注意提升的方面。

第一节　管理者的角色与权责

视频:管理者及
其特征

　　为了准确把握管理者的内涵,我们必须考察管理工作的事实,理清管理者究竟在干什么,明晰管理者的角色定位,明确管理者拥有的职权,识别不同层面的管理者的主要职责,并理解如何把组织需要或渴求完成的事情转变成管理者的具体职责。

一、管理者的概念

　　管理者是指在组织中履行管理职能,指挥他人完成具体任务并对此负责的人。如大学校长、医院院长、公司经理与政府官员等,都是生活中常见的管理者。管理者是管理活动的主体,担负对人、财、物、信息等资源进行计划、组织和控制的责任,以达成组织既定目标。

　　管理者是从事管理工作的人,但从事管理工作的人并不都是管理者。巴达维(Badawy)认为,一个名副其实的管理者必须满足三项要求:①必须借助一系列的协调活动,通过计划、组织、领导和控制来开展管理工作;②必须直接参与解决管理问题并做出决策;③至少要有一个人向他汇报工作情况。[①]

　　管理者的特征主要包括三方面:其一,管理者是组织当中的一种角色。管理者由组织正式任命,有头衔,因此,从事自我管理的人并不能称为管理者。其二,管理者从事管理工作,履行管理职能。其三,管理者拥有直接下属,负责指挥下属开展各项工作。

　　随着组织的发展,组织内部将出现越来越多的管理者。组织想要更好地发挥这些管理者的作用,就要对他们进行合理的分工,由此产生了管理者的分类。从不同的角度,管理者可分成不同的类别。根据管理层次的不同,管理者可分为高层管理者、中层管理者和基层管理者。不同层次的管理者所扮演的角色、担负的责任均有所不同。根据管理领域的不同,管理者可分为综合管理者和专业管理者。综合管理者统领多方面的活动,需要有较强的大局观与洞察力,能准确把握组织前进方向。组织中的许多高层管理者都是综合管理者,如企业总经理、医院院长等。根据具体工作的不同,专业管理者可进一步划分为业务管理者、财务管理者、人事管理者、行政管理者、技术管理者和其他管理者。专业管理者一般有较丰富的专业工作经验,如工程部主任、市场部经理、医院护士长等。

---

　　① 巴达维.开发科技人员的管理才能——从专家到管理者[M].金碧辉,阮祖启,陆伟奇,等译.北京:经济管理出版社,1987:4.

（一）管理者与操作者

根据在组织中职责分工的不同,组织成员可分为管理者和操作者。**操作者**是指在组织中直接从事具体业务的人,其主要职责是做好组织所分派的、具体的操作性事务,如纺织厂的缝纫女工、酒店的保安、医院的护士、百货商场的柜台营业员等。组织中的具体业务活动,可以称之为操作性事务或作业工作,因此操作者也被称为作业人员。

管理者处于操作者之上的组织层次中。在通常情况下,管理者并不亲自从事作业工作,而是把大量的时间和精力用于指导其他人的工作。管理者需要协调组织成员的行为和人际关系。**管理者与操作者之间的最大区别**就在于:管理者拥有直接下属,并需要对下属的工作负责。当然,也有不少管理者需要从事作业工作。例如,企业的销售经理,除了制定计划并监督、激励下属完成销售任务外,也可能承担一部分销售任务;星级酒店的主厨除了管理好下属厨师外,在一些重要场合,也需要亲自下厨。相对而言,管理者承担更多的责任,也发挥更重要的作用。

优秀的操作者很有可能晋升为管理者,而管理者对于操作性事务的熟悉度或亲自承担一些作业工作也有助于改善上下级之间的关系。尽管管理者与操作者的工作有所联系,但两者必须专注于做好本职工作,各有侧重,不能功能错位,否则会给组织带来混乱。管理者和操作者的分离是在亚当·斯密提出劳动分工理论以后发生的。人们发现将管理任务交给专人负责会提高工作效率。但在现代组织中,管理者和操作者的界限变得模糊起来。在自我管理的团队、实施目标管理(management by objectives,MBO)的组织或开展全面质量管理(total quality management,TQM)的组织中,各个成员需要自行决策、计划以及监督自己的绩效,即操作者同时也是管理者。此外,为管理者履行某项管理职能服务的操作者,如总经理助理、管理部门的办事人员等,并非严格意义上的管理者,因为他们只是分担了管理者一部分具有操作性的事务。[①] 可以看出,管理者和操作者的分工情况与社会大环境的变迁是密切相关的。

（二）管理者与科技人员

在组织中,有一群人掌握了某门技术,或者擅长于某专业领域,从事着科学技术方面的工作。这些技术或专长,让他们在组织中不会被轻易替代。这一类人便是科技人员。在科学技术飞速发展的今天,科技人员在组织中的作用愈发突出,甚至被称作"新的生产力的开拓者"。因而,管理者与科技人员之间千丝万缕的关系,也成了一个值得关注的话题。

目前,国内外对于从事科学技术活动的人员所使用的概念各不相同。在广义上,科技人员是指掌握一种以上专业技术的人。得到广泛认可的当属联合国教科文组织(UNESCO)在1984年对科技人员的定义:在某个机构或单位直接从事科技活动,而且通常是以此获取报酬的全体人员,他们由科学家与工程师、技术员和辅助人员等群体组

① 李秋实,杨宏,潘玉庆.管理学教程[M].北京:中国经济出版社,2009:28.

成。关于科技活动人员的定义源自联合国教科文组织的《科技活动统计手册》,指的是科技人力资源中直接从事科技活动以及专门从事科技活动管理和为科技活动提供直接服务的人员。

1. 科技人员的特征

与其他组织成员的工作相比,科技人员的工作以脑力劳动为主;其工作过程难以有效监督,是一个利用专业知识和技能来进行创新与探索的过程;其工作结果难以预测。正是由于科技工作性质与内容的特殊性,科技人员这一群体一般具有以下特征:

较高的个人素质。科技活动本身就具备了一定的创新性与复杂性,这一般要求科技人员接受过高等教育,拥有较大的知识存量。同时,科技活动的探索性、长期性等特征,还要求科技人员拥有活跃的思维能力、高度的抽象与归纳能力、敏锐的洞察力、较强的学习能力、顽强的毅力以及持久的耐力,具备开拓精神,善于思考,敢于创新。[1]

较强的自我实现愿望。正是由于科技人员的高素质,他们往往处于较高的需求层次。科技人员希望通过工作获得成就、实现自我价值,进而得到组织和社会的认可与尊重。因此,科技人员通常不甘心从事一般的事务性工作,而乐于从事富有挑战性的工作,把攻克难关看作一种乐趣与体现自我价值的方式。

较强的自主工作意识。科技人员拥有某一专业领域的丰富知识,甚至可能比管理者更加了解该领域的工作特性。相比于管理者,他们可能更信服在专业上取得高成就的人。而且,如今的科技人员是组织创新活力的来源,在组织中拥有较高的地位。因此,科技人员不希望自身的工作受到太多的限制与干扰,会要求拥有自主的工作环境、较灵活的工作时间以及宽松的工作氛围,而不愿意受制于刻板的管理方式,更注重工作中的自我管理。

较高的工作流动频率。科技人员掌握着组织的知识和技术,也常常掌握着组织的核心竞争力。这使得他们成了其他组织争抢的目标,也为科技人员的流动创造了条件。此外,科技人员更加忠于自己的专业而不是某一个组织[2],如果组织待遇不公或者不能满足他们的成就需要,他们很可能流动到更有职业发展前景的组织。

2. 管理者与科技人员的区别

在实践中,不少科技人员在组织中担任着技术专家、参谋人员等角色,也有很多管理者出身于科技人员,由优秀科技人员成长为高效管理者的也不在少数。腾讯公司的创始人马化腾以及曾任苹果公司研发副总裁的斯蒂夫·沃兹尼亚克,都是典型的例子。虽然科技人员与管理者并不是两个对立的群体,但是两者之间仍然存在着明显的区别。

不同的能力需要。管理活动和科技活动内容的不同必然导致管理者与科技人员所需能力的不同。科技人员需要有扎实的专业知识与技能,而管理人员必须履行计划、组织、领导、控制、创新等管理职能,对下属与整个组织负责,需要更加全面与多样化的能力。

① 王飞绒,张军,龚建立.科技人员特征及其激励[J].科技与管理,2003(5):121-124.
② 任枫.科技人员工作满意度与科研绩效相关性研究[D].天津:天津大学,2010.

不同的关系需要。管理活动的开展总是与人相关的,因此,建立起情感与利益的纽带、妥善处理与利用各种人际关系是管理者工作的重要组成部分。而对于科技人员来说,他们的工作并没有复杂的人际交往关系需要,具有一定的相对独立性,对关系的需要常常体现在对知识交流的需要上。

不同的权力需要。工作对象的不同导致了管理者与科技人员对权力需要的不同。管理者需要的是指挥下属开展工作与优化资源配置的权力。而科技人员的工作对象大多是某个课题或项目,从某种意义上来说,科技人员需要的是在自己专业领域范围内,对自己的科技活动做主的权力,这包括拥有经费、材料、仪器的使用权等。

正因为管理者与科技人员在本质上存在的上述不同,使得管理者与科技人员在工作中呈现不同的特点(见表4.1)。一些科技人员在向管理者转变的过程中遇到了不少困难。科技人员往往倾向于过分客观理性地衡量与分析事物、习惯于亲力亲为,不少科技人员还存在性格内向、不懂变通、缺乏人际关系技巧等问题。[①] 想要变身为管理者的科技人员,必须对自身有一个准确的定位,端正自己转变工作方向的动机,制定针对性的学习计划,积极学习管理理论、方法与技巧,全方位提升自己的能力。

表 4.1　管理者与科技人员的不同特点

科技人员	管理者
喜爱新鲜、奇特的事物	对市场变化具有敏感性
直接接触各种具体的问题	主要负责决策
习惯于独立工作	考虑如何建立和整合团队
希望自己的研究工作得到承认	希望组织的发展和业绩得到社会的认同
发挥个人研究潜能和技术专长	关心组织的成长和目标实现
与其他科技人员建立业务联系	对其他人进行组织和协调

资料来源:杨德林.中国科技型创业家行为与成长[M].北京:清华大学出版社,2005:30(略有调整).

二、管理者的角色

管理者虽然有多种类型,各自负责不同层次、不同领域的管理,但从管理职能角度看,管理者在组织中扮演的角色存在着一定的共性。管理者的角色实际上是对一般的管理者在组织体系内从事各种活动时的立场、行为表现等的一种特性归纳[②],是处于组织中特定位置的管理者被期望完成的一系列特定任务的集合。加拿大学者亨利·明茨伯格(Henry Mintzberg)在对多位管理者的工作进行观察的基础上,提出了著名的管理者角色理论。他认为,所有管理者具有的一个相同点是他们都被正式授予了职权以管理一个组织单位,管理者的工作可以通过他们在工作中扮演的角色来体现。管理者的工作可被形容为各种各样的角色,或者与地位一致的一系列组织行为。管理者在组织

①　杨德林.中国科技型创业家行为与成长[M].北京:清华大学出版社,2005:4.
②　芮明杰.管理学:现代的观点[M].2版.上海:格致出版社,上海人民出版社,2005:66.

中担任着三种人际关系角色、三种信息传递角色与四种决策活动角色（见表 4.2）。[①]

表 4.2　管理者在组织中的角色

方　面	角　色	侧重点	作　用
人际关系	名义领袖	在各种正式场合中代表组织，发挥象征作用	外部协调
	领导者	协调与激励员工，指导下属达成目标	内部协调
	联络员	建立与保持外界联系，获得外部支持	外部协调
信息传递	信息监控者	收集组织内外部有用信息	内外协调
	组织发言人	向组织外部传递相关信息	外部协调
	信息传播者	向组织内部传递内外部信息	内外协调
决策活动	创业者	发起组织变革以适应环境变化	内外协调
	资源分配者	分配组织资源以实施各项决策	内部协调
	矛盾排除者	出面排除组织内部各种矛盾冲突	内部协调
	谈判者	参加谈判以协调组织内外部纷争	内外协调

（一）人际关系方面的角色

在管理者角色中，名义领袖（figurehead）角色、领导者（leader）角色与联络员（liaison）角色直接来源于正式职权，并涉及基本的人际关系。其一，每一个管理者都需要履行一些礼仪性的责任。如营销部经理接见来访的媒体人员，以及公司总经理出席员工的婚礼等。其二，管理者负责一个组织单位，故其需要对本单位员工的工作进行有效领导，需要协调与激励员工，指导员工达成组织目标。其三，管理者需要建立外部联系网络，以获得外部各方面对本组织的理解和支持。

任何组织都与周围环境有着千丝万缕的联系，这种内外之间的联系主要由组织中的管理者来承担。管理者的人际关系角色主要涉及人与人或组织的关系以及其他具有礼仪性和象征性的职责。[②] 也就是说，管理者代表着组织的形象，负责与其他组织保持联系，协调与激励组织内部成员，以获得内外部支持。

（二）信息传递方面的角色

由于广泛的内外联系，管理者成了组织单元的信息流中心。信息对于一个组织就像血液对于人体一样重要，任何组织的运行都需要及时地接受与处理信息，以便及时应对动态的环境。在这个过程中，管理者发挥的就是心脏的作用，负责将信息运送到组织的各个角落。管理者要依靠与上下级和其他组织的人际关系，与人沟通并接受、收集和传播信息。

在信息传递方面，按照信息的流向，管理者需要担任三种角色：作为信息监控者

---

① Mintzberg H. The manager's job: Folklore and fact[J]. Harvard Business Review, 1975, 53(4):49-61.
② 罗宾斯，库尔特. 管理学[M]. 9 版. 孙健敏，黄卫伟，王凤彬，等译. 北京：中国人民大学出版社，2008:11.

（monitor），管理者通过联络员和领导者的身份，收集组织内外部的有用信息，即往内收集信息；作为组织发言人（spokesman），管理者向其他组织或社会公众传递本组织的信息，即向外传递信息；作为信息传播者（disseminator），管理者负责将组织或外界的有关信息通过会议、通知等形式及时传达给下属，即向内传递信息。通过这三种管理角色之间的灵活转换，管理者便成功地实现了组织内外部之间的信息沟通与交换。

（三）决策活动方面的角色

在组织决策制定系统中，管理者发挥了主要作用。管理者之所以能负责组织所采取的重要行动，是因为其拥有正式的职权；管理者之所以能通过相对完整和及时的信息来制定战略决策，是因为其处于信息传递的神经中枢。

在组织运行过程中，管理者需要做出各种各样的决策。管理者在决策活动方面的角色具体表现为：在职权范围内制定组织战略或进行组织变革时，扮演创业者（entrepreneur）角色；在根据组织工作需要与员工意愿进行各种要素组合与资源分配时，扮演资源分配者（resource allocator）角色；在组织内部出现矛盾冲突时，出面解决，充当矛盾排除者（disturbance handler）角色；在组织内外部之间发生冲突时，参加各种正式或非正式的谈判以协调纷争，充当谈判者（negotiator）角色。

在以上各种角色中，管理者对外通过名义领袖角色、组织发言人角色、联络员角色取得外界对本组织的理解与支持；对内通过领导者角色、资源分配者角色和矛盾排除者角色协调组织内部的各种资源与各项工作；通过创业者角色、信息监控者角色、信息传播者角色、谈判者角色协调组织内外部之间的关系（见表4.2）。管理者通过理解在工作中经常要担任的角色，能更有针对性地学习相关知识和技能，领悟不同情况下需要扮演的角色，以更好地胜任工作并有效避免角色错位。在这10种角色中，管理者究竟会侧重哪几个方面，则会受到多种因素的影响，主要包括管理者所处的层次、管理者的素质、组织类型与规模、组织所处的环境等。每位管理者都处在自己的组织单元和环境之间，正式的权力和地位赋予其人际关系网络，既给其带来投入（信息），又给其带来产出（信息和决策）。管理者需要在复杂环境中管理自己的组织单元，需要在组织单元和环境之间充当信息枢纽，需要在不同情境中扮演一系列管理角色。[1] 在特定情境中，优秀管理者要把握各种角色关系和理解自身应承担的角色，按角色要求去影响他人和做出决断。

三、管理者的权力

管理者不仅拥有作为组织成员开展本职工作的岗位职权，还拥有指挥下属行动的特殊权力。拥有一定的指挥权是保证管理者能够履行其相应职责的基本条件之一。在一个组织中，管理者的权力来自上级的授予。比如，在一个企业中，总经理的权力来自董事会的授予；中层管理者的权力来自高层管理者的授予；基层管理者的权力来自中层

---

① 明茨伯格.管理工作的本质[M].方海萍,等译.杭州:浙江人民出版社,2017:75.

管理者的授予。组织正式授予管理者的职权一般包括支配权、强制权与奖赏权。这些权力发挥作用的前提条件不同，其适用范围也不一样，如表 4.3 所示。管理者要有效地指挥下属，就必须学会正确地运用各种权力。

表 4.3　管理者的权力

构　成	性　质	作　用	前提条件	适用范围
支配权	命令	下属必须服从	工作需要	在管理者本职工作范围内
强制权	威胁	迫使下属服从	下属惧怕	要求下属履行应尽职责
奖赏权	奖励	诱导下属服从	下属看重	要求下属从事额外工作

（一）支配权

管理者在分管的工作范围内具有确定工作目标、建立相应组织、制定规章制度、分配资源、开展活动的决策权和对下属的工作调配权。支配权是伴随着职位的权力，是由管理者的地位或在组织权力阶层中的角色所赋予的。组织通常会正式授予管理者一定的职权，从而使管理者占据权势地位和支配地位，使其有权对下属发号施令。

管理者拥有的对组织内资源和人力的支配权，来自该组织的工作职责分工。因此，管理者的支配权局限于其工作职责范围内。一旦超越这个范围，支配权就会失效。也就是说，只有基于管理者的工作需要，其支配权才能发挥作用。在一个组织中，下属一般应服从其上司的支配。

（二）强制权

强制权是指管理者实施处罚或控制的权力。强制权是与威胁、处罚相联系的，迫使他人服从的力量。在某些情形下，管理者依赖于强制权来迫使下属服从自己的命令。对于一些心怀不满的下属来说，他们不会心悦诚服地听从管理者的命令。面对这种场合，管理者就可以考虑运用强制权来迫使下属服从。

强制权只适用于管理者要求下属履行职责范围内的工作。当下属未按要求履行分内职责时，管理者可以通过惩罚或威胁来迫使下属履行职责，以保证组织分派的各项任务的完成。强制权发挥作用的前提条件是下属的惧怕。若要发挥强制权的作用，管理者必须事先向下属说明未履行应尽职责所受到的惩罚，且相应惩罚必须是下属所害怕的。在行使强制权时，管理者可能需要对不自觉的下属进行经常性的监督，因此管理成本较高。

（三）奖赏权

奖赏权是指管理者奖励下属的权力。当要求下属付出额外的劳动或从事岗位职责之外的工作时，管理者可以通过奖赏权来诱导下属服从。在下属完成一定的任务时，管理者承诺一定的奖励，可激发下属的积极性，使其愿意付出额外的劳动，达成超出组织要求的工作绩效。

奖赏权建立在交换原则的基础上。管理者通过提供物质或精神奖励,来换取下属的遵从。奖励可以增加管理者对下属的诱导力,提高下属对额外工作的兴趣与效率,但前提条件是管理者所许诺的奖励必须是下属所需要的与所看重的,否则就难以对下属的行为产生积极引导作用。

视频:管理者的
责任

四、管理者的职责

权与责总是相生相伴的,组织赋予管理者权力是为了让他们更好地履行职责。管理者的权力越大,责任越大。组织中的管理者所担负的职责既有相同之处,又因为管理者层次的不同而有所区别。

（一）管理者的基本职责

任何组织的绩效都受到存在于组织内外部的各种因素的影响。正因为组织的绩效受到众多因素的影响,就需要有人来带领组织成员一起解决不断出现的问题,以确保组织目标的实现。这个人或这群人就是所谓的"管理者"。管理者就是在组织中指挥他人开展工作并对组织绩效负责的人。

无论管理者在组织中的地位如何,其所担负的基本职责都有着相同之处:设计和维护一种组织环境,凝聚一支能力互补、志同道合的队伍,使身处其间的组织成员能在组织内协调地开展工作,以充分发挥组织的力量,克服由于环境不确定性和组织资源短缺所带来的各种困难,有效实现组织目标,在此基础上实现组织成员的个人目标。一言以蔽之,管理者的基本职责是"在给定条件下求解"。

任何组织的任何层次与类别的管理者都在做的一件事是:领导下属开展活动,以实现组织目标。在一个组织中,由于群体成员的认知水平不一、个性不一、态度不一,管理者要使群体发挥作用和达成共同目标,就必须对组织成员施加影响和进行引导,统一思想认识,建立群体规范与落实角色分工。管理者在组织中拥有指挥下属的特权,但也负有对下属的工作承担责任的额外责任。下属在工作中出现问题,就说明管理者在履行管理职能方面存在不足,因此犯错误的下属要对自身的工作失误负责,管理者则要对下属的工作失误所反映出来的管理问题负责。很多问题可能出在下属身上,而根子通常在管理者身上。实际上,组织中出现任何问题,该组织的管理者都负有不可推卸的领导责任:对分管部门或工作的运作效果负责;对下属人员的工作行为负责;对分管部门所提供信息的及时性和准确性负责。

（二）高层管理者的职责

不同层次的管理者所承担的职责各有侧重,因此每个管理者都需要明确自己所处的位置和具体的分工,做好本职工作,防止职能错位给组织造成混乱。高层管理者处于组织中的最高位置,是对整个组织活动负有全面责任的管理人员。如学校校长、公司总经理、执行董事、首席运营官等。

高层管理者一般指的是战略管理者，他们对外代表组织，对内执掌重大问题的决策权，并对塑造组织文化有着重要影响。高层管理者的主要职责包括：决定组织的大政方针；为整个组织做出决策、制定目标与计划；构建组织与外界的联系网络；为组织创造良好的内外部环境。

在很多情况下，组织的成败往往取决于高层管理者的一个判断、一项决策或一种安排，因此，高层管理者很少从事具体事务性工作，而把主要精力和时间放在组织全局性或战略性问题的考虑上。高层管理者最关注的是重大问题决策的正确性和良好组织环境的创造。

"事必躬亲"是高层管理者的典型错位现象。我们经常看到许多高层管理者热衷于组织内的具体事务，不论事情大小，喜欢亲自管到底、做到底。这种做法导致的后果是高层管理者手下无能人，而且高层管理者越来越忙于日常工作与具体事务。实际上，在一个组织中，高层管理者要做的是别人不能替代的事情，而不是去抢做下属也能做的事情。

（三）中层管理者的职责

中层管理者是处于高层管理者与基层管理者之间的层次的管理人员。如公司区域经理、工厂车间主任、行政机关处长等。他们服从高层管理者的管理，同时管理着基层管理者。中层管理者在组织中起着承上启下的作用，其主要职责包括：正确理解高层的指示精神，结合自己管辖范围内的实际情况，创造性地贯彻落实高层所确定的大政方针；指导、协调与监督各基层管理者开展工作；随时向上级汇报任务执行情况与有用信息。现代通信和控制技术的发展使组织出现扁平化趋势，管理层次的减少使中层管理者的数量也相应减少。

中层管理者通常会根据上级的指示，把任务具体分配给各个基层单位，并了解基层管理者的要求，帮助他们解决困难，检查并监督他们的工作，通过他们的努力去带动第一线的操作者完成各项任务。中层管理者关注的是日常管理事务。

"上传下达"是中层管理者的典型错位现象。不少中层管理者认为其职责是上传下达，即向下传达上级的指示精神，向上反馈基层的问题或心声。相应地，他们比较关注的是上级指示的准确记录与及时传达，以及下级问题或意见的动态收集和及时反映。实际上，组织之所以需要中层管理者，是因为高层管理者需要关注太多的管理问题与管理工作，而希望由中层管理者来处理好某些层面的问题与工作。因此，中层管理者不仅要发挥信息传递的功能，更要有效地指挥基层管理者开展工作，做好自己职权范围内的事情。

（四）基层管理者的职责

基层管理者又称一线管理者，是组织中最底层的管理人员。连锁便利店店长、项目组长与工地工头等都是生活中常常可以接触到的基层管理者。基层管理者的主要职责包括：直接指挥和监督现场作业人员；按计划开展工作，确保按时、按质完成上级下达的各项计划和指令。

基层管理者几乎每天都要与下属打交道,明确下属的任务,组织下属开展工作,协调下属的行动,解决下属的困难,反映下属的要求。相对于另外两个层次的管理者来说,组织中的基层管理者数量最多,他们直接接触操作者,往往自己也承担着一定的操作性业务,其素质与管理水平在某种程度上能由组织绩效直观体现。他们最关注的是具体任务的完成。

"只管贯彻落实不管最终结果"是基层管理者的典型管理问题。比如,当上级询问某项工作的进展时,有些基层管理者只会说已经布置下去了,至于这项工作做得怎么样,则一问三不知。如果基层管理者不重视上级下达的各项任务的执行情况及其效果,则整个组织也将根基不稳。为此,基层管理者不仅要关注各项任务的贯彻落实,而且要加强现场的指导与监督,以随时掌握工作进展情况和及时解决各种工作问题。

三个层次的管理者分工明确、分级管理,共同保证组织正常运行。不管是哪个层次的管理者,他们的工作本质上是一致的,都包含着管理的基本职能,只是侧重点有所区别。从职能角度看,随着管理者在组织中地位的上升,其将从事更多的计划工作和更少的直接领导工作。从管理角色层面看,随着管理者地位的提升,领导者角色的重要性逐步降低,联络员角色的重要性逐步上升。[①] 名义领袖、联络员、组织发言人、信息传播者和谈判者的角色更多地表现在组织的高层,而领导者角色在基层管理者身上表现得更明显。

第二节　管理者的素质要求

管理者是组织活动的推进者,管理者的良莠直接决定了一个组织绩效的好坏。因此,组织要想高效实现目标,就必然对管理者的素质有所要求。素质是决定一个人为何做和能做什么、还能做什么的内在基础。关于管理者应该具备的素质,一直受到管理学家的关注。泰勒曾明确指出一个合格的职能工长应具备的素质:聪明的头脑;良好的教育;专业知识或技术知识;手工灵活,体格健壮;处事老练;精力充沛;勇气过人;诚实可靠;良好的判断力或常识;良好的健康状况。[②] 法约尔曾从身体、智力、道德、知识、经验等方面提出了作为一名管理者应具备的素质。

通过总结实践经验,人们发现管理者的素质要求是由管理工作的环境、岗位、职责等多方面综合决定的,很难找到在任何情况下都普遍适合的管理者素质要素。但是,现有的研究也发现,管理者素质与管理的成功确实存在着密切的关系。概括起来,一个人的素质主要体现在品德、知识和能力三方面。其中,品德是推动个人行为的主观力量,决定着一个

视频:管理者的素质要求

① 达夫特.管理学[M].9版.范海滨,译.北京:清华大学出版社,2012:22.
② 雷恩,贝德安.管理思想史[M].6版.孙健敏,黄小勇,李原,译.北京:中国人民大学出版社,2012:101.

人工作的愿望和干劲；知识和能力代表了一个人的智能水平，决定着一个人实际的工作能力和发展潜力。

一、品德要求

品德体现了个人的世界观、人生观、价值观，持续影响个人在现实生活中的态度和行为。优秀的品德是形成个人良好行为习惯的基础，是管理者必须具备的首要素质。组织在遴选管理者时，坚持德才兼备、以德为先，坚持五湖四海、任人唯贤。一名合格的管理者应具有强烈的管理意愿和良好的精神素质。

（一）强烈的管理意愿

缺乏管理欲望的人不可能有效地带领一个团队。如果一个人缺乏为他人工作承担责任与鼓励他人取得更大成绩的愿望，那么他或她便没有动力去学习与探寻有效管理的方法，因而不可能成为一名称职的管理者。所以，管理愿望是一个人能否学会并运用管理基本技能的主要因素。

管理者只有具备强烈的管理意愿，才能担当重任，带领组织进一步发展。强烈的管理意愿主要表现为三个方面：①强烈的事业心，富有进取、奋斗与竞争意识；②强烈的责任心，勇于做事情、担责任、冒风险；③不满足于现状，力求持续学习、改进与发展。

（二）良好的精神素质

由于管理工作的复杂性、风险性、创造性等特征，管理者除了要具备强烈的管理意愿外，还要拥有良好的精神素质，具体来说，即具备创新精神、实干精神、合作精神与奉献精神。

快速变化的环境迫使组织加快创新的步伐。这便要求管理者具有敏锐的洞察力、决断的魄力和坚强的意志，能及时发现与开拓新市场，开发新产品，引进新技术，采用新的管理方式。

伟大的想法如果只停留在空想阶段便毫无意义，因此管理者应具备说干就干的魄力与雷厉风行的执行力，抢在竞争者的前面，快速将计划付诸实践。这样才能使组织具备较强的适应能力与快速的反应能力。

管理者的工作成效依赖于他人的努力程度。优秀的管理者都会带领一个强大的团队，而不会依靠单枪匹马、赤手空拳或推崇个人英雄主义。合作精神能为管理者凝聚集体的智慧与力量，实现个人难以想象的伟大目标。卓越的管理者之所以能带领组织不断取得成功，在很大程度上取决于其善于团结群众与依靠群众。

管理者是为实现集体目标而服务的。为了顾全大局，在很多情况下，管理者要具有愿意为集体利益牺牲个人利益、服务社会、造福人民的奉献精神。这是管理者提升自身权威以及得到他人尊重的必备条件。

二、知识要求

知识是提高管理水平的基础与源泉。泰勒曾指出，具有丰富知识和经验的人，比只有一种知识和经验的人，更容易产生新的联想和独到的见解。作为组织成员的引导者，管理者的知识水平应高于组织成员的平均水平，特别是在科学技术发达的今天，没有丰富的知识很难胜任管理职位。而且，管理学是一门综合性学科，涉及众多学科的知识。所以，要想成为优秀管理者，我们就应该努力掌握以下方面的知识。

（一）政治法律方面的知识

任何组织都处在一定的政治环境中。所在国家执政党的路线、方针、政策以及国家的有关法律法规，都是组织发展过程中必须考虑的因素。只有具备了一定的政治法律方面的知识，管理者才能把握大方向，带领组织成员走对路、走好路。

（二）经济管理方面的知识

经济管理知识有助于管理者提高管理技能。经济学知识有助于管理者按照经济规律与经济走势来制定相应的组织目标，有助于组织提前做好应对准备。管理学是所有管理者必须关注与学习的学科。不懂管理知识的管理者很可能会因为瞎指挥而给组织带来灾难。管理者要懂得按经济规律办事，了解当代管理理论的发展态势，掌握基本的管理理论与方法。

（三）人文社科方面的知识

管理的主要对象是人。心理学、社会学等人文社科方面的知识能帮助管理者更好地了解"人"。只有加深对管理对象的了解，管理者才能"因人施导"，更好地协调组织成员关系，更有效地调动组织成员的工作积极性。

（四）科学技术方面的知识

只有管理者不"过时"，组织才不会被社会淘汰。在科学技术持续发展的今天，管理者必须与时俱进，了解组织所在行业的最新科技进展，并思考先进技术如何与组织的业务相结合，以寻求创新之道。就当下而言，计算机及互联网技术的知识及其应用，大数据技术及其应用，是各行业管理者都需要重点关注的。

知识的海洋是无边际的，管理者的学习也是无止境的，可能会对管理活动带来帮助的知识领域远不止上述四方面。管理者应该尽可能广泛而有所侧重地涉猎相关知识。这会无形之中提高管理者的管理水平，而且博学的形象有助于管理者在组织成员中树立威信，有助于管理工作的顺利开展。

管理的对象是多种多样的，这就要求管理者具有广阔的知识面，以应对各种各样的管理问题。从总体上而言，为系统提升自身的知识水平，管理者应该讲政治、懂法律、懂经济、强管理、精数字，了解人文历史和科学技术。

为了提高自身的综合素质，越来越多的企业中高层管理者积极参加各种外部培训班，以更新自己的知识结构，拓展人际关系网络与发现新的发展机会。

三、能力要求

拥有优秀品德和渊博知识的人并不一定能胜任管理者的工作。管理者还需要具有将各种管理理论与业务知识应用于实践以及解决实际问题的本领，即具备管理能力。管理能力与知识是相互联系、相互依赖的，知识促进能力的发挥，而能力的提升又能深化对知识的应用。管理者的管理能力是将计划与意图转化为客观现实的关键因素。关于管理者应该具备哪些基本能力，罗伯特·L.卡茨（Robert L. Katz）的观点得到广泛认可。卡茨认为，管理者应具备三种基本的管理技能：技术技能、人际技能与概念技能。[①]

（一）技术技能

技术技能（technical skills）是指对特定活动的理解和熟练度，特别是对那种包括方法、过程、程序或技巧的活动的理解与熟练度。技术技能是执行特定任务所必需的能力。技术技能与个人所从事的工作有关，例如编写计算机程序、分析市场调研数据、起草法律文件、设计图纸等。虽然管理者可以依靠专业技术人员来解决专门的技术问题，但管理者只有具备一定的相关技能，才能对操作者的工作进行有效的指导与监控。技术技能与管理者所管理范围内的具体任务有关，涉及管理者运用各种知识、方法、技巧和工具解决业务问题的熟练程度。管理技术包括计划技术、决策技术、评估技术、组织设计技术等。技术技能可通过学校专业教育或组织内部的在职培训获得。学生在学校所学到的专业知识是为他们今后从事相关管理工作所储备的技术技能。

（二）人际技能

人际技能（interpersonal skills）是指管理者作为群体一员的有效工作能力，以及在其领导的团队中建立协作性努力的能力。人际技能是与他人友好共事的能力。具体来说，这是指管理者以合适的方式与人沟通，激励、指导他人的能力，或者理解、改变、引导、控制个人或群体行为的能力。这些个人和群体可能是上、下级也可能是同事，可能来自组织内部也可能来自其他组织。管理是一种群体性工作，管理者的整个工作过程都涉及与人交往，人际能力便显得尤为重要。人际技能主要依靠与他人的交流实践来获得，也可以通过系统的学习和培训来获得一定提升。熟练掌握与运用人际技能是管理者形成领导力与领袖气质的必备条件。

（三）概念技能

概念技能（conceptual skills）是洞察既定环境复杂程度和减少这种复杂性的能力，或者说是分析判断整体状况并能识别各个部分因果关系的能力。概念技能主要包括分析能力、综合能力、决断能力等。管理是一项牵一发而动全身的工作，任何管理举措都

---

① Katz R L. Skills of an effective administrator：Performance depends on fundamental skills rather than personality traits[J]. Harvard Business Review，1955，33(1)：33-42.

有可能牵涉组织成员、股东、顾客等利益相关者,而管理者的工作便是周全考虑、合理协调。概念技能要求管理者能够纵观全局、认清形势,具备很强的逻辑思维能力和精准的判断力,能从纷繁杂乱的表象中抓住问题的实质,并做出正确的决策。在管理实践中,制定组织战略、带领组织变革、确立组织核心竞争力等工作都需要依托管理者的概念技能。相对于前两种技能来说,概念技能是最重要也是后天最难培养的,但接受一些正规、系统的教育与培训仍然会有所帮助。

卡茨同时指出,成功的管理者应具备较高的技术、人际、概念技能。任何一项管理技能的缺失都有可能导致管理失败。但各个层次的管理职位所承担的主要职责不同,因此对不同层次管理者的能力要求也各有侧重(见图 4.1)。管理者所处的层次越高,影响面越大,对概念技能的要求也就越高;管理者所处的层次越低,其工作内容便越具有操作性,对技术技能的要求便越高;任何管理活动都离不开与人共事,因此,具备人际技能是对管理者的普遍要求,对各层次的管理者都具有同等重要的意义。

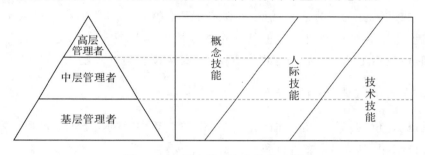

图 4.1　各层次管理者的技能要求

总体看来,管理者需要具备较高的素质要求,并不是什么人都适合走上管理岗位的。管理者不仅要精于管理,能够把事情做好,而且要善于决策、领导、合作,能够选择做对的事并充分运用他人的力量,还要具有较强的学习能力,能够面对各种新问题,提出新思路与新举措。

德才兼备是任何一个管理者获得成功的必备条件。在品德、知识与能力这三个方面的素质要求中,品德是在成长过程中经过日积月累的沉淀而形成的,一时难以改变,而知识水平与管理能力在很大程度上是可以通过后天的学习与实践获得的。管理者素质提升的主要途径包括:攻读 MBA、MPA、EMBA 等管理学位,增加间接经验;参加在职开发、继任计划、工作轮换等工作实践,增加直接经验。对于想从事管理岗位的理工类专业学生而言,非常有必要利用大学时间为自己的未来职业生涯储备管理知识与能力。除了要具有积极的学习态度外,理工类专业的学生还要努力使自己具有做好管理工作的综合能力与管理素质,如学习力、洞察力、应变力、沟通力、创新力等,从而实现想做事、能做事、做成事。

第三节　科技人员的管理素质培养

组织的科技创新、新产品开发与产品质量改进主要取决于科技人员的贡献,因此,科技人员的合理利用关系到许多组织的生存与发展。从学校毕业后,理工类专业的学生大多成为科技人员。我们经常见到的一个现象是:在专业领域内非常出色的科技人员,如果持续其技术发展通道,那么结果往往不仅是待遇偏低、地位偏低,而且发展机会有限、晋升空间有限。这样的后果是科技人才失去工作热情或者另谋高就。也有许多组织习惯于将优秀的科技人员提拔成管理者,使他们步入管理发展通道。由此,组织领导者必须认真思考两个问题:如何完善科技人员的职业发展通道? 如何使有管理潜质的科技人员成功转变为管理者? 为更好地提升理工类专业的学生或科技人员的管理素质,高等院校或用人单位都要尊重他们的个体素质差异与职业目标定位,构建有助于他们成长的职业发展通道,培养他们的创新精神、实践技能与管理能力。

一、科技人员的职业目标定位

职业目标定位的第一步是"知己"。在工作与生活中,科技人员应客观地看清自我,确立职业目标,用实际行动塑造自我。

(一)明察自我

科技人员的职业目标定位必须基于对自身客观、全面、深入的觉察,即以明察自我为基础。科技人员要想在职场中获得成功,就要真正地看清自己,明确适合自身的职业发展方向与职业发展路径。毋庸置疑,科技人员对自己能力、兴趣以及职业发展的要求和目标进行系统的分析和评估是其管理素质提升的首要环节。特别是刚踏入工作岗位的大学毕业生,更应不断分析自己的能力、需要与兴趣,以制定出符合自身特质和人生发展需要的职业发展规划。

(二)明确定位

明确定位即明确自己应成为什么样的人。其要点是如何"以独特性赢得青睐",向他人展示差异点,以确保自身的特色在他人头脑中占据一个有价值的地位。对于理工类专业的学生来说,关键是要根据自身的职业兴趣与特长,进行准确定位,设定具体目标,并围绕目标展开有效行动。

职业兴趣测评有助于科技人员明确"我喜欢做什么"和"我到底想做什么"。心理学家约翰·亨利·霍兰德(John Henry Holland)提出了具有广泛社会影响力的"职业兴趣理论"。他提出职业选择的六条设想:个性是职业选择的主要影响因素;兴趣包含在个性范畴内;职业选择观是一种稳定的心理状态;早期职业幻想预示未来职业方向;个性、目标定位的"自我认知程度"决定职业选择的范围;应选择与个性特点匹配的职业,以达成职业成功与满意感。① 科技人员可以通过心理测试认识到自己的个性,并通过观察、问卷、关键事件等工作分析方法了解各岗位对自身的能力要求,最终找到最适合自己的职业。霍兰德根据劳动者的心理素质与择业倾向,将劳动者划分为六种类型,并描述了与其相对应的职业:①社会型的人喜欢与人交流,乐于处理人际关系,愿意教导他人,适合需要社会交往的工作;②企业型的人喜欢影响别人,善于说服他人,追求成就和地位,适合从事管理与销售类工作;③常规型的人喜欢按计划办事,尊重权威和规章制度,适合从事有系统、有条理的工作;④现实型的人不善言辞,讲究务实,喜欢切身体验,适合从事操作性工作;⑤研究型的人求知欲强,肯动脑,善思考,热衷于专业领域的创新与应用,适合从事科研工作;⑥艺术型的人乐于创造与众不同的成果,渴望表现个性,追求完美,适合需要想象力、创造性的工作。②

科技人员应结合自我的才智与能力、动机与需要、态度与价值观,进行相应的职业目标定位。为了更好地明确个人的职业发展方向,科技人员应学习相关的职业定位理论。著名的职业指导专家埃德加·H. 沙因(Edgar H. Schein)的职业锚(亦称职业定位)理论非常具有代表性。**职业锚**是指个人在职业发展上所遵守的中心点,即个人在进行职业选择时,无论如何都不会放弃的东西。③ 理工类专业的毕业生在早期职业生涯中应逐渐对自我加深认识,以形成更加清晰全面的职业观。

沙因教授最初提出五种类型的职业锚,即技术/职能型、管理能力型、安全/稳定型、创造型、自主/独立型。到了 20 世纪 90 年代,职业锚类型扩展成八种:①技术/职能型(technical/functional competence)。它又称"工匠型"。该类型的员工在做出职业选择时,主要关注工作的实际技术或职业内容。他们把职业定位于特定的技术或业务领域,一般对管理职位不感兴趣。②管理能力型(general managerial competence)。它又称"赛手型"。该类型的员工把从事管理岗位当作职业目标。③安全/稳定型(security/stability)。它又称"成员型"。该类型的员工追求安全、稳定的职业。他们比较容易接受组织对他们进行的工作安排,追求归属感与成员感。④创造型(entrepreneurial creativity)。它又称"企业家型"或"斗士型"。该类型的员工追求建立或创造完全属于自己的成就。他们敢于冒险,敢于创造,努力施展自己的才华。⑤自主/独立型(autonomy/independence)。它又称"自由型"。该类型的员工希望最大限度地摆脱组织约束,他们可能为了自由的需要而放弃晋升的机会。⑥服务/奉献型(service/dedication to a cause)。该类型的员工始终围绕一种特定的价值观。他们追求在某些方面能够改变世界,关注与他们价值观一致的职业。⑦纯挑战型(pure challenge)。该类型的员工喜欢迎接新的挑战。他们追求新奇、变化,希望战胜强大对手与克服各种困难。⑧生活方式型(lifestyle)。该类型的员工做事的出发点是私人生活。他们关注工作给予的

① 苗青,王重鸣.20 世纪职业选择与职业发展理论综述[J].人类工效学,2003(1):35-38.
② 时志明,刘红霞.人力资源管理理论与实务[M].重庆:重庆大学出版社,2011:208-209.
③ Schein E H. How career anchors hold executives to their career paths[J]. Personnel, 1975, 52(3):11-24.

自由空间，以有效平衡工作与其他方面的关系。

人们只有具备足够的职业经历，并且明确了胜任能力（我能做）、动机（我喜欢）和价值观（我认可）是什么之后，才能真正确定自身的职业锚。[①]

（三）明晰路径

在明确定位自己的职业目标后，科技人员需要进一步明晰职业发展路径。围绕自我定位，确定阶段目标与实施计划，然后不断行动、反思、再行动。只要职业目标及其路径是根据自身特长、优势和兴趣而设定的，那么在自我塑造的过程中，就应保持热情，相信自我，坚持自我。无论多么宏伟的目标，都需要长期的规划与可行的路径，并为此付出长期的努力，这样才有可能在未来获得并抓住出现在面前的机会。那些注重眼前利益、急功近利、浅尝辄止的人，是难以获得组织青睐的，因此，成功与他们无缘。"机会只垂青有准备的人。"科技人员只要专注于自身的目标定位，一直付诸努力，业绩终究会好起来，总有一天会得到回报。

当然，科技人员职业目标的实现，并不完全取决于他们自身的能力，还取决于组织领导层对于他们的态度与支持力度。员工的职业发展需要得到组织层面的引导、鼓励与支持。每个科技人员都抱有职场成功的理想，都希望在组织中得到更好的发展。不能给予员工清晰的发展轨迹和让员工看不到未来的组织，必然难以留住人才，也难以发展壮大。

清晰的职业路径虽然能为有潜质的科技人员提供成长的方向，但组织必须意识到，他们在努力攀登更高的职业阶梯过程中，可能会到达其不能胜任的阶层。劳伦斯·彼得（Laurence Peter）博士的研究令人信服地解释了职业升迁如何导致不称职以及组织与员工如何避免不称职情况的产生。彼得提出了职业升迁的梯子定律：在层级组织中，只要有足够时间和升迁机会，每位员工都将到达并停留在自己不能胜任的阶层。梯子定律即著名的彼得原理。该定律的进一步推论是：每个职位终将由不胜任的员工所占据，层级组织的工作任务多半由尚未到达不胜任阶层的员工所完成。一旦员工到达不胜任阶层，就难以有任何具体贡献，所能完成的有效工作将会微乎其微。其根本原因是：很少有人因留在能胜任的职位上而感到完全满足，绝大多数人都坚持晋升到个人能力范围之外的阶层。[②] 因此，在科技人员的职业路径设计上，组织需要回答以下问题：如何才能知人善任？如何才能避免把科技人员提拔到其不能胜任的技术岗位或管理岗位上？如何引导科技人员立足于最适合的岗位而不是努力攀上最高的职业台阶？

二、科技人员的管理发展通道

职业发展通道是指组织为员工设计的自我认知、成长与晋升的管理方案。职业发展通道确立了组织内晋升的路线、条件与程序，以对员工的职业发展施加影响，使员工

---

① 沙因.不确定时代的职业管理体系[J].冯展，译.清华管理评论,2016(3):26-33.

② 彼得.梯子定律[M].罗耶，编译.北京:民主与建设出版社,2004:14-45.

的职业目标与组织目标保持一致。组织应设计多重的职业发展通道,给科技人员以工作选择的机会,直至他们找到适合自己的通道。这是科技人员职业生涯获得成功的重要前提。对于科技人员来说,可供选择的职业发展通道主要包括三种:横向发展通道、技术发展通道和管理发展通道。

(一)横向发展通道

横向发展通道是指由组织为科技人员设计的跨越职能边界的职业发展通道。例如,科技人员由工程技术岗位转换到销售岗位或采购岗位。并非所有科技人员都具有向高级别岗位晋升的潜能,且组织内也没有这么多的高级别岗位为科技人员都提供晋升的机会。组织内会有那么一部分科技人员,不能晋升到较高职位,但长期要求他们从事重复而又专业的工作,又会让他们觉得单调与枯燥。这将降低其工作积极性,阻碍其工作潜能的发挥。因此,组织可以根据科技人员的能力、兴趣与需要,采用横向调动的方式来使工作具有多样性与丰富性,使他们获得新的活力。虽然横向调动一般不会带来加薪或升迁,但它可以提升部分科技人员对于组织的价值,使他们获得新生。这有助于打破科技人员在职业行为与技能要求上的限制和约束,从而让他们在整个组织范围内实现更加自由与自愿的职业流动。[1]

(二)技术发展通道

技术发展通道是指由组织为科技人员设计的从低级别技术岗位向高级别技术岗位晋升的职业发展通道。技术发展通道又可分为专业技术发展通道(如研究员及工程师)与操作技能发展通道(如一线技术服务人员)。致力于在专业上有所作为,而不喜欢承担管理责任的科技人员大多选择技术发展通道。他们精力集中,专心钻研,促进自己的专业技术不断进步和提高,最终达到非常精湛的程度。比如:研究开发人员可以沿着助理研究员——副研究员——研究员——高级研究员——首席科学家的方向发展;工程技术人员可以沿着助理工程师——工程师——高级工程师——资深工程师——首席工程师的方向发展;技术服务人员可以沿着试用工——初级工——中级工——高级工——服务技师——高级服务技师的方向发展。

(三)管理发展通道

管理发展通道是指由组织为科技人员设计的从专业技术岗位转换到技术管理岗位或综合管理岗位晋升体系的职业发展通道。原来的科技人员由此在管理岗位上实现从初级、中级到高级的进阶之道。这种通道比较适用于立志从事管理工作的科技人员。在这种通道中,科技人员具有较为深厚的专业技术基础,不仅可以在管理实践中有效处理大量与专业技术有关的问题,而且可以提高专业决策的科学性与准确性。从实际情况看,众多业务管理人员也是从基层科技人员中产生的。其中相当一部分科技人员因为在专业技术领域的出色表现,开始从事工程技术或研究开发方面的管理工作,逐步升

---

① 李燕萍,李锡元.人力资源管理[M].2 版.武汉:武汉大学出版社,2012:342.

迁到统筹全局的管理阶层。组织应通过系统的培训与实践,使科技人员获得有效管理的知识与能力,促使他们不断成长。

理工科学生在跨入职场后,可以根据自己的知识、能力、个性、需要与价值观,选择技术发展通道,或管理发展通道,或横向发展通道。但多个不同通道上同一等级的管理人员或技术人员在地位与待遇上应该是基本对等的,否则就会导致"官本位"的思想,致使部分拥有技术专长而无管理天赋的员工热衷于"走行政路线",而无心钻研自己的专业。有时候,理工类专业的毕业生选择的最初工作并不是最适合自己的。如果发现科技人员另有所长,组织就可以结合其意愿另行安排职务。例如,一个善于开拓与协调的一线科技人员,如果条件允许的话,可以考虑将其安排到技术管理岗位。

三、科技人员的管理能力开发

随着科技人员的职业发展,他们将日益意识到承担管理职责对于自身发展的重要性。无论是否从事管理岗位,科技人员都应努力提升自己的管理素质。当然,管理岗位并非对于每个科技人员都是理想的选择。科技人员要从专业技术岗位转向管理岗位,必须具有强烈的管理意愿,同时还积聚着已经显露或尚未显露的管理才华。在大多数组织内部,技术岗位转向管理岗位被看成是晋升的通道,众多科技人员都努力进入或转向管理部门。但是,有大量的证据表明,许多优秀的科技人员在转变为管理者后,其管理工作遇到了层层障碍。这种情况产生的主要原因是科技人员的一些思维方式、行为习惯或个性特质不适合管理岗位的要求。一般而言,走向管理岗位的科技人员会出现下列的一种或几种情形:事必躬亲;追求完美;执着于获得决策所需的完全信息;过于强化客观的衡量标准;迷恋于专业技术;性格较为内向;人际沟通技能较为缺乏;善于解决具体技术问题而不善于从大处着手;逻辑思维能力强但形象思维能力弱;原则性强但灵活性欠缺。[①] 因此,科技人员必须意识到其中的难度,而组织则应该着力为准备转向管理岗位或已经成为管理者的科技人员开发管理能力。巴达维指出,为了使科技人员成功转变为管理者,可以采用七种方法(见表 4.4)。

表 4.4　从科技人员向管理者转变的方法

基本方法	具体措施
鉴定科技人员的管理潜力	个别谈话
	评价工作成效
	评价经历和资历
	运用评价中心技术

---

① 巴达维.开发科技人员的管理才能——从专家到管理者[M].金碧辉,阮祖启,陆伟奇,等译.北京:经济管理出版社,1987:34,43-50.

续表

基本方法	具体措施
采用择优 选拔的机制	管理知识测试
	管理技能测试
	个性及职业意向测试
发挥双梯制的作用	技术发展通道与管理发展通道并行
	科技人员可以在通道之间自由流动
	允许科技人员向同级管理者提出组建项目小组的意见
提供适当的支持、 培养与指导	上司在最恰当场合给予必要指点
	人力资源专家承担相应指导工作
	制定有针对性的内部培训计划
为下属的进步 而奖励管理者	下属的发展必须成为评价管理者工作的可行标准之一
	采用适当的奖励来引导管理者去满足下属的发展需求
	管理者提供适当的手段来提高下属的管理技能
	高层管理团队从长期战略角度来培养能干的管理者
进行管理职能与 技能的训练	训练与提高管理职能的执行能力
	训练与提高执行管理职能所需的个人技能
	培养管理工作的动机与价值取向
提供见习 管理的机会	对于试图转向管理岗位的科技人员提供体验管理的机会
	管理者候选人需要完成试用期内的见习管理计划
	见习管理安排必须得到科技人员与管理部门的共同认可

资料来源：巴达维.开发科技人员的管理才能——从专家到管理者［M］.金碧辉,阮祖启,陆伟奇,等译.北京：经济管理出版社,1987：52-64(略有调整).

科技人员向管理者转变的快慢与成败,一方面取决于他们的个性特征与管理潜能,另一方面在于组织能否给他们提供足够的发展空间。传统的人事管理往往把规范与控制科技人员的行为作为管理的重心,而不注重对他们进行管理潜能的开发。组织必须通过实践锻炼与培养,为有转行意向的科技人员提供表演的舞台和发展的机会,提高他们的实际操作能力与经营管理能力。组织可通过以下职业发展机制,为科技人员提升管理能力提供与创造良好的条件。

（一）岗位选择制

个人的工作成就,除了受客观环境制约外,主要取决于自身的实力及努力程度,而个人的努力程度则主要取决于其对工作的兴趣和热情。在匹配个人工作兴趣上,岗位选择制可以说是一个有效的举措。岗位选择制不仅是指在招聘过程中,组织和员工之间实行平等有效的双向选择,而且是指在工作一段时间后,员工如果觉得自己的岗位实况与岗位预期有偏差，或当前工作所需展示的个性与自己的个性相差过大，那么可以申请调换岗位。组织在合理的范围内，可协助科技人员进行职业目标的重新定位，给予他们新的岗位选择机会。同时，组织应在条件允许的范围内，尊重每位科技人员的选择，并鼓励其自动自发地寻找更加适合的岗位，从而让其在更为适合的职业发展通道内快乐地成长。

（二）职位预期制

职位预期制是指组织在拥有员工详尽动态档案的基础上，根据组织的发展目标与人才要求，结合员工的兴趣、价值观、能力与潜质，形成人才接替计划，并按照某种预期的职位有意识地培养员工的方法。这种有意识的培养方式由预期职位的任职资格决定，如技术发展通道内的职务对专门领域知识和技能的精通性，即深度要求高，而管理发展通道内的职务则强调知识和技能的综合性，即广度要求高。

（三）项目试验制

项目试验制是组织发现有潜质管理人才，从而破格提升的常用且有效的方法之一。项目试验制可以为一些有潜质的科技人员创造挑战性的工作机会，鼓励他们自愿担当临时项目的负责人，组建运作团队。在组织的发展过程中，有不少临时项目或战略性项目，组织可以引导组建以科技人员为主导的项目小组。组织应给予充分授权和信任，并允许失败，以此激发有管理潜质的科技人员承担项目管理责任的积极性。这可以使科技人员在实践中检验自己的管理素质，磨炼意志，激发潜能。如果想要快速提升科技人员的管理能力，组织就要为科技人员提供和创造管理能力开发项目，给科技人员委派具有挑战性的项目或提供突破性开发机会。其内涵包括两方面：一是提供或创造具有挑战性的工作情境；二是着力实现管理能力的短期突破。突破性开发是一种特殊的学习情境，不否认学习的循序渐进性和持续累积性，只是为了满足特定时期的人才开发需要，使具备极大管理潜能、强烈发展动机和大量时间及精力投入的科技人员快速提升管理素质。突破性开发依托于具有挑战性的工作情境：承担不同于现职的责任或更大更新的责任；负责在组织中开展新工作或做出战略调整；接受前任领导遗留问题；带领欠缺经验、不称职或抵抗变化的团队开展工作；必须与不同文化背景和来自不同国家的伙伴一起工作；需要对多种职能、群体、产品、服务等负责。[①]

（四）职务见习制

职务见习制是指组织给予在基层岗位工作了一定时期并有培养前途的员工一个见习管理职务，或对有待提拔的未来管理者提供见习管理职务，并指定有经验的管理者负责对见习者进行有效指导的方法。其实质是"在战争中学习战争，在实践中培养人才"。这既可以在管理岗位没有空缺的情况下，留住试图转行的优秀科技人才，又能激发他们的工作热情，锻炼他们的管理能力。当然，组织也可以通过科技人员见习期的工作表

---

① 许丽娟.员工培训与发展[M].2版.上海：华东理工出版社，2012：64-65.

现,考察他们的综合素质和管理能力,为他们转向管理岗位提供客观依据。应该说,职务见习制是一种能为科技人员提供管理实践经历并开发管理潜力的有效手段。

（五）助理职务制

助理职务制是指让有待培养管理能力的员工以助理的身份经历一番工作锻炼,等到其满足有关能力要求后再正式任命的一种人才管理方法。管理者设立助理一般是让其协助处理某一职务的工作,一般是全面的协助,如人力资源总监助理协助总监进行从选人、育人、用人到留人的一系列工作。在此过程中,助理可以得到领导的关心和指导,并通过学习领导的工作方式、工作风格和优秀品质,迅速提升管理素质。

（六）临时提升制

发展中的组织经常会有管理职位的空缺。为了给优秀的员工提供发展机会,组织可采用临时提升制。当出现职位空缺时,如果暂时没有最合适的人选,组织不应采取即时提拔的方式,因为所提拔的人选可能根本无法胜任该职位。可行的方法是从中挑选相对适合的人,让他临时代理该职位。经过一段时间的考察,如果他或她完全胜任该职位,就应正式任命;如果他或她基本胜任,则应经过相应的培训与考核后,视具体情况决定是否应该正式任命;如果他或她根本无法胜任,就应再物色适合的人选。临时提升制有助于组织发掘优秀人才,为优秀人才的脱颖而出提供一条途径。同时,组织又可避免把不合适的科技人员提拔到高层次的管理职位上。临时提升制的有效实施必将极大地激发有管理潜质的科技人员的工作积极性,促使他们努力展示自己与提升自己。

总之,组织一方面要为科技人员提供清晰的职业发展通道,另一方面要努力开发科技人员的管理潜能,让他们看清职业发展的路径和憧憬美好的未来,使他们的职业生涯有方向、有计划、有策略。

◆ 思考题
....

1. 管理者拥有什么权力?

2. 合格的管理者应具备什么素质?

3. 如何识别一个人是否为管理者?

4. 组织中的管理者担任哪些角色?

5. 不同层次的管理者的职责有何区别?

6. 组织如何促进科技人员转变为管理者?

7. 在学术上卓有成效的专家一定能成为优秀的管理者吗?

8. 如果理工类专业的大学生想要成为合格的管理者,哪些素质需要提升?

第**5**章
科学决策及其要点

☞ 学习目标

① 掌握决策的概念
② 理解决策的重要性
③ 了解决策的主要类型
④ 明确决策的基本过程
⑤ 理解决策的影响因素
⑥ 了解常见的决策方法
⑦ 学会运用创造性决策方法
⑧ 理解提升决策正确性的技巧

　　管理的关键在于决策,有效的管理者善于做出有效的决策。党的二十大报告指出,坚持科学决策、民主决策、依法决策,全面落实重大决策程序制度。我国发展进入战略机遇和风险挑战并存、不确定难预料因素增多的时期。面临新的战略机遇,要把握机遇,掌握主动。在实际管理工作中,最大的失误来自决策的错误,因此,掌握科学决策的理论与方法是提高管理效率与效益的基础。通过本章的学习,我们需要掌握科学决策的概念和过程;理解决策在组织管理中的重要性和普遍性;了解决策的基本类型;认识到决策受到众多因素的影响,能够以比较现实的态度面对各种决策;了解提高决策正确性的各种方法与技巧,提高重大决策的科学性和正确性。

视频:决策的前提
　　与条件

第一节　决策的概念与类型

一、决策的概念

管理者的主要任务之一就是管理组织环境,从中发现问题和机遇,进行适时的决策,采取有效的行动。决策的一个重要环节是做出合适的决定。决策的效果取决于能否在合适的时间把合适的信息提供给合适的人。许多决策看似简单,似乎是决策者迅速抉择的,但科学决策其实由一系列过程组成。从本质上而言,**决策**是指人们为了达到某一目的而从若干个可行方案中选择一个满意方案的分析判断过程。这一定义包含以下要点:

（一）决策的前提:明确的目的

决策的目的是解决某个问题或实现一定的目标。每一项决策都始于出现的问题,没有问题则无须决策;每一项决策都为了达成预期的目标,目标不明则方案难定。因此,决策的前提是首先要明确所需解决的问题或者所期望达成的具体目标。

（二）决策的条件:若干个可选方案

"多方案抉择"是科学决策的重要原则。一个方案无从比较其优劣,也无选择的余地。决策要以可行方案为依据。在决策时,不仅要有若干个方案可供比较与选择,而且各方案必须是可行的。有比较的决策能够增强方案实施的坚定性,而坚定性影响着最终的效果。

（三）决策的重点:方案的分析比较

各个可行方案都有其利弊。因此,决策者必须对每个备选方案进行综合的分析与评价,明确每个方案对目标的贡献程度和可能存在的问题。通过对各个方案的比较,可明确各自的优劣,最终做到"心中有数",为方案的选择奠定基础。

（四）决策的结果:选择一个满意方案

视频:决策的结果与实质

1978 年诺贝尔经济学奖获得者赫伯特 · A. 西蒙（Herbert A. Simon）认为,由于信息不完全、认知有局限与环境不确定,决策者只能有限理性,应以"满意标准"取代"最优标准"。不管是个体决策还是组织决策,大多数的人类决策都是发现和选择满意的备选方案。达到最优需要的过程比达到满意需要的过程要复杂几个数量级。[①]

---

① 　马奇,西蒙.组织[M].2 版.邵冲,译.北京:机械工业出版社,2013:121.

在现实生活中，由于种种因素的影响，要达到信息的完整与对称，选择在技术上、逻辑上或是理论上的最优方案，既不经济也不现实。最优方案需要基于完整信息与完全理性，而且需要满足其他各种苛刻的条件，这往往不切实际。因此，最优方案可遇而不可求。从现实角度出发，科学决策遵循的是满意原则。决策的最终结果是选择一个"满意方案"：在现实条件下，能够使主要目标得以实现、其他次要目标也足够好的可行方案。

（五）决策的实质：分析判断过程

在分析、比较、判断的过程中，决策者的价值观念和个人经验会影响决策目标的设定、备选方案的提出、方案优劣的判断以及最终方案的选择。因此，从决策的实质而言，决策是决策者基于客观事实的分析判断过程。

决策的正确与否取决于决策者自身的判断能力与对信息的把握和应用。因为决策是一个基于理性分析的主观判断过程，所以对于同一个问题，不同的决策者做出不同的决断是正常现象。一个组织要有效地做出决断，必须有一个终极决策者。这个决策者必须善于让他人（专家、下属、外人）拍脑袋，更要善于自己最终拍脑袋，必须是能管理与欣赏各类专家的专家，是能够和敢于做出最后决策的总体决策者。[①]

管理者想要做出科学的决策，就要不断提高自己的决策能力。**决策的科学性**体现在：决策有一定的程序与规则。决策的科学化可以使得更多的相关信息被系统地收集与应用。**决策的艺术性**体现在：决策受诸多价值观念和决策者素质的影响。在管理实践中，管理者需要在听取各方不同建议的基础上，根据自身的主观判断做出正确的选择。

二、决策的重要性

决策是管理者从事管理工作的基础，在管理活动中具有重要的地位。决策在管理中的重要性体现在以下方面：

（一）决策贯穿于管理的全过程

管理者在管理过程中要履行各项管理职能。这些工作一旦开展，就具有相对的稳定性。决策则不同，它贯穿于管理者管理活动的各个环节，贯穿于管理的始终。西蒙是决策学派的主要代表人物，曾提出"管理就是决策"的观点。他认为，决策是管理的中心，贯穿于管理的全过程。任何活动的有效开展都需要基于一系列决策，计划、组织、领导、控制、创新等工作也都离不开决策（见表5.1）。

表 5.1　管理职能及其决策问题

职　能	决策问题	
计划	组织的长短期目标应该是什么？	什么战略能最好地实现这些目标？
	组织的战略资源如何配置？	组织的核心能力应该是什么？

① 马浩. 决策就是拍脑袋[M]. 北京：中信出版社，2005：9-10.

续表

职　能	决策问题	
组织	组织结构如何设计？	人员如何配备？
	权力如何分配？	工作如何分配？
领导	如何选择恰当的领导方式？	如何对待积极性不高的员工？
	如何促进员工之间的互动交流？	何时是激发冲突的最佳时机？
控制	哪些活动需要控制？	如何控制这些活动？
	如何防患于未然？	何时采取纠偏措施？
创新	组织是否需要新的管理体系？	哪些管理创新是最有必要的？
	如何让管理者投入于创新工作中？	如何给一线员工提供创新的时间与空间？

（二）决策的正确性直接关系到组织的生存和发展

组织的兴衰存亡，常常取决于管理者特别是高层管理者的决策正确与否。在当今的时代背景下，管理者所面临的许多复杂问题，已远不是靠个人经验所能解决。许多决策都涉及巨额的投资、多方利益的协调及众多关系的处理，需要基于多学科的知识与多角度的信息来进行谨慎抉择，而竞争的加剧又要求管理者反应灵敏、及时决策，这就要求决策必须科学、高效且正确。

在实际工作中，人们通常采用基于个人信息的决策方式。在组织创业初期，该方式具有较大的优势，但随着组织的发展和外部环境的变化，组织管理会出现许多以前所没有遇到过的新问题。面对这些新问题，若仍沿用个人决策方式，就会导致决策速度缓慢与决策失误增多。

个人的精力是有限的，在面对大量需要决策的问题时，决策速度会大为下降。在这种情形下，组织的发展将受制于决策者的时间和精力，组织内等待成本直线上升，整体运作效率大幅下降。决策者若为了节省时间而加快决策的速度，则往往会因为缺乏慎重的思考而产生更多的失误。为了加快决策速度，组织会选择下放权力或是形成制度化的操作规程。但是，若相关制度实施不到位，则会产生管理失控、协调工作量增大等问题。为了避免决策失误，组织会选择集体决策和多方论证的方式，即便如此，也可能会面临迟迟难以决策和最终无人负责的局面。因此，如何提高组织对重大问题的决策正确性和整体响应力，便成为组织做强做大和持续发展必须解决的战略问题。

（三）决策能力是衡量管理者水平的重要标志

虽然组织中的每个成员都需要做出决策，但是对于管理者来说，制定决策尤为重要，因为管理者所做的每件事几乎都涉及制定决策。[①] 决策是一项创造性的思维活动，体现了科学性和艺术性。有效的决策取决于以下三个方面：一是管理者具备有关科学

---

① 罗宾斯，库尔特. 管理学［M］.11 版. 李原，孙健敏，黄小勇，译. 北京：中国人民大学出版社，2012：180.

决策的原理、概念、方法的坚实知识基础；二是管理者具备收集、分析、评价信息和选择方案的娴熟技能；三是管理者具有经受风险和承担不确定性决策的心理素质。由于所面临的问题常常涉及众多错综复杂的因素，管理者需要具有多方面的才能方可做出正确的决策。鉴于决策在管理中的重要作用，管理者的决策能力便成为衡量其水平的重要标志。

三、决策的类型

根据不同的标准，决策可分为不同的类型。在进行决策之前，管理者应了解所要解决问题的特征，以便根据不同的决策类型，采取针对性的决策方法。

根据决策的主体，决策分为集体决策与个人决策。集体决策是指由多个人组成的决策小组进行决策并对该决策后果负责的决策方式。个人决策是指基本依靠个人的经验与能力进行决策的方式。

根据决策的起点，决策分为初始决策与追踪决策。初始决策是指管理者对从事某种组织活动的方案所进行的初次选择。追踪决策是指在初始决策的基础上对该组织活动的方向、内容或方式的重新调整。[①]

根据决策的重复程度，决策分为常规决策与非常规决策。常规决策是指经常发生的、能按规定的程序与标准进行的决策。这主要涉及对例行公事所做的决策。如请假的批准、退货的处理、库存减少到一定程度时的重新订货等，均属于常规决策。非常规决策是指对无章可循、无先例可供借鉴、前所未有的新问题所进行的决策。因为所要解决的是新问题，不能按照业务常规来解决，所以管理者要进行例外的处理。如新产品的研发、新业务的拓展、组织的变革等，均属于非常规决策。

按照决策的重要程度，决策分为战略决策、管理决策与业务决策。战略决策是指直接关系到组织生存发展的全局性、长远性问题的决策。如公司经营目标、业务取舍、产品更新等方面的决策。战略决策一般由高层管理者负责。管理决策是指在执行战略过程中所做出的基本战术决策。如公司生产计划与销售计划的确定、新产品设计方案的选择、产品的定价策略等方面的决策。这类决策大多由中层管理者负责。业务决策是指在日常业务活动中为了提高效率所做出的决策。如生产任务的日常安排、工作定额的制定等方面的决策。这类决策一般由基层管理者负责。

按照环境因素的可控程度，决策分为确定型决策、风险型决策与不确定型决策。确定型决策是指可供选择的方案只存在一种情形时的决策，即各备择方案所需的条件是已知的并能准确了解各方案的必然后果的决策。风险型决策是指可供选择的方案存在着两种或两种以上的情形且可估计每种情形发生的客观概率的决策。在此类决策中，决策者需要冒一定的风险。不确定型决策是指各备择方案可能出现的后果是未知的情形时的决策。这类决策往往无规律可循，一般依靠决策者的经验和直觉来做出决策。

---

① 朱占峰.管理学原理——管理实务与技巧[M].2版.武汉：武汉理工大学出版社，2010：57.

此外,根据决策的时间跨度,决策分为长期决策、中期决策与短期决策;根据决策的层次,决策分为高层决策、中层决策与基层决策。

第二节　决策的过程与影响因素

管理者要做出科学的决策,就必须遵循正确的决策程序。在管理实践中,众多因素影响最终决策。管理者明确影响决策的主要因素,对于了解和把握决策过程具有重要的意义。

一、决策的基本过程

决策的科学性主要体现在决策过程的理性化和决策方法的科学化上,决策失误在很大程度上与没有遵循科学的决策过程有关。西蒙认为,决策过程包含四个阶段:一是情报活动,探查环境与寻求需要决策的条件;二是设计活动,创造、制定和分析可能采取的行动方案;三是抉择活动,从可资利用的方案中选出一个特别行动方案;四是审查活动,对过去的抉择进行评价。[1] 因此,决策是一项复杂的活动,有自身的规律性,需要遵循一定的科学程序。具体来说,理性的决策过程一般包括以下步骤(见图5.1)。

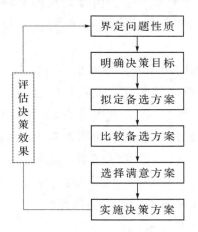

图 5.1　理性决策过程

(一)界定问题性质

问题是指实际情况与预期目标之间的差距。决策的起点是存在某个需要解决的问题。决策是为了更好地实现组织的某一目标,持续地解决现实中出现的问题的过程。决策者既要发现存在的问题,更要界定问题的性质。就界定问题性质而言,关键在于认

---

① 西蒙.管理决策新科学[M].李柱流,汤俊澄,等译.北京:中国社会科学出版社,1982:34.

清所发现的问题属于战略性问题还是战术性问题，属于经常性问题还是例外性问题。**界定问题性质**的目的是确定问题解决的决策层次与选择合适的决策者。

认识和分析问题是决策过程中最为重要也是最为困难的环节。在现实环境中，事情的发展往往不可能完全按设定的轨迹发展，而且真正的问题常常为众多的表象所掩盖，因此，决策者只有通过深入的分析，才能逐渐明确问题的性质。当事情的发展偏离正常的轨道，当组织环境中出现的机会与威胁引起了我们的注意，或当我们感觉到不安时，通常就表明我们察觉到了问题。决策者要通过动态扫描环境，调查、收集和整理有关信息，发现差距，认清问题，并明确目标。

为界定问题性质，管理者需要对下列问题进行思考与回答：问题及其根源是什么？问题的明确度如何？问题是否一再发生？问题是否需要解决？问题应在哪个层面得以解决？谁是解决该问题的最合适人选？问题的紧迫性如何？问题的重要性如何？问题得以解决的条件是否具备？

（二）明确决策目标

决策目标是指在特定的环境和条件下，对要解决的问题所希望得到的结果。在界定问题性质和明确问题具备解决的条件后，管理者需要确定问题应该解决到何种程度，明确决策的目标是什么。最终决策方案的选择，在很大程度上会受到所确定的决策目标的影响。同样的问题，由于目标不同，所采用的决策方案会大不相同。

决策目标包括内容和程度两个方面。内容是指涉及哪些方面；程度是指各个方面希望达到怎样的结果。决策者需要明确各个目标的重要程度和优先顺序，明确哪些是主要目标，哪些是次要目标。

决策目标的确定，一方面与决策者的主观价值取向有关，另一方面与决策者在解决问题时的客观条件有关。在解决问题或达成目标的过程中，会受到诸多客观现实的限制，如资金、人员、时间、空间、信息、权力范围等方面的限制。因此，管理者需要厘清决策目标选择的思路：首先，确定所要解决的问题在多大程度上属于自身可控范围内，明确可能达到的最高决策目标；其次，根据该问题对组织总目标及各分目标的影响程度，明确必须达到的最低决策目标；最后，结合组织的价值准则和自身的可支配资源及努力意愿，在最低目标和最高目标之间确定最终决策目标。

（三）拟定备选方案

为了解决问题，管理者必须寻找切实可行的行动方案。解决问题的方案往往不是显而易见的。在拟定备选方案时，管理者应紧紧围绕所要解决的问题和所期望达成的决策目标，明确已经具备和经过努力可以具备的各种条件，不拘泥于经验与实践，力求有所突破和创造。我们必须坚持解放思想、实事求是、与时俱进、求真务实，一切从实际出发。我们需要增强创新思维和本领，需要创造性决策并高效推进。当然，以不变应万变，不采取任何行动，也是一种备选方案。

管理者如果能够认清问题的实质，那么一般来说就比较容易找到解决问题的方法。

在拟定备选方案时,一般不必要考虑每一种可能的解决方案,但应该考虑每一种有价值的解决方案,并逐步缩小备选方案的数量,以将有限的时间和精力集中于相对更有价值的方案中。

（四）比较备选方案

在确定了备选方案后,决策者需要对每个方案进行分析与比较。决策者首先要建立有助于指导和检验决策的准则,确立决策方案的评价指标及其权重,接着据此对各个方案进行评价,获得每个方案的综合评价结果。

决策者需要根据组织的大政方针和所掌握的资源来分析每一个方案。决策者应结合每个方案对于组织目标实现的贡献度,列出各个备选方案满足决策目标的程度和限制因素,明确实行这一方案所需满足的条件和付出的代价,以及采取该方案可能带来的后果。然后,分析各个方案的利弊,比较各个方案之间的优劣,最终依据决策者对各决策目标的重视程度和对各种代价的承受能力进行综合评价。通过分析、评价和比较结果,决策者提出推荐方案。

（五）选择满意方案

在对各个方案进行理性比较的基础上,决策者最后要从中选择一个满意方案。一个有效的方案是能够实现预定目标的,但在实际情况中,一般只有在我们选择并实施了方案后,才能知道当初的选择是否正确。因此,决策者需要回答的一个重要问题是:我们如何才能保证所选择的方案是一个有效的方案？为了确保所选方案的有效性,决策者应该采用以下策略:①保证决策过程的正确性;②通过思考与制定一个行动计划来检验方案;③通过局部试用与实践来检验方案;④让合适的人尽早参与最终方案的选择过程;⑤评估并消除风险;⑥密切关注所处行业正发生的事情;⑦不要让决定成为不变的规则;⑧既要采用符合逻辑的方式又要依靠自身的直觉;⑨要用全景观来决策,但不必等到把信息收集全。[①]

由于环境的不断变化和决策者各项能力的局限性,以及备选方案的数量和质量受到各方面因素的影响,因此,决策者期望的结果只能是得到一个相对满意的方案而非最佳方案。此外,在进行最终决策时,应允许不做任何选择,以避免冒不必要的风险。

（六）实施决策方案

实施决策方案是指将最终决策方案传递给相关人员,并得到他们行动的承诺。在实施决策的过程中,首先应该制定一个实施方案,包括宣布决策、解释决策、分配实施决策所涉及的资源。争取他人对决策的理解和支持是决策得以顺利实施的关键。在实施阶段,关键在于共识的达成、障碍的消除以及细节的落实。

---

① 尼兰.条理性思维——对管理者解决问题和决策的系统指导[M].何玮鹏,陈燕,译.北京:机械工业出版社,2001:99.

（七）评估决策效果

一般的决策过程并不包括该步骤，但决策者需要评估决策效果以明确问题是否得到真正解决。如果该问题仍然存在，管理者就需要判断究竟错在何处：问题是否没有被准确定义？在对各备选方案进行评估时，是否发生了错误？选定的方案是否未能得到有效实施？相关的答案会指引决策者重新审视或实施某个先前的步骤，或重新启动整个决策过程。[1]

在决策实施过程中的控制与评价对决策的最终结果起着决定作用。为了保证决策得到预期的结果，组织需要建立决策实施效果的信息反馈机制，及时检查决策实施情况，发现差异，查找原因，对已有的决策进行不断的修正与完善，直至解决问题、实现目标或做出新的决策。

二、决策的影响因素

在决策过程中，环境制约、既往决策、时间限制、决策者等因素都会对最终决策产生一定程度的影响。

（一）环境制约

管理者在决策时往往会受到内外部环境的制约。就整个决策过程而言，内外部信息可得性和组织文化是影响决策的主要环境因素。

1.信息可得性

在进行决策时，信息的完整与否对于决策的正确与否起着至关重要的作用。信息是决策的基本依据，信息的数量和质量直接影响决策的正确性。为了明确问题性质，管理者需要收集和分析相关的信息。在决策过程中，所涉及的信息包括：问题的症状、造成问题的原因、希望达到的目标、目标的可达性、组织所具备的资源和存在的限制条件、备选的解决方案及其可能的结果等。在理想的情况下，决策者需要拥有做出决策的所有信息，但在实际工作中，由于各方面环境因素的限制，决策者不一定能够获得完全的信息。

2.组织文化

组织文化会影响管理者所能采用的决策准则和决策方式。组织文化一旦形成，会呈现出不同于其他组织的共有意识，在短期内很难改变。

在决策过程中，首先，管理者需要明确该组织主张什么，反对什么，可以接受什么以及不可能接受什么。

其次，管理者需要明确自身所处的组织是什么类型的组织。它属于回避风险型组织还是富有冒险精神的组织，或者是这两者共存的混合型组织。如果所在的组织中充满独裁者和奉承者，管理者就很可能被束缚在官僚作风之中而无法做出及时有效的决策。反之，一个富有创新精神的组织通常希望管理者敢作敢为，并倾向于选择更具创意

---

[1]　罗宾斯,库尔特.管理学[M].11版.李原,孙健敏,黄小勇,译.北京:中国人民大学出版社,2012:180.

的方案。在这两者之间摇摆不定的组织中,管理者需要根据当下的情境,用心去感觉占主导地位的倾向,并由此决定自身的决策方式。

最后,管理者需要明确该组织对于所需决策的问题可能持有的价值取向。组织的价值取向将影响到该组织是否会认为这是一个需要解决的问题、决策目标的要求、决策准则的确立、愿意付出的代价以及可能接受的方案等。只有与价值取向相适应的决策,才能在运行过程中得到各方支持并顺利实施。

组织文化还会决定最终决策的方式。重大问题的决策最终是由最高领导人决策还是通过集体讨论进行决策,也取决于该组织的文化。实际上,组织中不同利益群体的存在,常常使得决策过程难免会受到权力和政治的影响。

（二）既往决策

既往决策或多或少会影响当下或未来的决策。组织中的许多决策并非初始决策或例外决策,而是对初始决策的调整与优化或可以遵循既往的决策标准。在多数情形下,既往决策是当下决策的起点。既往决策的基本准则、成本投入和实施效果会给组织今后的决策方式带来一定的影响。当决策者忘记所选择的方案无法纠正过去的问题时,沉没成本错误就产生了。他们在评价和选择方案时,错误地重视过去的时间、资金和精力成本,而不是未来可能的结果。他们无法忽略沉没成本,将其牢牢记住。[1] 有些管理者害怕犯错,在决策过程中小心翼翼,他们往往习惯于依循以往的决策方式。既往决策对于当下决策的影响程度,主要受到既往决策与现任决策者之间关系的影响。一般来说,决策者需要对自身做出的抉择及其后果担负相应的责任。若原先决策是由现任决策者做出的,那么决策者无论从情感还是从责任层面都不愿对过去决策做出较大变动,而会倾向于将组织资源投入到过去决策的实施中,以证明自己的一贯正确。反之,若现任决策者与既往决策没有任何关系,那么就更可能选择涉及重大改变的决策。[2]

（三）时间限制

管理者做出迅速的决策还是缓慢的决策,通常受到决策时间的影响。决策的时间限制对于决策的进程起着至关重要的作用。美国学者威廉·R.金与大卫·I.克里兰根据决策时间的紧迫程度,把所需做出的决策分为时间敏感型决策和知识敏感型决策。

时间敏感型决策是指那些非常紧迫、需要迅速且尽量准确做出的决策。紧迫的问题会给决策者带来压力并要求其迅速做出抉择。这类决策对于问题的解决时间较为敏感,对速度的要求高于对质量的要求。战场上军事指挥官的很多决策都属于此类决策。组织在发生重大危机事件或出现稍纵即逝的重大机会时所面临的决策也属于此类决策。**知识敏感型决策**是指所需解决的问题对组织来说不紧迫、较重要,管理者有足够的时间从容应对的决策。此类问题对于解决时间并没有太大的要求,对质量的要求高于对速度的要求。高质量的决策必然要求管理者掌握足够的知识与拥有充分的信息量。

① 罗宾斯,库尔特.管理学[M].15版.刘刚,等译.北京:中国人民大学出版社,2022:50.
② 赵金先,张立新,姜吉坤.管理学原理[M].北京:经济科学出版社,2011:152-153.

对于决策者而言，为了争取有充裕的时间做出高质量的决策，应尽可能在问题暴露之前就将其列为决策的对象，而不要等到发展成为紧迫问题后而匆忙做出决策，也就是说，应努力把时间敏感型决策转化为知识敏感型决策。[①]

管理者无论愿意或喜欢与否，总会面临决断时刻。如果时间紧迫、不容细思，那么决策的正确性将难以得到保证。鉴于时间与资源的约束，绝对的自由决策似乎并不存在。在大多数情况下，人们所面临的都是某种程度上的受迫决策，也就是必须在规定的时间内做出抉择，以采取适当的行动。例如，证券操盘手、汽车驾驶员通常需要瞬间做出决策。事实上，缺少训练的快速决策很容易出错，决策的速度与质量之间存在一定程度上的冲突。面对时间限制的影响，在决策过程中，管理者需要经常思考以下问题：如何兼顾决策的速度和质量？如何做出果断、高效的决策以推进快速行动？在时间受迫下决策，如何才能急中生智而不是忙而失策？在人们存在不同意见时，如何才能做出有效的团队决策？当面临不得不做出重大决策的时刻，决策者需要做出艰难的选择：决定未来命运或被命运所决定。尽管在这种时刻，可以考虑暂缓或取消行动以维持现状，但是却很难借此向他人做出合理的交代，毕竟有时候采取行动本身就具有象征意义。在决策时刻，放弃决策就是一种懦弱的表现，这会给决策者未来决断带来不利影响。面对不确定的未来，人们有时只能通过干中学，不可能等到万事俱备时才行动。因此，人们只有平常注意决策程序与方法的学习与修炼，才有可能在面对重大紧急情况时也能做出较为有效的决策。[②]

（四）决策者

决策者只有善于抓住时机，适时做出决断，才能确保决策的有效和准确。从本质而言，决策是决策者基于客观事实的主观分析判断过程。在分析判断时，参与决策的人员的决策能力、决策风格、风险倾向、价值准则、决策经验、在组织中的角色等都会影响其对问题的感知和界定、决策目标的设定、备选方案的提出、方案优劣的评价及最终方案的抉择。因此，决策者的特征也是影响决策的主要因素之一。

1.决策能力

决策能力是指人们辨识问题、获取信息、预测未来、把握方向、抓住机遇与做出决断的能力。决策者的决策能力对决策的影响主要体现在以下方面：决策者对问题的辨识能力越强，就越可能提出具有针对性的对策；决策者获取信息的能力越强，就越可能有效兼顾决策的质量与速度；决策者预测未来、把握方向与抓住机遇的能力越强，就越可能制定出符合组织长期发展战略的决策；决策者的决断能力越强，就越可能在危机时刻或紧要关头力挽狂澜，使组织获得持续的成功。

2.决策风格

个人决策风格是指决策者在认识问题和解决问题的方式上所呈现出来的个性特

---

①　周三多，陈传明.管理学[M].3版.北京：高等教育出版社，2010：106-107.
②　项保华.决策管理——疑难与破解[M].北京：华夏出版社，2011：288-302.

征。罗威(Rowe)认为,个人决策风格主要包括四种类型:[①]

命令式风格的决策者倾向于采取简单、清晰的决策方案来解决问题。他们不愿处理大量的信息,往往只考虑一两个方案,常常很快就做出决策。他们通常工作效率很高,富有理性色彩,并且宁愿利用现有的规则和程序进行决策。

分析式风格的决策者倾向于收集尽可能多的信息,并在此基础上对复杂的问题进行决策。他们会将自身的决策建立在从各方面信息渠道所获得的客观、合理数据的基础之上,并努力依据所获得的信息来寻求最优方案。

概念式风格的决策者同样会收集大量的信息,但他们比分析式风格的人更具有社会性,会与他人讨论所要决策的问题和可能的解决方案。他们通常会拟定较多的备选方案,依赖信息系统和群体讨论所提供的信息,创造性地解决问题。

行为式风格的决策者通常非常关心其他人的发展,并且往往制定出有助于他人实现目标的决策方案。他们愿意与别人进行一对一的沟通,了解这些人对问题的感受,并且非常在意决策会对这些人产生什么影响。

虽然大多数管理者都有一种占主导地位的决策风格,但在实际决策时,他们可能会采用不同的决策风格或综合运用这些决策风格。管理者要提高决策的有效性,就应善于根据不同的情境选择不同的决策风格。

3.风险倾向

在不确定环境中,最终选择哪一个方案,在一定程度上取决于决策者的风险倾向。例如,在进行战略投资时,风险与机遇往往是并存的,风险越大往往暗含的机遇也越大,此时,决策者的风险倾向将起到至关重要的作用。决策者的风险倾向不同,做出的决策也会很不同。有的决策者会做出保守的选择,其墨守成规的行为往往是出于畏惧风险的选择;有的决策者对于盈利的态度则是不求大富大贵,但求稳中有所盈利;有的决策者会积极做出反应,对于风险的畏惧会被对盈利的渴望所替代,并做出积极大胆的决断。

一般而言,根据对待风险的态度和看法,决策者可分为三种类型。

(1)保守型决策者。这类决策者对于损失的反应较为敏感,对于利益的反应较为迟钝,往往会不求大利,但求无险,不求有功,但求无过。在进行不确定型决策时,这类决策者常常依据"悲观原则",做出比较悲观且保守的决策。其总体精神是:由于前途未卜,一切以谨慎为上,以确保即使在最坏的情况下也能取得最好的结果。

(2)进取型决策者。这类决策者对于损失的反应较为迟钝,对于利益的反应比较敏感。他们往往谋求大利,不怕风险,敢于进取,以求突破。在进行不确定型决策时,这类决策者常常依据"乐观原则",根据最理想的估计,做出大胆进取、力求受益最大的决策。依据这种决策原则,在情况好时,能够获得最大收益;反之,其收益就大幅缩水,甚至可能出现亏损局面。

---

① 达夫特.管理学[M].9版.范海滨,译.北京:清华大学出版社,2012:245.

（3）稳妥型决策者。这类决策者既不愿冒大风险又不愿循规蹈矩。在决策时，常常以各个方案的机会损失大小作为判别方案优劣的依据，并从中找出机会损失最小的方案。

4. 价值准则

在决策过程中，价值准则是指决策者在判定决策方案及其后果的价值时所遵循的标准或原则。决策者心中存在着相对稳定的关于决策对不对、好不好、该不该、值不值的判定原则。问题辨识应重视客观性，而价值评判在本质上带有主观性。问题辨识涉及"是什么"的问题，可以依据统一公认的科学标准。价值准则涉及主观感觉，涉及对决策方案与可能结果的意义判断。价值准则需要回答的是人们在单一准则决策时的"值不值"的问题与在多元准则冲突时的"哪个更值"的问题。价值准则意味着决策者对于自身所看重的决策指标的维护与坚持。在受到资源、时间与环境制约的情形下，如果难以做到对所有利益相关者要求的同时兼顾，那么决策者究竟该如何决策？这就会体现出决策者的价值准则。这些准则是对于多个价值属性或主体做出先后排序的依据。此时，如何决策才能在体现决策者价值准则的同时，得到利益相关者的认同？这是决策中非常令人困惑的事情。有时，关于道德标准、价值尺度、指标属性的权重确定与权变做法，决策者是秘而不宣、藏而不露的，甚至可能连当事者也有点说不清、道不明，而只是在行动中才会逐渐表现出来。但是，不可否认的一个事实是，对于重大决策来说，谁也无法最终取代决策者的价值判断。[①]

为了做出得到各方认同的决策，组织必须重视从伦理道德角度来审视决策者及其拟定的决策方案。组织需要投入时间来检查所有备选方案在伦理道德上的合理性。伦理学家杰拉尔德·卡瓦诺（Gerald Cavanaugh）及其同事对管理者提出建议：如果其决策能够达到下列四条标准，就可以满怀信心地继续推行下去。这四条标准包括：①效用。该决策令所有的委托人和利益相关者满意。②权利。该决策尊重所有人的权利和义务。③公平。该决策与公平法规相一致。④关心。该决策与决策者应该关心的责任相一致。[②]

"伦理学"以"道德"为主要研究对象，而"道德"作为指导与支配人们行为的深层价值基础，在有意和无意间左右着人们的言行举止。人类追求平等、高效、安全、自由，希望实现社会公正。这必然涉及关于公平、公正、善恶、对错等的价值判断。在决策过程中，组织要防止决策者将问题辨识当作价值判断，要避免决策者以带有情绪化的纯粹个人偏好来代替决策所涉及的伦理道德审视。根据伦理道德的视角，大致可以把决策者的价值准则分为四种：一是功利准则，重视争取最大利益；二是道义准则，重视尊重他者权利；三是直觉准则，重视心灵深处的价值意识，听从内心呼吸；四是环境准则，重视生存、操作与适应。不同的价值准则提供了不同的价值判断视角。每种视角提供了一种考量的思路，提供了一种衡量价值的尺度，对于人们进行决策都是有价值的。如果决策

---

① 项保华. 决策管理——疑难与破解［M］. 北京：华夏出版社，2011：145-148.
② 舍默霍恩. 管理学［M］. 8 版. 周阳，译. 北京：中国人民大学出版社，2011：140.

者所遇到的问题仅仅与其中的一种价值准则相关,那么只需据此准则进行评判,就自会得出相对更好的决策方案。但是,在现实决策中,决策者面临的决策问题通常与多个不同的价值准则相关,此时就会体现出决策过程的冲突,从而使得决策陷于不断的争议之中。[①]决策的过程也是展现人们道德观念的过程,不同的价值准则会引发不同的决策方案,并导致不同的结果。

拥有权力的职位会带来复杂的责任,而且这些责任可能会相互冲突。所有这些责任,无论是事业上的还是个人的,都有一定的伦理道德要求,但是对于决策者来说,通常无法找到一个可以满足各方要求的方案。这不仅仅是对与错的问题,而且可能是对与对的冲突问题。这就会使得决策者必须面对"两难或多难境地"的抉择,即要从按不同价值准则衡量都对的众多方案中做出抉择。按照每个价值准则,都能选择出对的方案,但难以找到同时满足上述四个价值准则的方案。当决策者选择了一个正确的方案,就可能放弃另一个或另几个正确的方案。人们将在现实决策中存在的顾此失彼的选择困境,称为在伦理学上的"脏手(dirty hands)"问题。面对这种情况,决策者只要做事情,就会弄脏双手,但"袖手而立"又不切实际。决策者似乎丧失了"清白之身",他们的手变脏了,甚至道德的灾难也似乎近在咫尺。[②]但是,决策者在面对伦理道德的冲突中,还是必须做出艰难的选择。组织须求生存与发展,做人要有道,做事要靠人,因此,在考虑伦理道德的要求时,决策者要明确在出现多种价值准则冲突时,应该遵循怎样的行为准则和坚守怎样的行为底线。[③]人性之尽善尽美,就在于多为他人着想而少为自己着想,就在于克服我们的自私心,同时放纵我们的仁慈心。只有这样,才能够在人与人之间产生情感上的和谐共鸣,也才有情感的优雅合宜可言。美德是人品卓越,是某种非比寻常的伟大与美丽,是远高于庸俗与寻常的性质。[④]因此,决策者要努力提高自己的道德修养与道德判断能力,使自己的决策方案有利于组织、他人与社会,体现决策方案的伦理道德意义与价值创造意义。

第三节 决策的方法与技巧

在日常决策过程中,决策者要面对不同性质的问题、不同的内外部环境、不同的决断时刻,而且其决策风格与价值准则也存在较大差异。因此,优秀的决策者会兼顾理性、情感、直觉,坚持科学决策,遵循理性决策过程与组织决策程序,运用合适的决策方法,正视各方的价值取向,掌握娴熟的决策技巧。

---

① 项保华.决策管理——疑难与破解[M].北京:华夏出版社,2011:163-165.
② 巴达拉克.界定时刻——两难境地的抉择[M].李伟,译.北京:经济日报出版社,1998:8-9.
③ 项保华.决策管理——疑难与破解[M].北京:华夏出版社,2011:165.
④ 斯密.道德情操论[M].谢宗林,译.北京:中央编译出版社,2008:23-24.

一、决策方法

随着社会生产、科学技术、决策理论与管理实践的发展，人们提炼、开发与学会了越来越多的决策方法。从总体上来说，决策方法可归纳为三类：主观决策方法、定量决策方法、定量与定性相结合的决策方法。

主观决策方法是指决策者根据已知的情况和现有的资料，直接利用个人的知识、经验和组织规章制度来进行决策的方法，包括适应性决策方法、创造性决策方法等。此类方法简单易行，经济方便。在日常生活与工作中，大量的决策都采用主观决策方法。

定量决策方法是指把同决策有关的变量与变量、变量与目标之间的关系，建立数学模型，通过计算求得结果，然后经过比较做出决策的方法。其中包括线性规划法、期望值法、决策树法等。此类方法在条件具备时一般较客观，准确性高，便于采用计算机辅助计算，并可用于对较复杂问题的解决方案的量化。

定性与定量相结合的决策方法融合了前两类方法，既吸收了定性决策的大胆猜测的开放思维方式，又吸收了定量决策的仔细求证的规范思维方式。大多数管理问题难以完全定量化，因此随着科学技术的发展，出现了许多定性与定量相结合的决策方法，如系统动力学法、层次分析法、指标评价法等。

各种决策方法各有优缺点，在实际决策中，决策者要根据各种决策问题，学会灵活运用。限于篇幅，这里只介绍部分常见的决策方法。

（一）程序性决策方法

程序性决策方法是指那些例行的、按照一定的频率和间隔重复进行的决策方法。[①]该方法多用于处理反复出现的、结构良好的、经常性的问题，如公文传递、设备使用、常用物资采购等方面的问题。许多程序性决策方法属于主观决策方法。同时，该类决策的目标与约束条件是较为具体明确的，也是便于量化的，因此，部分程序性决策适合采用定量决策方法。对于这些结构化问题，决策者通常可依据政策、规章、业务常规来做出决策。

政策是处理各种组织活动普遍适用的原则。政策为决策限定了范围，并成为决策的指导方针。例如，许多超市制定了在一定期限内允许顾客无条件退货的服务承诺，那么这些超市在一般情况下应接受顾客退货的要求。

规章制度规定了在某种情况下必须遵守的一系列行为准则。管理者要让员工明白如何遵守规章制度。按章办事是每个员工必须做到的。一般情况下，规章制度是"高压线"，是不可违背的。一旦违反规章制度，就必将受到相应的惩罚。管理者要有效地发挥规章制度的作用，就不能从主观愿望出发，而必须以客观事实为依据，以规章制度为准绳。

---

① 杨文士，焦叔斌，张雁，等.管理学［M］.3 版.北京：中国人民大学出版社，2009：106.

业务常规是指员工在执行某项任务时必须遵守的一系列步骤。为了提升决策效率,管理者应推进重复性业务的常规化,明确相关业务的具体操作步骤,教导员工如何操作,做成怎样,达到什么标准。

程序性决策方法可帮助管理者更快地处理日常事务,节省时间和精力。但该方法也可能会减少发现处理组织问题的更好方法的机会。政策、规章制度、业务常规一旦建立,即使存在更好的解决办法或明知据此并不能达成目的,人们也习惯依此决策。为此,管理者必须具备适时调整的思维,把程序性决策与组织文化工作结合起来,把程序性决策与实际问题解决结合起来。

（二）适应性决策方法

适应性决策方法是指先朝着某一方向跨出一步,然后根据上一步行动的结果来决定下一步的行动,从而一步步地向目标逼近的方法。当所要解决的问题复杂、模糊、多变时,管理者通常采用此类方法。适应性决策方法有两种基本方式。

1. 渐进式决策方法

当面临复杂、不确定性问题时,决策者可在众多的途径中选择一条途径往前走一步,慢慢地朝希望的方向逼近。由于最终目标比较模糊,在实施前后,都需要对每一步骤进行评价。若所采取的行动有助于目标的实现,那么重复这一行动或采取下一步行动;反之,则对这一行动进行调整。例如,我国刚开始进行改革时,没有前人的经验可循。因此,在改革前几年,我们采用的是"摸着石头过河"的方式,先进行各种各样的试点,不成功的便改进,成功的便推广,从而打开了改革的局面。"摸着石头过河",是对在勇于实践中不断总结经验的一种形象性说法,在我国成了家喻户晓的经典话语。渐进式决策方法体现了"化整为零,小步前进"的思维,采用类似 W 形的行动路径。该方法是处理复杂多变环境中不确定性问题的有效方法,它减少了犯大错误的风险,尽管过程比较迂回曲折,但它能逐步为组织解决问题指明方向。

2. 经验式决策方法

当采用经验式决策方法时,管理者往往会借助于一系列的经验总结来指导其决策。此方法并不提供任何专门的解决途径,但它为管理者在复杂多变的环境中寻找解决问题的方案提供了有用的指导原则。例如,"在形势危急时,把球踢出场外"就是对足球运动员有用的一条决策指导原则。实际上,本书中的许多概念都可看作实践经验总结与提炼的结果。经验式决策方法将一个复杂的问题转变为可管理的问题,且有助于管理者避免重大错误。但这种方法的适用前提是今后与过去一样,所采用的解决复杂问题的方式有过于简单化的倾向。

（三）创造性决策方法

创造性决策方法是指寻求与运用新颖的、富有想象力的问题解决方案的方法。此类方法主要用于广告设计、新产品开发和其他需要创造性解决方案的场合,其中包括头脑风暴法、认知冲突法、发散思维法、德尔菲法、名义群体法等。

1.头脑风暴法

头脑风暴法（brain-storming）是指一群人在宽松的氛围中，针对所要解决的问题，敞开思路，畅所欲言，相互启发，以尽可能地形成多种方案的方法。这是最常用的创造性决策方法。该方法的要点为：创造自由发表意见的条件；注重设想数量，安排专人记录全部设想；主张与会人员一律平等；主张独立思考与提出个人见解；鼓励参与者提出各种建议；倡导对他人的建议不作评论和反驳；可以补充与完善已有的建议。

头脑风暴法对于激发更多的创意与灵感是比较有效的。不过，它也存在一些缺点。该方法虽然可以避免相互争议与反驳，但难以避免"小集团思想"，因为小组中的一些成员可能总是愿意迎合他人的意见，而且有人会设法取悦上司或给其他组员留下深刻印象。另外，部分有创造性的人较为孤僻，不太愿意参加面对面的群体会议，也不是很愿意在这种会议上积极主动地发表个人见解。因此，近年来，**电子头脑风暴法**（electronic brain-storming）得到了越来越多的关注。它既具有集体相互启发的优势，又克服了前者的部分缺点。电子头脑风暴法又称电子头脑笔会，其做法是通过计算机网络将相关成员集合在一起进行互动。由于输入的观点是匿名的，参与者可以随心所欲地发表意见。参与者可以立即写下自身脑海里浮现的主意，并即刻让该主意呈现于网络空间上，而不会像面对面开会时那样，在等到自己发言时，自己的想法可能一下子记不清了。在网络平台上，更有助于不善于社交的创意人员提出个人见解，而且可以邀请分布于全球各地的相关人员参与其中，因此，可以扩大参与的范围，这通常能导致更多的解决方案的产生。[①]

2.认知冲突法

认知冲突法是指通过促使不同参与者对问题的解决方案提出不同与相反的意见，在鼓励意见冲突的基础上，让参与者逐步达成共识的方法。这种方法与头脑风暴法的要求正好相反。主持人会要求参与者针对他人提出的问题、见解、方案，直接提出不一样的意见或进行否定，鼓励彼此的争论，引发彼此产生认知冲突，以求在不同意见与方案的冲突、争论中，发现各种方案的缺陷，能够明辨是非，并逐步使大家达成一致看法。这种方法主要用于对已有方案的深入分析、评价与选择。[②]

3.发散思维法

发散思维法是指人们通过思维发散与开拓的方式，从多元与全新的角度来提出问题解决方案的方法。在传统的方法中，人们按照一个标准化的步骤来解决问题：先判断问题，再明确目标，接着提出方案，然后选定方案并付诸实施。而发散思维法则要求人们摆脱传统思维方式，从不同的方向、角度、路径，去看待问题实质并提出解决问题的方案。

---

① 达夫特.管理学[M].9版.范海滨，译.北京：清华大学出版社，2012：248-249.
② 单凤儒.管理学基础[M].3版.北京：高等教育出版社，2008：86.

4.德尔菲法

德尔菲法又称专家意见法,是指采用通信的方式分别将所要解决的问题发送给专家,接着征询、回收、综合专家的意见,然后将综合意见再分别反馈给专家,经过多次意见交换,逐步获得较为一致的预测结果的决策方法。该方法一直是相对简便与经济、结果可靠的创造性思维方法之一。德尔菲法的基本步骤包括:选择和邀请专家;将与问题相关的信息分别提供给专家;让专家各自独立发表意见;汇总第一次专家意见,再分发给专家,让专家据此再次发表意见;如此反复多次,最后形成代表专家组意见的预测结果或决策方案。

5.名义群体法

名义群体法(nominal group technique)又称名义团体技术,是指在决策过程中对群体讨论或人际沟通进行一定限制,以各个成员独立思考、独立表达意见为基础的决策方法。如果大家对问题性质的理解有很大差异,或彼此的意见有较大分歧,那么直接开会的效果通常并不好,可能争执不下,也可能附和权威人士的看法。这时,可以采用名义群体法。首先,管理者选择一些对所需解决的问题有研究或经验的人作为小组成员,并向他们提供与决策问题相关的信息。小组成员各自先不通气,独立地思考,提出决策建议,并尽可能详细地将自己提出的备选方案写成文字资料。然后,管理者召开正式会议,让小组成员一一陈述自己的方案。在各个成员直观地展示自身想法和方案的过程中,一般不允许相互讨论,且管理者有责任公正对待任何一种方案。在此基础上,小组成员各自对全部备选方案进行投票或排序,产生大家最赞同的方案,并形成对其他方案的意见,以作为决策参考。[1]

二、决策的技巧

人们虽然无法排除不确定性因素和各种风险的干扰,但完全可以通过学习增强识别它们的能力。为提高决策能力,我们可以通过两条相关途径:一是理论学习,通过系统研读科学决策理论和方法以提升认知水平;二是学以致用,通过反复实践以提高决策技能。在实际决策时,要特别关注以下方面。

视频:如何提高决策正确率

(一)确定合适人选

管理者有责任处理需要解决的问题,但这并不意味着所有需要且能够解决的问题都必须亲自来处理。对于现实中发生的很多问题,并不需要管理者亲自去解决。由于管理问题的纷繁复杂,如果管理者事必躬亲则会分身乏术,在管理过程中也难以做到高效。管理者应根据对问题性质的界定来明确合适的人选,使问题能被合适的人在合适的时机予以解决。在面对问题时,管理者更多的时候不是直接决策,而是需要通盘考虑

---

① 杨爱华.公共决策[M].北京:团结出版社,2000:147-149.

下列问题：在这个组织中，谁最适合来解决这个问题？我是否可以只做适当的指示，然后把整个问题的解决过程全部交给下属？由谁来制定与实施决策方案？该项决策包含哪些关键任务？每项任务应由谁负责？

1. 谁制定

传统上，组织往往采取"自上而下"的决策制定方式，这有可能由于下属缺乏对相关战术问题的深入理解和参与而导致失败。自上而下的思维可能会导致两种过失：拒绝承认失败；不主动把握成功的机会。[①] 尽管管理者在决策制定中有着无可替代的作用，但必须通过相关人员一起参与酝酿和决策的过程，才能最大限度地激发他们的创见与热情，从而确保满意方案的形成与决策目标的实现。

2. 谁实施

许多在理论上看上去非常完美的决策方案往往由于缺乏实施的人才而流产。管理者须明确谁应了解与参与决策实施过程，并通过内部有效沟通，使有关人员对决策目标与业务现状有清晰认识。实际上，一项决策实施的效果，是组织整体业务流程运作的综合反映，通常涉及许多部门和员工。只有相关人员积极参与决策实施过程，各自承担相应的责任，才能有效推进决策的执行。

3. 谁负责

有人负责、勇于负责是决策实施的关键。在决策实施过程中，可能由于经营环境的变化或人为的失误，导致决策目标难以实现。为此，管理者必须明确决策目标实现的障碍以及这些障碍的责任人。只有明确谁对障碍负责，才可采取措施，真正清除障碍，促进决策目标的达成。

管理者应授权最了解情况者负责相关问题决策，并据此建立相应的责任和分配制度。例如，基层员工在服务接触过程中的态度与行为将在很大程度上直接影响顾客的满意感和信任感，因此，适度授权有利于员工更好地为顾客提供优质服务与及时解决问题。比如，丽思卡尔顿是享誉世界的奢华品牌，在丽思卡尔顿酒店，员工拥有 2000 美元的自主决策权，不用向上级汇报，不限使用次数，以及时解决客人遇到的困难。又如，为不断适应复杂多变的业务环境，华为公司加强了对一线的授权，以加快对顾客需求的响应速度。华为公司沿着流程授权、行权、监管，实现权力的下放，以摆脱高度集权导致的效率低下、机构臃肿。任正非提出，"让听得见炮声的人来决策"。华为基层作战单元在授权范围内，有权力直接呼唤炮火支援，而且所定的决策甚至不需要代表处批准就可以执行。[②]

当然，需要强调的是，管理者在把部分决策权授予合适人员的同时，应要求他们对结果承担相应责任。一般而言，组织只有要求决策者承担责任，该决策者才不会乱决策。从这个角度讲，谁决策，谁负责。

---

① 里斯，特劳特. 营销革命[M]. 左占平，黄玉杰，李守民，译. 北京：中国财政经济出版社，2002：3.
② 王伟立，李慧群. 华为的管理模式[M]. 3 版. 深圳：海天出版社，2012：256-261.

（二）准确运用信息

信息是决策的基础。决策的正确性在很大程度上取决于决策时所依据的信息量大小。如果决策者可以获得完全的信息，就可以做出理想方案。为了发现真正的问题和可能的方案，决策者就需要系统收集、分析、运用相关的重要信息。

1.拓展信息渠道

管理者需要引导各部门或成员通过各种渠道收集所需信息，建立能够准确地收集、分析并分送转达所需信息的体系。管理者需要扩充信息获得渠道，使决策建立在群体信息基础上，从而提高决策的正确率。管理者一方面要认识到个人力量和知识、经验的局限性，愿意听取别人意见；另一方面要注重方式方法，善于征求他人的意见。海尔的张瑞敏强调"自以为非"，华为的任正非倡导"自我批评"，其中都传达了同样的意思：决策者须避免步入"自以为是"的陷阱。决策者身居要职，若过度自信，会盲目拍板。[①] 在收集与利用信息时，管理者要避免误入以下"陷阱"：轻信他人；不注意平均水平与实际情况的差异；轻易放弃相互矛盾或截然相反的意见；盲从专家意见；不重视信息的时效性和获取信息的代价。

2.整合信息资源

组织拥有识别与解决问题的大量信息，但是这些信息经常分散在各种资料库中或者保存在员工的脑子里。在更多的时候，组织并不是缺乏相应的信息，而是缺少管理这些信息的规范程序。在许多组织，由于角色的高度模糊与职位间的内在冲突，组织成员尤其是营销人员独占某些信息而不愿让他人知道。控制顾客资源与市场信息成为营销人员保护自身利益的一种手段，因为拥有关键的顾客资源可使其很方便地跳槽。因此，管理者必须采取有效措施使有关人员不要垄断重要信息，使这些信息为决策者所运用。

决策需要基于客观的事实真相。在把握决策所需的事实真相时，涉及认知过程的三个方面：一是及时觉知各种情况变化，吸收和储存相关信息；二是参考知识储备和经验积累等，调用所需信息；三是在综合当下及过往各方面因素的基础上，寻找和揭示现实存在的、重要的"缺失"信息，感悟和构建创意信息，发现隐藏的真相，提升决策质量。[②] 近年来，技术的发展使得组织管理者获取信息的能力发生了显著的变化。大数据和人工智能技术有效提升了决策质量和工作效率。大数据、云计算、人工智能、机器学习、深度学习和分析正在迅速改变众多管理者的决策方式。顺应这些技术运用来访问、整理、解释和创建信息的趋势，管理者将减少对不一致和不完整数据的依赖。因为人工智能软件可以通过经验学习，所以决策方案将越来越多地反映管理者的目标定位和价值取向，结果将是更接近理性假设的管理决策。[③]

---

① 项保华.觉悟:智慧决策行思模式［M］.北京:企业管理出版社,2018:17.

② 项保华.洞见:领导者决策与修炼(升级版)［M］.北京:企业管理出版社,2022:75.

③ 罗宾斯,库尔特.管理学［M］.15版.刘刚,等译.北京:中国人民大学出版社,2022:52-53.

3.重视反面意见

有效的决策常从多种不同且相互冲突的意见中产生。组织中民主氛围的打造十分重要。民主氛围有利于汇集多方智慧与声音，帮助管理者在决策时听取多方意见，特别是反面意见。反面意见对于决策的重要性主要体现为三个方面：①反面意见有助于决策者看清所有利益相关者的真实意图与坚持正确的判断。通过掌握实据，引起争辩与冲突，以及提出经过深思熟虑的反面意见，有助于明辨是非与说服他人。②反面意见本身正是决策所需的"另一方案"。如果决策时只有一种方案，别无选择，那几乎等同于"赌博"。只有单一方案，失败的概率必然提高。因此，决策者在面对唯一选择时，应多考虑"万一"，并探讨可能的替代选择。如果"往东走"只有一条不平坦的道路可走，不妨想一想"往西走"的可能性。③反面意见可以激发想象力。开创新局面，要有想象力。不同意见，尤其是那些经过缜密推断、反复思考、论据充分的反面意见，便是激发想象力的有效因素。想象力如同水一样，必须扭开"水龙头"才会流出，而激发争辩的"反面意见"，正是想象力水管的水龙头。管理者想要做出正确的选择，就要将了解他人的意图作为探求"另一方案"的方法。"见解的冲突"正是可以运用的机会。据此，管理者才能保证自己看清问题的每一面，为最终决策提供更为充分的信息。① 例如，曾长期担任通用汽车公司总裁及董事长的艾尔弗雷德·斯隆（Alfred Sloan）很少以清点人数或投票方式来做出决策，而是看大家是否都了解情况。如果一项方案得到了与会者的一致赞同，且提不出什么反对意见。那么斯隆的处理方式通常是：要求把这个行动延迟一个月，并要求大家三思。一个月后，这个方案不是被弃若敝屣，就是得大肆修改。②

相关研究表明，解决方案的多样性、少数派观点的讨论和建设性的争论，有助于管理者做出高质量的决策。因此，管理者不应反对或压制不同的意见，而应引导组织成员对反面意见和不同观点进行认真开放的讨论，以探索新的可能性、寻求新的信息和整合多方的观点。③ 为了能够获得有助于决策的反面意见，管理者既要努力营造主动负责、独立思考、平等交流的组织氛围，又要善纳异见、积极倾听和引导辩论（见表 5.2）。

表 5.2　如何获得反面意见④

善纳异见	让人愿意、能够且敢于提出不同意见
积极倾听	想要听、认真听且听得进不同意见
引导辩论	引导各方对多元化意见进行透彻分析、充分辩论

① 德鲁克.卓有成效的管理者[M].许是祥，译.北京:机械工业出版社,2009:21-23.
② 德鲁克.旁观者:管理大师德鲁克回忆录[M].廖月娟，译.北京:机械工业出版社,2009:283.
③ 陈国权,张中鑫,郑晓明.企业部门间关系对组织学习能力和绩效影响的实证研究[J].科研管理,2014(4):90-102.
④ 表中所列要点基于项保华教授提供的思路.

（三）正确运用直觉

直觉是人们下意识地根据自己以往的实践经验对所面临的问题做出判断。直觉可以帮助人们更好地面对不确定性和模糊性环境。一个优秀管理者应努力学会正确运用自己的直觉，在普通管理者尚未发觉之前就能感知到问题的存在，在最终决策时能运用直觉对理性分析的结果进行检查，从而做出正确的抉择。

当面临一个新问题时，我们的思维开始在长期记忆的分类信息中搜索，一旦发现存在类似或相关的情况，我们的脑海中会闪出一个念头，这就是直觉。为了提高直觉决策的有效性，我们需要有意识地进行长期的训练和重复的实践，以便从中积累丰富的临场经验。

实际上，每个人每天都在利用自身的直觉进行日常问题的决策。在以下情形中，个人的直觉在决策时发挥着重要的作用：①客观事实很少且不相干，但仍要做出决策时；②事实摆在面前，但不能指明方向，而且看不清应当做什么时；③时间非常紧迫，广泛收集信息进行分析已不太可能时；④有数种可行的解决方案，逻辑上都说得通，但需要做出最后决断时。需要说明的是，直觉不是对严密的理性分析的替代，而是对理性分析的补充。直觉与理性是相辅相成的。一般而言，在理性分析的基础上，再依据直觉做出的决策的正确率，高于单纯依赖理性分析或直接依靠直觉做出的决策的正确率，因为前者所依据的信息比后者更宽广。

（四）把握决断时机

管理者要善于把握决断时机，充分收集相关信息，了解潜在风险，把握战略机遇，促成有效决策。在准确界定所要解决的问题的基础上，有效的决策不仅仅表现为在适当的时机果断做出决定，还表现为在适当的情况下果断改变原来的决定。

1. 明确决策问题

由于资源的有限性，对于大多数问题，管理者可能采用了听之任之的态度。在解决问题时，要有所侧重，将有限的时间和精力投入到解决相对重要的问题上。判断问题是否需要解决的一个重要标准是：存在的问题对于组织目标实现的阻碍大小。如果阻碍并不大，该问题在决策者的容忍范围内，则可以不采取任何措施；反之，则需要寻求合适的解决方案。

在认清所需解决问题的实质后，还要明确这个问题能不能解决。由于客观条件的限制，管理者有时尽管知道存在某些需要解决的问题，但也无能为力，就需要将问题缓一缓，待时机成熟之后，再来寻求解决之道。对于能够缓一缓或是相对次要的问题，管理者可以再观察一段时间。如果问题产生的原因在管理者的有效控制范围内，则该问题是能够加以解决的。

2. 做出适时选择

在不适当的时候，做出正确的回答仍是一项低劣的决策。过早做出决策或在时机不成熟的情况下草率做出选择，很可能得不到应有的效果；而拖延决策，可能进一步扩大矛盾,带来难以收拾的后果。因此,管理者要明确各类问题的核心和关键,分清轻重缓急,以进行适时、合理的选择。

3.进行适时改变

把一项决策当作最终的决策,是决策阶段常犯的错误。有些决策者不愿相信自己的决策是错误的,并有意忽视或刻意曲解负面信息,以致他们执迷不悟地推进错误的决策,并一再错失合适的退出时机。我们生活在多变的时代,必须认识到决策是一个开放的、反复的过程。在决策实施过程中,管理者应密切关注事态的发展,一旦原有的决策方案不能再达到原有的决策目标时,就要准备重新开始决策过程。

(五)正视错误决策

金无足赤,人无完人。管理者面对各种决策要求,难免会出现决策错误。大多数错误的决策源于判断上的错误,而这些错误又源于人们智力的局限性,或者与生俱来的偏向性。因此,管理者必须勇敢面对与克服以下心理的障碍或偏向:看重最初印象;看重自身利益;看重短期利益;维护既往决策;选择性知觉;优柔寡断;求全求美;急于求成;过于自信;安于现状。

管理者要经常性地自我反省,明晰错误所在,并采取适当方法予以弥补。一旦发生决策错误,就应当采取以下积极的行动:①承认。要有勇气承认客观事实,集中精力分析原因,及时进行补救,而不要忙于追究责任或推卸责任。②检查。要追溯决策的全过程,通过逐一检查,以找出到底在哪些环节上犯了错误。此外,还要分析决策的时间、方式和方法。通过检查和反思,可以学到一些决策技巧,并避免重蹈覆辙。③调整。若一项决策总的来看是可行的,只是在贯彻执行上发生了问题,则可通过发现薄弱环节并予以调整,使这一决策趋于完善。④改正。若一项决策经过检查和调整仍无法修正,则要针对原因拟定一个较为复杂的解决方案,以改正决策错误,并减少由于决策失误而可能造成的损失。

(六)强化落实措施

在确定方案或重定方案后,管理者需要将方案转化为具体的行动。决策方案实施是一个通过提出具体行动措施、编制经费预算、建立运作程序,将方案转化为实际行动并取得成果的过程。在实施过程中,关键的一个问题是组织上下如何就决策方案及其实施达成共识,把决策目标与个人目标有效地统一起来。就决策制定过程与决策实施过程相比较而言,前者在很大程度上取决于决策者的洞察力与判断力,后者在很大程度上依赖于管理者的经营管理艺术和有关员工的一线运作能力。因此,即使一个理论上看上去非常完美,且充分考虑外部环境、内部实力与使命目标三方面协同一致的决策方案,若日常管理不到位或存在各种失误,也可能达不到预期的结果。在行动措施落实阶段,重点在于有效的组织保障及匹配的组织文化。一方面,管理者将决策方案分解成各个层次和各个方面的具体任务,并分阶段、分步骤地推进落实;另一方面,在组织成员中确立一个共同的奋斗愿景,使员工的价值观与组织的价值观保持一致。

❖ ◈ **思考题**

....

1. 如何理解决策的重要性?

2. 决策过程包括哪些步骤?

3. 科学决策的基本观点是什么?

4. 如何提升个人的决策能力?

5. 如何提升决策的民主性?

6. 影响决策的主要因素有哪些?

7. 如何提高决策的正确率?

8. 程序性、适应性和创造性决策方法各适用于什么场合?

第六章

目标及计划制定

☞ **学习目标**

①区分使命、愿景和目标
②理解目标和计划的含义
③解释目标和计划的作用
④明确目标制定的过程
⑤明确计划制定的过程
⑥了解计划制定的方法
⑦理解时间管理的基本步骤
⑧学会运用时间管理的技巧

目标既是组织各项管理活动的起点，又是各项管理活动所指向的终点。我国新时代发展要坚持目标导向、体系推进的战略思维。明确的目标对国家发展至关重要，对组织发展亦是如此。对于组织或个人而言，什么事情该做，如何利用所拥有的资源，取决于其目标定位。而组织或个人要有效地确定和实现目标，就必须做好计划工作，因为计划职能是管理的首要职能，它存在于组织各个层次的管理活动中，也渗透在每个人的学习、生活和工作当中。明确的目标以及可行的计划，保障了组织或个人各项工作完成的程度和进度。

通过本章的学习，我们能够知悉使命、愿景与目标之间的区别；了解目标的类型，说明个人目标和组织目标之间的关系；理解目标在管理和生活中的重要作用，了解目标制定的一般过程；解释计划的含义和作用，知道计划制定的过程以及计划制定的方法；掌握时间管理的要点并能运用于实践。

第一节　目标及其作用

任何一个组织,如社会团体、政府部门、企事业单位等,都应有明确的目标。目标管理是管理工作的重中之重,因而管理者必须明确目标的含义,了解目标的类型。

一、使命、愿景与目标

任何组织都应该明确自身在社会经济活动中所扮演的角色,所承担的责任,所从事业务的性质,即清晰定义组织使命或宗旨。如果使命不明,方向不清,组织就难以确定合适的目标。**组织目标**(objectives)是指组织在未来期望达到的状态或期望取得的成果。目标之所以重要,是因为个人和组织的存在都具有一定的目的,而目标正是为了界定和说明这种目的。**组织目的**(goal)是指组织存在的理由和意义。**组织使命或宗旨**(mission)是组织最基本的目的,它阐明了组织的根本性质与存在理由,或者反映了社会对组织的要求,或者体现了组织的创办者或组织成员的共同追求和抱负。作为社会中一个有意义的存在体,各种组织都具有一定的使命。学校的使命是教书育人;军队的使命是保家卫国;医院的使命是关爱生命等。例如,浙江大学的办学使命是"以天下为己任、以真理为依归,致力于思想引领和知识创新,培育担当民族复兴大任的时代新人,为中国式现代化和人类文明进步作出卓越贡献"。为此,浙江大学致力于构建以学生成长为中心的教育体系,把学生放在德育体系、专业体系、课程体系、教材体系、招生就业体系、服务保障体系等各个体系的核心,围绕学生成长成才系统化设计体系目标、体系任务、突破性抓手和保障条件,为学生健康成长提供一流平台、通道、资源和环境。组织使命表明了该组织在社会上得以存在的原因,是该组织"立身之本"的宣言,是该组织区别于其他组织的标志。党的二十大报告指出,完善中国特色现代企业制度,弘扬企业家精神,加快建设世界一流企业。在全面建设社会主义现代化国家的伟大进程中,我国企业要树立家国情怀,培育强大社会责任感,努力为现代化经济体系的建设做出贡献,把推动中华民族伟大复兴的大业融入组织使命当中。

从组织的实际运作过程来看,任何一个正常存在的组织,基本上都具有一种努力追求自我完善的意图,可以大致分为使命(宗旨或目的)、愿景与目标等层面。从概念体系看,使命从抽象理念的角度,阐明了组织的生存意义;愿景从具象情形的角度,描绘组织稳健演化的生动意境;目标从状态与趋势的角度,说明组织逐步演化的关键进程。例如,阿里巴巴集团的使命是"让天下没有难做的生意";"追求成为一家活102年的好公司,我们的愿景是让客户相会、工作和生活在阿里巴巴"。再如,腾讯公司秉承科技向善的宗旨,以用户价值为依归。腾讯的通信和社交服务连接全球逾10亿人,帮助人们与亲友联系,畅享出行、支付和娱乐生活。腾讯提供云计算、广告、金融科技等一系列企业服务，支持合作伙伴实现数字化转型，促进业务发展。腾讯一直以来坚持提供平等、透明、无歧视的工作环境，对不同性别、国籍、民族、宗教信仰的员工给予充分尊重，禁止同事间开冒犯性的玩笑或展示冒犯性的物品；同时，严格遵守国家相关规定，维护员工利益，创造一个平等、和谐、多元文化融合发展的工作环境。[①]

作为比较抽象的概念，使命具有相对稳定的性质，能为组织生存与发展提供精神上的指导。使命决定了组织的基本方向、资源分配的优先顺序和重点、工作的目的和意义。任何一个组织在建立时，都要首先明确其使命，即要明确本组织的成立目的与基本性质。一个组织之所以能够在多变的环境中，正确决策，克服困难，勇往直前，其中一个很重要的原因就在于这种目的的指引和激励。同样，任何一个组织单元的管理者，要正确地指挥下属开展具体工作，都必须首先了解组织中设立本部门的目的，即明确"为什么需要设立本部门"。只有搞清楚这一根本问题，才能明确本部门的工作重点，集中资源并指挥下属正确开展工作，在组织中真正体现本部门的作用。

作为比较有形的意境，愿景是对使命的生动解说。**组织愿景**（vision）是指组织所向往的前景，是组织所渴望的未来景象，是对于"我们希望成为什么样的组织"的持久性回答和承诺。它是一种意愿的表达，可以激发员工充满激情地关注组织的未来。组织通过使抽象的使命概念变得清晰、简约、易懂、便记、令人憧憬与兴奋，通过给目标加上日期、数字、色彩、图景、联想，可以让使命变得更加具体化、形象化、过程化，从而在人们大脑中形成可供想象的意境，增强人们"对于未来的记忆"，激发员工带有情感地投入到实现使命、愿景和目标的行动中。[②]

由于组织的行为主体是人，组织为准确表述使命与愿景，必须先明确组织对于身处其间的组织成员的意义。同时，组织需要考虑自身对于其他利益相关者的意义。因此，从利益相关者角度，组织的生存之本可概括为服务对象（如顾客等）、员工、出资者（如股东等）、社会（如供应商、政府、社区、媒体等）"四满意"原则。四个主体在短期内可能存在利益冲突，不同时期可能各有侧重点。但从长期看，"四满意"主体存在着相互依存、相互促进的关系。对于企业来说，在对"四满意"主体的考虑中，要特别关注顾客价值，因为最终回报来自顾客。正因为如此，德鲁克认为，企业只有一个利润中心，那就是顾客钱袋；经营只有一个目的，那就是创造顾客。所以，在企业使命表述中，特别值得强调的是对于顾客的关注。

从普遍意义上讲，在表述组织使命与愿景时，可关注以下要点：从业绩创造、过程体验、心智成长等角度，阐述组织对于各类主体的价值；考虑理想与现实、观念与操作、目标和过程之间的关系；体现组织特色，反映组织创始人个性；结合环境、实力和前景，深化组织长短期意义。例如，方太集团以"为了亿万家庭的幸福"为使命，以"成为一家伟大的企业"为愿景，以"人品、企品、产品三品合一"为核心价值观。方太集团董事长茅忠

---

① 根据腾讯官网的资料整理而成。
② 汉迪.超越确定性——组织变革的观念[M].徐华,黄云,译.北京:华夏出版社,2000:116-117.

群时常强调："方太是一家使命、愿景和价值观驱动的企业。"在一定程度上，正是以使命、愿景和价值观为驱动力，自 1996 年创建以来，方太集团始终专注于高端嵌入式厨房电器的研发和制造，致力于为追求高品质生活的人们提供优质的产品和服务，打造有品位、有文化的生活方式。① 创建于 1987 年的娃哈哈集团（简称"娃哈哈"），在创始人宗庆后的带领下，小步快跑，锐意进取，在全国 29 个省区市建有 81 个生产基地、187 家子公司，拥有员工近 3 万人，企业规模和效益连续 20 年处于行业领先地位，位居中国企业 500 强、中国制造业 500 强、中国民营企业 500 强前列。娃哈哈以"健康你我他、欢乐千万家"为使命，其创办和发展是为了给广大消费者、给千千万万家庭带去健康和欢乐。娃哈哈的愿景是"成为业绩一流、责任恒久、基业长青的饮料及大健康龙头企业"。"业绩一流"是根，是源泉；"责任恒久"是茎，是支撑；"基业长青"是叶，是结果。娃哈哈坚持发展实体经济、发展先进制造业、抢占战略新兴产业，在巩固饮料行业龙头地位的同时，进军大健康产业、数字化领域，构建全产业链优势。为着力支撑企业的使命和愿景，娃哈哈立足于中国文化传统特色，形成了以"家"为核心内涵的组织文化，其核心价值观是"凝聚小家、发展大家、报效国家"②。娃哈哈以"为家人员工谋幸福，为社会国家谋发展"为初心，其组织文化分为三个层面：第一层是凝聚小家。"小家"是指每一个员工，公司要发展必须把每个员工凝聚起来。第二层是发展大家。"大家"是指企业，只有公司的发展，才会有每个员工小家的幸福，靠员工发展企业，为员工发展企业。第三层是报效国家，其核心在于强调企业要心怀感恩和为国家做贡献。③

　　精心确定的使命与愿景是目标和计划制定的基础。组织通过目标的制定与分解，把使命与愿景转化为组织成员的具体行动指南。明确的目标是科学管理的前提，管理是人们为了实现目标而采用的一种手段。在通过使命与愿景对组织的意义与意境描述的基础上，组织可以从目标的状态与趋势两个角度出发，对组织演化的动态过程做出进一步的深化说明。也就是说，组织目标一般由状态量和趋势量两部分构成。目标的状态量反映组织某一时刻的绝对经营状况，如利润额、顾客数与库存额等存量指标；目标的趋势量反映组织某一时刻的相对经营趋势，如利润、顾客与业务的增长率等流量指标。只有把状态量与趋势量结合起来，才有可能全面反映组织整体的运行情况，为组织运行指明方向，为业绩评估与资源配置提供标准与依据，以实现既掌握组织的时点状况，又把握组织的过程走势。④

　　总之，使命与愿景表述的是组织的总体追求与共有景象，也许最终无法完全实现；目标则是一种"行动承诺"，它必须具体、细化、可操作、可实现、可检验。每个人都有一系列围绕着人生追求的各种目标，每个组织都拥有一系列围绕着组织使命与愿景而展开的目标。为了更深入地了解目标的含义并指导目标的制定，我们应理解目标的基本

①　根据方太集团官网资料整理而成。
②　根据娃哈哈官网和邬爱其教授的研究成果整理而成。
③　邬爱其.宗庆后：笃行者[M].北京：机械工业出版社，2018：39-40.
④　项保华.管理之理——困惑与出路[M].北京：人民邮电出版社，2009：99-100.

特点：差异性、多元性、层次性和时间性（见表 6.1）。

表 6.1　目标的基本特点

差异性	不同的组织或个人有不同的目标追求
多元性	同一组织或个人有不同性质的多个目标
层次性	目标应分等分层，通过分解和细化的过程，可将总目标转化为具体行动指南
时间性	任一目标都应有明确的时间要求，随着内外部环境的改变，应及时提出新的目标

二、目标的类型

组织为了取得社会上各方面的理解和支持，就必须考虑各类公众对本组织可能的要求，并尽可能地加以满足，由此会产生多种性质和类型的目标。

（一）宣称目标和真实目标

宣称目标是指一个组织对目标的官方陈述，目的是使公众相信该组织打算做什么。一个组织的宣称目标通常可以从组织的章程、战略规划、年度报告或管理者讲话中找到。真实目标是指组织实际追求和注重的目标。一个组织的真实目标可以通过仔细观察组织成员的实际行动来获知。

一个组织的真实目标有可能与其宣称目标相背离。例如，一所大学可能在其宣称目标中提出要注重个性化教学，让学生积极参与教学过程，而实际上却时常把学生置于几百人的大教室里，让他们接受讲座式的教学。一个组织的宣称目标可能是该组织为了向特定的公众进行说明、解释或宣传而特意提出的，因此，其内容在很大程度上取决于目标受众想听什么。

（二）战略目标和战术目标

战略目标是指组织在未来较长时期内所期望达到的总体成果。战略目标的设定既是对组织使命与愿景的进一步阐明和界定，也是对组织在既定的战略业务领域所要达到的水平的明确规定。战术目标一般是指组织内主要机构或部门所期望取得的成果。战术目标是战略目标的具体和细化，通常是期限较短的目标，具有时间上的紧迫性。例如，一个组织的战略目标是提高市场占有率，而战术目标具体到研发部门做什么、市场营销部门做什么。

（三）生存目标和发展目标

生存目标是指能够维持组织继续存活、经营的目标，是各类组织的基本目标。发展目标是指提升组织各方面素质与保证组织发展壮大的目标。任何一个组织都必须既要考虑生存目标，又要明确发展目标。只有生存目标，则每天仅为生存而努力；只有发展目标，可能今天的生存就成问题。

（四）组织目标和个人目标

组织是由个体集合而成的群体，这个群体有着共同的组织目标；而作为个体，每个成员有着不同的个人目标。组织目标表现为组织为实现使命和愿景所确定的一些正式目标，主要涉及组织的社会责任、效益、效率等方面；个人目标则表现为组织成员希望通过自身在组织中的努力所能得到的个人需要的满足，主要包括个人成长、升迁职位、增加工资、改善环境、实现抱负、得到社会承认等。

个体之所以愿意加入组织并努力工作，是因为该组织在一定程度上能帮助其实现个人目标；而反映组织成员共同利益的组织目标的实现，则需要依靠组织成员的共同努力。根据组织产生的原因分析，组织成员的个人目标的实现必须基于组织目标的实现。也就是说，组织目标是每个成员实现个人目标的共同基础。从根本上讲，组织目标和个人目标是相一致的。但当出现组织目标和个人目标之间不一致时，管理者要努力寻求两者间的结合点，创造机会，使每个成员在完成组织目标的同时，其个人目标也能得以实现。因此，只有将组织目标的落实与个人目标的实现相挂钩，组织成员才会认真对待组织目标，并尽力将其转化为自己的实际行动。

（五）中长期目标和短期目标

按照时间跨度的不同，目标可分为长期目标、中期目标和短期目标。一般来说，在一个组织中，管理层次越低，组织目标的时间跨度越短，目标越具体；反之，管理层次越高，组织目标的时间跨度越长，目标也越抽象和笼统。组织未来能够取得什么成果，与近期做什么、怎么做密切相关，因此，在制定目标时，必须处理好中长期目标和短期目标之间的关系，使得中长期目标有短期目标作为保障，短期目标围绕着中长期目标来展开。

三、目标的作用

目标规定了每个人在特定时期要完成的具体任务，从而使整个组织的工作能在特定的时刻充分地融合成一体。没有明确的目标，整个组织就会成为一盘散沙，管理也必然是杂乱的、随意的。因此，

视频：目标及其
重要性

组织目标是组织存在的前提，是组织开展各项工作的基础，是管理者和组织成员的行动指南，在管理中起着重要的作用。

（一）目标是计划和决策的基本依据

只有明确了组织目标，管理者才能确定需要开展什么工作和配置什么资源。因此，目标是计划的基础。一般来说，决策是做任何事情的第一步，首先要决定做什么，然后才是怎么做的问题。同时，在管理工作中，管理者时常面临对各种问题的决策。在决策过程中，管理者只有对组织目标有清晰的了解，才能判断该问题是否需要解决、应该解决到何种程度以及选择怎样的方案。如果目标不清，那么就无从判断和决策。

（二）目标是一切工作的行动指南

明确的目标既能提升员工对组织的认同感，又能增进员工对未来的"确定感"，从而影响员工的工作积极性。具体明确的目标能增强员工的方向感，成为员工的行动指南，使员工的注意力集中于特定的目标，并引导员工努力取得重要的成果。

（三）目标是协调岗位、部门之间关系的基础

目标由上级目标和下级目标纵向联系起来，而在岗位中则是横向连接的。[①] 一方面，组织目标的实现，有赖于组织成员的共同协作。在一个组织中，岗位和部门如何设置，成员之间如何分工，以及大家应该往哪个方向努力，都必须以组织目标为基础。另一方面，为了维护组织稳定与减少相互冲突，组织成员往往需要了解其他成员的工作。但事实上，由于岗位和部门间工作内容的差异，这种相互了解存在着较大的困难。组织目标提供了组织成员间相互了解的途径，因为各个成员的工作都是以实现目标为基础的。组织成员只要了解组织目标体系，就可以了解组织中各岗位和各部门的工作内容及各项工作的重要程度，从而有助于相互的协作和配合，减少工作中的冲突和矛盾。

（四）吸引人的目标能激励人的内在工作热情

为了调动组织成员的工作积极性，管理者常采用物质刺激的方式。而事实上，能够真正激发员工内在工作热情的是具有吸引人的目标。如果管理者能够制定组织成员为之振奋的目标，并树立其信心，那么不仅能够避免各个成员看重短期的物质刺激，而且可以使员工在工作中努力克服可能遇到的各种困难，致力于最终目标的实现。在员工已达到既定目标后，管理者必须立即发掘另一个能让员工积极投入的兴奋点，即另一个具有同样或更佳激励效果的目标。如果管理者无法为员工提供新的目标，员工的热情和兴奋将很快被自我满足和松懈取代。

（五）目标达成度是衡量工作好坏的标准

组织成员要改善和提高组织的效率，就必须把握组织的目标是什么，并沿着这个方向努力，使有限的资源最大限度地发挥作用。组织成员的努力是否符合组织目标，是确认其工作是否有效的前提。不符合或违反组织目标的努力是无效的，甚至是有害的。因此，组织目标的达成度是衡量员工工作好坏的标准，是对员工进行绩效考核的基本依据。

第二节　目标制定过程

组织目标既要反映使命与愿景的要求，又要具有可操作性。因此，在确定组织目标

---

① 串田武则.目标管理实务手册[M].何继革,译.广州：广东经济出版社,2005：21.

时,需要遵循一些基本原则:一是**效益性原则**,以满足社会或市场的需求为前提,重视组织的社会责任;二是**效率性原则**,以提高投入产出率为出发点,重视资源的有效利用;三是**激励性原则**,重视目标值的先进性和合理性,以充分激发与调动员工的工作积极性。在制定组织各个层面的目标时,还可借鉴 SMART 原则:具体性(specific);可衡量性(measurable);可达性(attainable);关联性(relevant);时限性(time-bound)。因为目标制定是一项复杂的工作,在重视上述原则的基础上,相关人员还需关注一般的步骤。

一、内外部环境分析

为确定合适的目标,首先要进行内外部环境分析,即全面收集、调查、分析、掌握外部环境和内部环境的有关资料。在大量调研的基础上,对组织内外部环境的基本状况、发展趋势及其对组织的影响等做出客观的分析和判断,以此作为确立组织目标的依据。

视频:目标制定
过程

(一)外部环境分析

通过对一般环境因素和任务环境因素的分析,组织明确在未来若干年中可做什么、不可做什么,即明确未来生存发展可能面临的机会和威胁以及可以利用的社会资源。对于企业来说,需要对所处行业结构与目标顾客特征进行深入分析,以便为未来发展找到新的突破点。

(二)内部条件分析

根据内部资源和能力的分析,组织明确"能做什么"。通过对以往目标执行和完成情况的分析,以及对所拥有的物质资源、资金条件、人员素质、管理水平等现状的分析和未来可能发生变化的分析,组织明确能做什么、不能做什么以及通过创新还能做什么。组织的核心能力是决定其"能做什么"的最重要因素。通过对组织核心能力的识别与培育,有助于对组织发展方向做出判断。在目标定位中,抓外部机会与建内部能力是相互关联、密不可分的。

(三)使命与愿景分析

使命体现了组织存在的基本价值,愿景展现了组织发展的未来景象。使命与愿景对组织成员认为什么是重要事项提供了总体指导。在设定目标时,管理者需要审视组织的使命与愿景,并将组织的使命与愿景反映在目标中。通过对组织成员等利益相关者,特别是对领导层价值观和志向的分析,组织可以明确想做什么、不想做什么,以及希望做到何种程度。组织要获得良好的生存与发展环境,还必须了解并满足利益相关者的意图,即组织的使命与愿景还必须体现主要利益相关者的意志。因此,在进行目标定位时,必须要兼顾众多相关利益主体的要求。例如,成立于 1992 年的物产中大集团股份有限公司(简称"物产中大"),以供应链集成服务为主体,以金融服务与高端实业为两翼,着力打造卓越的流通服务平台,助力中国供应链的现代化。物产中大以"物通全球、产济天下"为使命,致力于成为中国供应链集成服务引领者,努力打造"大而强、富而美"

受人尊敬的优秀上市公司。在做大做强自身业务的同时，物产中大主动承担社会责任，积极推进与吉林省洮南市和浙江省龙泉市西街街道的对口支援与对口合作工作；同时，成立了"物产中大蓝天使"志愿服务队，通过开展特殊儿童关爱、困难老人关怀、山区精准扶贫、生态环境保护等志愿服务，践行爱与责任。

上述三个方面是组织目标定位的基本前提。如果组织对此缺乏战略性思考，即使出现机遇，也会与其失之交臂。在此基础上，组织领导层应对目标定位与实施过程进行系统思考。这主要包括三个层面的战略思考：如何定位，如何实施，由谁负责。这三个层面作为一个整体存在，具有不可分割性（见图6.1）。

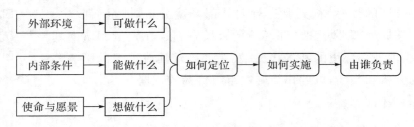

图 6.1　组织目标定位与实施的战略思考

二、拟定总体目标方案

在对上述各方面进行系统分析的基础上，组织可明确总体目标方案可选范围。为了保证组织目标的切实可行性，所提出的目标方案必须是在外部环境允许（可做）、内部条件具备（能做）而且符合组织使命与愿景（想做）的范围之内。

在制定每一个可行的总体目标方案时，都要明确组织的基本方向（做什么）、服务对象（为谁做）以及贡献率（做到何种程度）。例如，对于企业来说，就是要明确经营方向、目标顾客及财务指标。

在形成各种总体目标方案的过程中，一个常见的误区是管理者并未把所有可能的选择方案都考虑在内，而只考虑那些比较显然的选择。通过多角度的思考，形成较为全面的总体目标备选方案是一个非常重要的环节。可供选择的方案越多，目标定位的准确率就会越高。寻求合适的总体目标方案的过程是一个具有创造性的过程，需要集思广益，需要选择具有不同背景和受过不同训练的人聚集在一起，以发掘新的可行方案。

三、评价并选择方案

按照决策过程，对提出的各可行目标方案进行系统评价，并从中选出一个满意的目标方案。管理者需评价的事项主要包括以下三个方面：

（1）限制因素分析。管理者要分析哪些因素会影响目标的实现，有多大影响；特别要对比分析组织与竞争者之间的实力，看组织是否有可能在竞争中获得一定的竞争优势。

（2）综合效益分析。对每一项总体目标方案，要综合分析其所带来的各种效益，包括社会效益和组织效益，判断其能否为组织获得期望效益。

（3）潜在问题分析。对实施每项目标方案时可能出现的问题、困难和障碍进行预测分析，看组织是否有能力解决这些可能遇到的问题。

通过评估过程，可进一步明确组织的优势和劣势，最后根据"发扬优势、避开劣势"与"有所为、有所不为"的原则，确定组织总体目标（做什么、为谁做及做到何种程度）。

四、总体目标的具体化

为了将组织总体目标转化为组织成员的行动指南，在选定总体目标方案后，还要将总体目标进行细化和分解，以形成一个完整的目标体系。在对总体目标进行具体化的过程中，主要工作包括三个方面：一是要根据总体目标制定出相应的战略目标和战术目标，即为了实现总体目标必须做什么、怎么做等；二是要将总体目标按时间轴分解为中期目标与短期目标，明确各项任务的起止时间；三是要将总体目标分解成部门目标和岗位目标，使组织中不同层次和岗位的人了解他们应当做什么才有助于总体目标的实现，确认各级人员在总体目标实现过程中应承担的责任和拥有的权利，并制定相应的评价与奖惩制度，使组织目标落实到人。在此基础上，组织目标成为每个组织成员的行动指南（见图 6.2）。

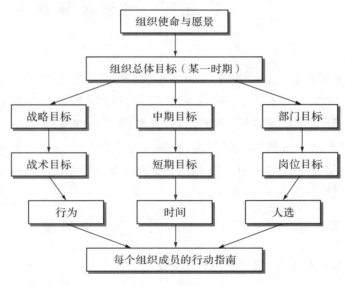

图 6.2　总体目标的具体化

五、目标体系的优化

通过总体目标的具体化而形成的各层次、各部门、各岗位的目标体系，一般是按一个网络的方式相互连接的，因此，如何保证这些目标相互之间的协调，便成为目标制定过程中必须解决的问题。如果目标体系中的各目标互不支援、互不协调，就会在目标制定及实施中出现对有的部门有利而对其他部门不利或有害的做法。例如，生产部门希望以大批量、长周期、重复生产为目标，而销售部门则希望以小批量、短周期、多品种为目标，若两者之间不加以协调，就会影响相互间的有效协作。

组织目标的协调主要包括以下三方面的工作：

（1）横向协调。组织中处于同一层面的不同目标之间要相互协调。如企业的研发、采购、生产、营销、财务等部门之间的目标要有机联系、相互支持。在制定目标时，组织要尽可能将表面上似乎是矛盾的各种不同性质、不同部门的目标加以有效协调。

（2）纵向协调。组织中不同层次的目标之间要上下协调。如岗位目标与部门目标之间、部门目标与总体目标之间都要保持一致。上一层抽象的目标要分解为下一层具体的目标；下一层具体的目标必须能保证上一层目标的实现。

（3）综合平衡。组织要明确各目标的优先顺序，以突出重点，避免因小失大。因为尽管进行了横向和纵向协调，在实际执行过程中，仍有可能出现目标之间相互冲突的情况，为此，就必须事先明确各目标的优先顺序，以便在目标冲突时能做出适当的选择。通过对上述三方面的协调，最终将形成一个"相互支持的目标矩阵"。

视频：计划构成
　要素

第三节　计划及其制定

计划有两种不同的含义。计划作为动词来说，通常是指管理者确定必要的行动方针，以期在未来能够实现目标的过程，实际上也就是计划工作。计划工作包括调查研究、预测未来、估量机会、设置目标、制定计划、贯彻落实、检查修正等内容。而计划作为名词，则是指对未来活动所做的事前预测、安排和应变处理。计划工作的主要内容除了设置目标之外，就是制定计划。组织在制定计划时，要坚持目标导向，尤其要紧紧围绕战略目标，制定系统、完善的行动方案。

一、计划及其作用

（一）计划的内容与表现形式

计划的目的是实现所提出的各项目标，每一项计划都是针对某一个特定目标的，因此，一项计划首先应包含其所针对的目标。在目标明确以后，在计划中还必须说明如何做、由谁做、何时做、在何地做、需投入多少资源等基本问题。此外，为了明确在什么情况下需要修改计划，要说明该项计划有效的前提条件；为了增强计划的适应性，要注明当实际情况与计划前提条件不符时应采取的措施；为了便于在情况发生较大变化及计划实施条件不具备时，能够判断是应果断放弃还是应继续实施该项计划，还要说明进行该项工作及实现相应目标的意义。综上所述,一项完整的计划应包含的要素如表 6.2 所示。

表 6.2 一项完整的计划应包含的要素

要　素	内　容	所要回答的问题
前提	预测、假设、实施条件	该计划在何种情况下有效
目标和任务	最终结果、工作要求	做什么
目的	理由、意义、重要性	为什么要做
战略	根本途径、基本方法、主要战术	如何做
责任	人选、奖罚措施	由谁做、绩效考核
时间表	起止时间、进度安排	何时做
范围	组织层次或地理范围	涉及哪些部门或在何地做
预算	费用、代价	需投入多少资源和代价
应变措施	最坏情况计划	在实际与前提不相符时怎么办

根据计划的定义,凡是针对未来活动所做的工作都属于计划的范畴。因此,在实际工作中,计划有如下多种表现形式。

(1)目标。目标描述的是在未来一段时间内在某一方面所要达到的程度或所要取得的成果。有的计划只涉及目标的阐述,即对组织的使命和活动方向及相应任务进行一般性的表述,其重点在于明确该干什么,最终要达到什么目的。

(2)战略。目标指明了要做什么,战略则是指用于指导全局的总体行动方案,是为了实现目标而做出的重点部署和资源配置。有的计划着重阐述实现目标的途径,指出工作重点与资源分配优先顺序等,围绕目标形成统一的"框架式"行动准则,用于指导各部门的工作。

(3)政策。为了落实战略,应制定相应的政策,即处理各种问题的一般规定。政策是人们在决策时思考和行动的指南,也是一种计划。

(4)规章制度。为了切实落实政策,就必须制定一些强制性的行为准则。规章制度是指导行动的具体标准,它包含了过去、现在和将来必须遵守的各种规则和秩序。

(5)程序。程序是指对要进行的活动所规定的时间顺序。它确定了怎样处理未来活动的例行方法。

(6)预算。预算是指用数字表示活动的投入与产出的数量、时间、方向等,它是一种数字化的计划。在许多组织中,预算是主要的计划表现形式。

(7)规划。规划是指为了达成特定目的而制定的包括目标、战略、政策、实行步骤、资源预算等在内的综合性蓝图。由规划可派生出具体的计划。

(二)计划的类型

计划有多种类型。按计划制定者的地位或所涉及的范围,计划可分为战略计划和行动计划；按计划期，计划可分为长期计划、中期计划和短期计划；按计划对象，计划可分为综合计划、职能计划和项目计划；按计划对执行者的约束力，计划可分为指令性计划和指导性计划；按使用频率，计划可分为一次性计划和持续性计划。

1. 按范围：战略计划和行动计划

战略计划是由高层管理者负责制定的具有长远性、全局性的计划。它描述了组织在未来一段时间内的总体战略构想、发展目标以及实施途径，决定了组织资源的运动方向，涉及组织的方方面面，并将在较长时间内发挥指导作用。行动计划是指在战略计划所规定的方向、方针、政策的框架内，为确保战略目标的落实和实现，确保资源的取得与有效运用而形成的具体计划。它是战略计划的细化，是为实施战略计划而做出的一系列具体安排。

2. 按时间：长期计划、中期计划和短期计划

人们一般把三年以上的计划称为长期计划；把一年以上、三年之内的计划称为中期计划；把一年及一年以内的计划称为短期计划。长期计划主要回答两方面的问题：一是组织长远目标和发展方向是什么；二是怎样达到本组织的长远目标。中期计划源于长期计划，只是比长期计划更为具体和详细，它主要起协调长期计划和短期计划之间关系的作用。短期计划比中期计划更为具体和详尽，它主要说明计划期内必须达成的目标以及具体的工作要求，以直接指导各项活动的展开。

3. 按对象：综合计划、职能计划和项目计划

综合计划一般是指具有多个目标和多方面内容的计划。就涉及的对象而言，它关联整个组织或组织中的许多方面。职能计划是在综合计划基础上制定的，它的内容比较专一，局限于某一特定的部门或职能，一般是综合计划的子计划，是为了达成组织的分目标而制定的计划。项目计划是指针对某项特定的活动而制定的计划。

4. 按约束力：指令性计划和指导性计划

指令性计划是指由上级下达的具有行政约束力的计划。它规定了计划执行单位必须完成的各项任务。所规定的各项指标基本没有讨价还价的余地。指导性计划是指由上级给出的一般性指导原则。在具体执行上，它具有较大的灵活性。

5. 按使用频率：一次性计划和持续性计划

管理者制定的某些计划是可以持续使用的，而有些计划则只能使用一次。一次性计划是为满足特定情形的需要而特别设计的计划。它主要用于在异常或者特殊情形下的非程序性决策过程中。持续性计划是为反复进行的活动提供指导的计划。[1] 它主要适用于程序性决策的情形。当类似的情况反复出现时，管理者通常会制定出相应的政策、规则和标准操作程序来控制员工完成任务的方式。[2]

---

① 罗宾斯，库尔特.管理学[M].11版.李原，孙健敏，黄小勇，译.北京：中国人民大学出版社，2012：204.
② 琼斯，乔治.当代管理学[M].3版.郑风田，赵淑芳，译.北京：人民邮电出版社，2005：189.

（三）计划的作用

明天肯定与今天不同，计划可减少不确定性。计划是一种生存策略，可让人获得更多成功机会。计划并不能保证成功，但能为将来做好准备。部分管理者失误或组织失败的原因通常在于缺乏有效计划的能力。有效的计划是一切成功的秘诀。

1. 提供行动方向

通过清楚地确定目标及其实现路径，可为未来行动提供一幅路线图，从而减少未来行动的不确定性和模糊性。同时，当有关人员明确了组织目标和为达到目标所要做出的贡献时，他们就能开始协调活动和相互合作。因此，计划是连接现在和未来、个人和团队的桥梁。

2. 更好适应变化

随着环境动态性的增强，影响组织发展的各类环境因素之间的关系变得更为复杂和模糊，从而导致了较高的不确定性。[①] 未来的不确定性不可能消除，但计划可促使管理者展望未来、适应变化。事先对未来发生的各种可能性做出预计，有助于及时预见危险、发现机会、早做准备。因此，计划尽管不能保证我们明天一定成功，但能使我们更从容地面对明天。

3. 有效配置资源

在计划制定后，管理者就可以依据计划进行部署，包括向组织中的部门或人员分配任务，进行授权和定责，组织人们按计划开展行动等。[②] 实现目标的途径可能有很多条，事先的分析有助于对有限资源做出合理的分配，减少重叠性和浪费性的活动。进一步来说，前瞻性的计划可以克服由于资源的短缺和环境的变化所带来的困难，使一些未来无法或难以有效实现的目标得以实现。

4. 提高运作效率

通过清楚地说明任务与目标之间的关系，管理者可制定出指导日常决策的原则。明确目标、任务与责任，可消除未来活动中的许多重复、等待、冲突等无效活动[③]，可使计划得以较快和较顺利地实施，并提高运作效率。

5. 提供控制标准

事先明确做什么、由谁做以及要求做到何种程度等，可以为事中和事后控制提供标准，有助于提高控制的有效性。若没有计划，就难以进行控制。管理者需要不断检查各项活动的结果和计划之间是否存在偏差，在必要时还要采取纠偏措施。

二、计划制定的过程

计划制定的过程也是组织内部信息沟通、集思广益和事先协调的过程。一般来说，

---

① Azadegan A，Patel P C，Zangoueinezhad A，Linderman K. The effect of environmental complexity and environmental dynamism on lean practices[J]. Journal of Operations Management，2013，31(4):193-212.

② 池丽华，伊铭. 现代管理学[M]. 上海：上海财经大学出版社，2006:80-106.

③ 陈黎秦，赵恒海. 管理学[M]. 北京：经济管理出版社，2011:101-115.

计划制定的过程主要包括以下步骤。

（一）明确目标和任务

在制定任何一项计划时，人们都必须首先明确目标和任务。明确的目标和任务可以指明计划的方向。计划中的目标和任务应该具体可衡量，并且简明扼要、易懂易记。

目标和任务的明确是一项计划的核心，而且每一项计划最好只针对一个目标。如果一项计划设立的目标太多，那么人们在行动时就常常会发生不知如何决定优先次序或协调各目标的情形。因此，计划制定者要浓缩目标，使计划易于制定和有效实施。若一项计划有两个以上的目标时，则一定要列出各目标的重要程度，以集中资源保证重要目标的实现，防止因小失大、顾此失彼。

（二）明确计划前提条件

人们制定计划的目的主要是指导今后的行动。现实生活中各种不可能的条件，均不能作为计划的基础。因此，在明确目标以后，计划制定者要积极与各方面沟通，收集各方面的信息，明确该计划的前提条件或限制条件。

（三）制定战略方案和行动方案

在明确目标与前提条件以后，就要从现实出发分析实现目标所需解决的问题和开展的工作。在明确各项工作之后，需要进一步分析各项工作之间的相互关系和先后次序，制定可以实现目标与完成工作的战略方案和行动方案。在制定战略方案和行动方案时，应反复考虑和评价各种方法、程序及所需要的资源。因为一个好的计划不仅应该在程序、方法上清楚可行，而且应该体现对各种资源的合理配置与利用。

（四）明确人选及其责任

在明确所要进行的各项工作及行动方案以后，就要落实每项工作由谁负责、由谁执行、由谁协调、由谁检查。同时，要明确规定工作标准、检验标准，制定相应的奖惩措施，使计划中的每一项工作落实到部门和个人，并有清楚的标准和切实的保障措施。

（五）制定进度表

各项活动所需时间的多少取决于该项活动所需的客观持续时间、所涉及的资源供应情况及所能运用的资金额度。活动的客观持续时间是指在正常情况下完成此项工作所需的最少时间。在一般情况下，工作计划时间不能少于客观持续时间。实际工作时间的多少还受到工作所需资源供应情况的影响：若所需资源从市场上随时获得，则工作计划时间约为客观持续时间加上一个余量；若获得所需资源需要一段时间，则工作计划时间约为客观持续时间加上获得资源所需的时间。另外，同样的一项工作，如果不计成本，则可通过采用先进的技术、增加人力等方法缩短工作时间，而资金不足，则会影响工作进程。所以，在一定条件下，计划时间与工作成本成反比。根据以上三方面的情况，计划制定者可计算出每项工作所需的时间。前后相连的各项工作时间之和的最大值即为完成此项计划所需的总时间。

（六）分配资源

在分配资源时，主要涉及需要哪些资源、各需要多少及何时需要等问题。一项计划所需要的资源可根据该项计划所涉及的工作要求确定。不同的工作需要不同性质和数量不等的资源。根据各项工作对资源的需求、各项工作的轻重缓急和组织可供资源的多少就可确定资源分配给哪些工作、各分配多少。每一项工作所需资源何时投入、各投多少，则取决于该项工作的行动路线和进度表。

在配置资源时，计划制定者要注意不能留有缺口，但要留有一定余地，即必须保证工作所需的各项资源，并且要视环境的不确定性程度留有一定余量，以保证计划的顺利实施。

（七）制定应变措施

计划制定者拟定多个方案的原因主要包括两个方面：一是在一个组织中，计划必须经过各方面审议才能获得批准，制定多个计划有助于早日获得各方面的认可；二是尽管计划制定者按未来最有可能发生的情况制定了计划，但未来的不确定性始终存在，为了应对未来其他可能的变化，保证在任何情况下都不会失控，就有必要在按最有可能的情况制定正式计划的同时，按最坏情况制定应急计划。需要说明的是，应急措施可以是一个完整应对最有可能发生的最坏情况的计划，也可以只是简单说明在出现最坏情况时该如何做。例如，当我们按天气晴朗的预计制定团队郊游计划时，最后要明确一下，一旦天气不好该如何做，这时可以是一个具体的应急计划，也可以是简单地在计划书上写上"不管天气如何，我们风雨无阻"或"若天气不好，我们择日再聚首"等文字。

计划管理者为了保证计划的有效执行，还需要对计划进行跟踪，及时检查计划执行情况，及时掌握各种信息，分析计划执行中存在的问题，并做出必要的调整。[①]

三、计划制定的方法

所采用的计划方法会影响计划制定的效率与计划的质量。计划制定有多种方法，传统的计划制定方法包括定额换算法、系数推导法、经验平衡法等；现代的计划制定方法包括滚动计划法、网络计划技术、甘特图、投入产出法、预算、情景计划法、计量经济学方法等。本部分将在简介传统的计划制定方法的基础上，介绍滚动计划法、网络计划技术、甘特图、预算与情景计划法等常用的计划制定方法。

（一）传统的计划制定方法

定额换算法是指根据有关的技术经济定额来计算和确定计划指标的方法。例如，根据各人、各岗位的工作定额求出部门应完成的工作量，再加总各部门的工作量，即可得到整个组织的计划工作量。

系数推导法，也称比例法，是指运用过去两个相关经济指标之间长期形成的稳定比

---

①　单凤儒.管理学基础[M].3版.北京:高等教育出版社,2008:64.

率来推算和确定计划期的有关指标的方法。

经验平衡法是指根据计划工作人员以往的经验，把组织的总目标和各项任务分解到各个部门，并经过与各部门的协商，最终确定各部门计划指标的方法。

（二）滚动计划法

滚动计划法是一种将短期计划、中期计划和长期计划有机地结合起来，根据近期计划的执行情况和环境变化情况，定期修订未来计划并逐期向前推移的方法（见图6.3）。在计划工作中，很难准确地预测未来环境的变化，而且计划期越长，这种不确定性就越大，因此，若硬性地按几年前制定的计划执行，可能会导致重大的损失。滚动计划法则可避免这种不确定性可能带来的不良后果。

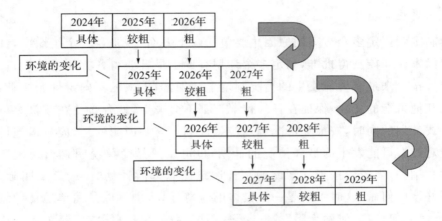

图 6.3　滚动计划法

滚动计划法的具体做法是：在制定计划时，同时制定未来若干期的计划，但计划内容"近细远粗"：近期计划的内容尽可能详尽，远期计划的内容则较粗略；在计划期的第一阶段结束时，根据该阶段计划执行情况和内外部环境变化情况，对原计划进行修订，并将整个计划向前滚动一个阶段；以后根据同样的原则逐期滚动。

滚动计划法的优点主要是：①使计划更加切合实际。由于相对缩短了计划时期，加大了对未来估计的准确性，从而提高了近期计划的质量。②使长期计划、中期计划和短期计划相互衔接，保证能根据环境的变化及时进行调节，并使各期计划基本保持一致。③大大增强了计划的弹性，从而提高了组织的应变能力。滚动计划法的缺点主要是：刚开始时的编制工作量较大，要同时编制若干期计划。

（三）网络计划技术

网络计划技术是一种适用于组织活动的进度管理，特别是大型工程项目的生产计划安排的方法。它的基本原理是：通过网络图的绘制和相应网络时间的计算，明确一项生产任务或工程的各种作业的先后顺序及相互关系，找出影响整项生产任务或工程的关键作业和关键路线，并据此组织和控制工作的进行，以合理安排一切可以动用的人力、财力和物力，谋求以最短的时间完成工作。网络计划技术包括各种以网络为基础制定计划的方法,如关键路径法(critical path method,CPM)、计划评审技术(program evaluation and review technique,PERT)等。[①]

(四)甘特图

甘特图是由管理学家亨利·L.甘特(Henry L. Gantt)在 20 世纪初提出的一种条形图。在甘特图中,一般用横轴表示时间、纵轴表示活动,在横轴上按比例划分成小时数、天数、月数,先把各项活动的计划完成时间用横线条画出,再把各项活动的实际进展用横线条画在对应的计划完成线条之下,二者对比,一目了然。[②] 甘特图的实质是通过了解各项活动的完成情况,调整工作程序和时间以完成该项任务。管理人员可以从甘特图提供的情况中了解到某项活动已落后于预定的计划,然后采取一切必要行动加以纠正,以使该项活动赶上计划的安排,使计划能按时或在预期的许可范围内完成。

甘特图的优点是:形象、直观、简明、易懂、易掌握,对控制计划进度与改进管理工作有很大的帮助,至今仍在许多领域被广泛应用。但是,甘特图也有局限性:虽然它可以清楚地显示出在某一时刻的实际进度与计划要求之间的差距,但无法表明产生这种差距的原因,在众多差距出现的情况下,管理者无法确定哪些差距是应当着力去解决和控制的;虽然它清楚地反映了各个局部的状况,但无法表明各项活动之间的相互影响和逻辑关系。

(五)预算

预算是一种以货币和数量表示的计划,是关于为完成组织目标和计划所需资源(特别是资金)的来源和用途的书面说明。由于组织内的任何活动都离不开资金的运动,通过预算,可使计划具体化、数字化,从而更具可控制性。

预算的种类很多,对于不同的组织,其预算也会各有特色。预算一般可分为营业预算、实物量预算、投资预算、现金预算、总预算等。其中,总预算是全面性的文件,它由组织中的各种预算综合而成。如企业的总预算包括预计的资产负债表、损益表和现金流量表。在总预算中,还附有编制预算所必需的有关数据和资料,以及可能出现的情况分析。

总预算的编制要以组织目标和业务计划为依据,其基本编制过程为:①编制业务计划,如企业估计销售品种、销售数量和销售时间,编制销售计划;②根据业务计划编制生产计划,如企业根据销售计划确定生产数量及产成品的存储量;③根据生产计划编制成本计划,计算直接材料、直接人工、制造费用和经营管理费用;④根据成本和费用估计数,预测现金流量和对其他账户的影响;⑤结合固定资产投资和资金筹措计划,编制预计的资产负债表、损益表、现金流量表。

预算的特点可归结为以下方面:预算是有时间期限的;预算是一项数字化的计划;预算通常由专门的组织负责编制;预算执行情况通常由财务部门负责收集与反馈。

———————————

　① 陈晔.管理学[M].2 版.北京:科学出版社,2005:118.

　② 郭咸纲.西方管理思想史(插图修订)[M].4 版.北京:北京联合出版公司,2013:92.

（六）情景计划法

情景计划法又称权变计划法，是指管理者对未来的情况进行多重预测并分析如何有效应对各种可能出现的情况，从而得到一系列如何应对不同情形的行动方案的计划方法。

由于未来是难以预知的，进行有效计划的唯一合理方法就是对未来可能出现的状况进行各种假设，在此基础上，制定出各种各样的计划，并详细描述一旦假设的任何一种未来情景果真出现时组织应该怎么做。

情景计划的优点不仅在于能够形成可行的计划，还在于能够促使各级管理者清醒地认识到组织所处环境的动态性和复杂性，以及可供组织采用的战略的多样性，也就是说，情景计划法不仅能够对充满不确定性的未来可能出现的挑战进行预测，还能够激励管理者从战略的角度对未来进行思考。情景计划法的缺点是难以确定应该针对哪几种未来情景制定相应计划。

在完成计划的初步编制后，还要进行计划的审定。计划审定的主要工作是评价所制定计划的完整性和可行性。计划完整性审定也称计划形式审查；计划可行性审定也称计划内容审查。因此，计划审定者既要查看该项计划要素是否齐全，又要评价计划中所列各事项的可行性。

第四节 时间管理

有效的管理者清楚时间是一项限制因素。任何生产程序的产出量，都会受到最稀有资源的制约，而在我们称之为"工作成就"的生产程序里，最稀有的资源就是时间。[①]因此，我们必须学会如何围绕工作目标，合理分配时间资源，充分利用各种内外部力量，有效完成工作中的大事、要事和急事。

一、响应时间与自由时间

每个人都无法完全控制自己的时间。作为组织中的管理者，他们的时间常被他人所占用，被迫忙于日常事务，以及常会被要求去处理各种各样的意外事情。管理者的时间一般可分为两部分：一部分为不可控时间，用于响应其他人提出的各种请求、要求和问题，这部分时间被称为响应时间；另一部分是管理者可以自行控制的时间，被称为自由时间。管理者一天的大部分时间属于响应时间，而自由时间是可控的，所以管理者通常把时间管理的重点放在如何用好自由时间上。

---

① 德鲁克.卓有成效的管理者［M］.许是祥，译.北京：机械工业出版社，2009：25.

令人遗憾的是,对于大多数管理者而言,自由时间是非常有限的,而且是以分散的形式存在的。高级管理者真正能自由运用的时间,大概只占其工作时间的1/4,也就是说,其只有1/4的时间能用在重大事务上,能用在有所贡献的事务上,能用在应该做的事务上。[①] 因此,如果要有效地进行时间管理,管理者首先要做好响应时间的管理。管理者应先把握自身响应时间的运用情况,并通过对响应活动的合理安排,尽量组合和压缩响应时间,以获得较多与较集中的自由时间。

二、时间管理的步骤

时间管理是为了有效地利用时间。这就要求管理者明确在一定时期内所要达到的目标、所需进行的活动和每一项活动的重要性与紧迫性。时间管理一般包括以下步骤。

(一)列出目标清单

你需要列出自己或者所管理的部门在未来一段时间内所要实现的目标清单。通过强迫自己制作清单,你便对自己的时间进行了组织。在统筹考虑可能需要完成的一切事情的同时,你考虑该做什么和不该做什么,并考虑如何使用你的时间及为何这样使用。[②]

(二)将这些目标按重要程度排序

并不是所有的目标都同等重要。如果对目标不进行主次之分,你往往觉得每一个目标都很重要,每一个目标都需要自己去完成,那么你将被琐碎的事情缠身。既然每一个人所拥有的时间是有限的,我们就要把时间投入到最具价值、最重要的事情上。

(三)列出实现目标所需进行的活动

有了具体明确的目标,就要进行目标的分解,可先从最终目标开始,确定目标实现的途径及所需开展的活动。对于组织的管理者来说,他们需要把总目标分成各个分目标,具体到每个部门、每个人的职责和任务。

(四)对所需进行的活动排出优先顺序

对于每一个要实现的目标,我们都应该对与其相关的活动进行排序。为了提高做事的效率,我们需要明确各项活动的重要性和紧迫性程度,聚焦于对目标实现具有重大影响的活动。

(五)按优先顺序制定每日工作时间表或备忘录

根据活动的优先顺序,制定相应的时间表。当工作任务比较繁重的时候,可采取加班加点与延长工作时间的方式。在备忘录里,可把每日所要做的事情都列出来,要注意的是所列事情不能太多,以3～6件事情为宜。

每一个有效的执行过程都源自每日任务清单。这是迄今为止所发现的用于提高生

---

① 德鲁克.卓有成效的管理者[M].许是祥,译.北京:机械工业出版社,2009:47.
② 兰德尔.时间管理——如何充分利用你的24小时[M].舒建广,译.上海:上海交通大学出版社,2012:133.

产率的最强有力的工具。当你制作每日任务清单并开始使用的时候,你的工作效率将会提高 25%。这意味着在每一个八小时的工作日里,你将额外获得约两小时的工作时间。通过使用任务清单,你可以更快地摆脱繁杂事务,理清头绪。[1]

（六）按工作时间表开展工作

在工作中,要严格按照时间表进行。每做完一件事情,都要看一看下面一件事是什么以及可以有多少时间来处理这件事。我们尽可能地按时完成任务,若不能按时完成或有例外的事情发生,则要重新评价其重要性和紧迫性,并据此确定将此事推后或修改工作时间表。

（七）回顾当天的时间运用情况并安排第二天的活动

在每天工作结束时,我们要回顾一下当天工作的效果,并合理安排第二天或今后的工作。在对一天的时间管理情况进行分析时,可以采用时间管理的自我诊断法:系统评价自己对时间的使用情况,了解自己时间使用的类型,明确自己的时间管理是否得力,方法是否得当,带来的效益如何,进而不断得到关于如何更好运用时间的启示,改善使用时间的方法,提高时间管理的有效性。[2]

三、时间管理的技巧

人们把大量时间用于"睡觉""排队"与"应酬"上。人们如果不善于安排自己的工作与生活时间,就会感觉时常陷于被动与紊乱之中。因此,为了顺利实现目标和计划,我们应掌握时间管理的技巧,要明确目标,懂得取舍,学会说"不",养成好习惯。

（一）拟定工作计划

明确的目标及计划是有效时间管理的前提。为了更好地掌控时间与提高工作效益,我们需要事先拟定工作计划,其关键在于以下三个环节。

1.确定工作目标

组织的每个岗位都有相应的工作目标。工作目标是组织成员行为的导向。事实表明,在明确工作目标的基础上,重视并实施时间管理的员工,比只注重忙于处理各种琐事的员工,工作效率要高得多,发展状况要好得多。我们要着眼于未来,着眼于完成必须做的事情,引领自己向着美好的愿景前进。

2.明确工作任务

我们需要明确具体的工作任务,并预计每件任务所需的时间。每个人都应根据自己的工作目标来分解与明确需要完成的工作任务,并清楚其中的关键任务。在列出任务清单的时候,一定要把它们看成一个整体,而不是零碎的工作组合。

---

① 兰德尔.时间管理——如何充分利用你的 24 小时[M].舒建广,译.上海:上海交通大学出版社,2012:132.
② 石伟.目标与时间管理[M].北京:中国人事出版社,2011:200-201.

3.制定行动方案

我们应根据工作任务的特点来制定相应的行动方案,因为有针对性的行动方案能大大提高目标达成的效率与效益。在制定行动方案时,应关注的要点为:其一,要将工作目标与工作任务划分为若干阶段,明确每个阶段的工作重点、行动步骤与时间要求;其二,要根据工作目标与工作任务进行资源的合理配置,发挥自身优势,整合外部资源,提升自身迫切需要加强的方面,以保证计划的顺利实施;其三,要对意外情况做好充分的准备,在对环境变化进行预测的基础上,准备多个行动方案,努力使行动方案更切合实际情况,以更好地发挥行动方案的指导作用。

(二)合理运用时间

每个人都要懂得珍惜时间,合理运用时间。如果希望做出富有成效的事情,就必须把时间资源投入到重要的事情上。

1.区分轻重缓急

大多数人工作紧张、匆忙且缺乏成效的原因,就在于一天到晚忙于处理各种紧急事情,时时陷于"救火"的境地。有效运用时间的关键在于减少时间的无谓浪费,而不应简单地加重自己的工作负荷。在现实中,面对瞬息万变的组织环境,人们的工作压力不断增加,生活与工作节奏越来越快。在这种氛围中,许多人往往过分重视他人对自己的看法,为外部的各种诱惑所左右,从"忙"到"盲"(失去方向),再从"盲"到"茫"(不知所措),甚至透支生命、失去自我。[1]

为了有计划地使用时间,我们首先必须将自己要做的事情进行罗列,并给所有罗列出来的事情定一个完成期限。但仅仅列出需要做的事情是不够的,更重要的是应按照事情的性质进行适当分类,并据此安排自己的时间。我们可按照事情的重要性和紧迫性程度,把所有事情分成四类:重要且紧迫的事情;重要但不紧迫的事情;紧迫但不重要的事情;既不重要也不紧迫的事情。

2.专注重要事情

史蒂芬·柯维在《高效能人士的七个习惯》一书中指出,你首先要处理那些重要且紧迫的事情,其次要处理重要但不紧迫的事情,再次处理紧迫但不重要的事情,最后才处理既不重要也不紧迫的事情。在具体做法上,也相应可分成四类:必须马上做;有时间就应该做;可授权给他人做;没有必要做。图 6.4 给出了对待各类事情的基本做法及一些具体的情形。我们应结合工作目标,懂得放弃不需要做的事情。如果一个人在工作中经常耗费时间处理其实不那么重要的事情,而耽误了真正重要的事,就有可能陷入"费力不讨好"的局面。因此,提升工作成效的基本思路就是"做好重要的事情"。

每个人都有自己的最佳工作时间段,有的人上午精力充沛,有的人下午干劲十足,而有的人则是典型的"夜猫子"。因此,我们应遵循自己的生物钟,认真了解自己的工作

---

① 项保华.战略管理——艺术与实务[M].5 版.北京:华夏出版社,2012:322.

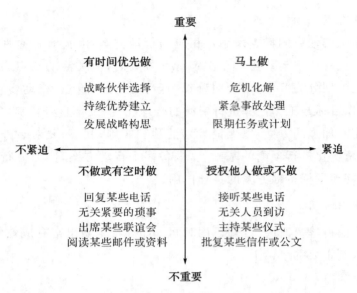

图 6.4　时间安排方法[①]

效率周期,知道自己办事效率最佳的时间是什么时候,以妥善安排工作。我们应把那些应该优先办的事情和重要的事情安排在高效率的时间段,而把不重要的事情尽量安排在低效率的时间段。你越专注于做那些能够最有价值地利用你的时间的几件事情,你在这些事情上的表现就会越好,你完成每一件事情所花费的时间就会越少,你的努力和所投入精力的回报就会越多。[②]

3.一次只做一件事情

同时想做很多事情的习惯常引起人的紧张、匆忙和焦虑等情绪。解决该问题的根本办法是:要求自己一次只做一件事。把你需要做的事情想象成一大排抽屉中的一个小抽屉。你的工作只是一次拉开一个抽屉,令人满意地完成抽屉内的工作,然后将抽屉推回去。你不要想着所有的抽屉,而要将精力集中于已经打开的那个抽屉。用这种态度来办事,不仅使自己产生轻松感,而且有利于下一件事的顺利进行。[③]

4.集中处理类似事情

把类似事情或顺道可以完成的事情集中处理,以及把同类别的档案资料放在一起,可以省掉来来回回的过渡时间或找资料的时间。例如,除了需要及时回复的重要急件外,对于其他所有的邮件,都可在一周里抽出某一段时间进行集中处理;把有待回复的电话累积到某一时刻,集中一次进行回复。当你重复做一件事情时,你会熟能生巧,会提高效率。

---

① 图 6.4 的形成基于柯维的观点以及邢以群教授和项保华教授的资料。

② 特雷西.关键点:一套关于简化生活、提高业绩和实现人生目标的公认体系[M].关小众,译.北京:电子工业出版社,2003:16.

③ 凤凰动漫工作室.卓越管理者的实用心理策略[M].北京:中国铁道出版社,2013:218.

5.学会委婉拒绝

一旦确定了哪些事情是重要的,对于不重要的事情,我们就应当勇于说"不",并善于说"不"。"承诺过多"的人会失去自由,失去重点,并最终失去自我。"脸皮厚"的人经常利用他人不好意思拒绝的弱点,把事情推给别人做,而"脸皮薄"的人则每天都累得要趴下。因此,我们要懂得说"不",且为了照顾对方的"面子",应注意拒绝的态度与方式,委婉地让别人知悉自己的立场。我们应清晰地向对方传达"不"的信息,而不是模棱两可的回答,让对方有时间处理好自身的事情。

6.预留弹性时间

在时间安排上,我们必须留有弹性,即不要把自己的工作日程排得过满。一般来说,要留有一定的机动时间,以用来应对各种打扰和无法预期的事情。若每件事情都掐点处理,万一出现突发的事情,如不速之客来访、家里有急事、约定的客户迟到以及上司突然增派任务等,那么时间计划就真的等同于"鬼话"了。因此,要为意外之事,尤其为紧急且重要之事预留时间,即努力协调好例行公事与例外急事,增加日程安排的灵活性,并在时间计划中体现出来。

7.记录和反思时间使用情况

德鲁克认为:要提高时间管理的有效性,首要的就是了解自己的时间在实际上是怎么耗用的。因而,我们应坚持将自己的实际使用时间的情况记录下来,了解自己的时间是如何使用的,并不断地进行反思和调整,以有效地提升自己的时间运用效果。

(三)善于借助外力

当个体单靠自己的时间与能力难以完成事情时,就必须要借力借势,依靠外部力量完成工作任务,其本质是"如何善于利用外在的人力与物力,以更好地达成个人的目标"。

1.善借于人

当仅靠自己的力量无法完成本职工作时,或者他人更擅长完成某些事情时,就应该借他人之力。一个人在"借他人之力"时,必须考虑借的条件:一是自身有借的需要,不借不行,借了更好。二是他人有借用的价值。他人的能力足够胜任所需承担的任务。三是他人肯借给你。这要求自身有足够的实力与充分的理由。

2.善借于物

俗话说:"磨刀不误砍柴工。""利刀"能显著提升个人的工作效率,有效的工具可节约大量时间。人们可以使用个人信息管理工具安排活动日程,可以利用完备的网络系统快速获得所需信息,可以使用性能卓越的计算机、扫描仪、传真机、打印机、手机等加快自己的工作进度。

3.优化工作空间

有序、干净、宽敞的工作空间既可以改善工作成效,又可以改变个人心情。肮脏的桌面,乱放的文件,过多的杂物,几乎在每一个工作场所都可以看到。时间管理专家告诉我们,杂乱对于生产力来说,是具有破坏性的,杂乱会引起情绪紧张,杂乱会导致无所作为，杂乱会降低效率。① 要让自己心情舒畅，要让自己赢得时间，就必须优化自己的工作空间，使桌面保持整洁，使文件有序排放，使必备之物伸手可及。总之，我们要努力使工作区域更具有吸引力，让自己喜欢待在这个区域。

（四）克服自身陋习

时间是生命中最宝贵的资源，容不得浪费。在日常的生活和工作中，人们往往因为自身的一些陋习，导致宝贵的时间被白白地浪费掉了。有效的时间管理者正视自己的问题，着力提高自身的工作效率。

1. 改变拖拉习惯

拖拉的习惯既会让事情变得杂乱无章，又会妨碍整个团队的工作进度。如果一个人习惯于把事情拖到最后期限才着手处理，那么最后的结果当然难尽人意。试想一下，有多少次因自身的拖拖拉拉而成为领导眼中的"问题员工"？ 有多少事情因自身的一再拖延而失去补救的时机？ 又有多少机会因自身的拖沓习惯而失去？ 因此，如果不改变这一陋习，就难以赢得他人或领导的认可。只有当日事当日毕，把握住今天，才能提高工作效率，才不会天天忙于处理"历史遗留的问题"。林恩·莱夫利（Lynn Lively）总结了拖拉与思考的标志（见表 6.3），有助于人们认识自己的状态（思考或拖拉）。他指出，当出现思考的情形时，你不需要担心，因为你不过是在思考、在斟酌，准备尽可能地做出满意决策。吉姆·兰德尔（Jim Randel）提出的战胜拖拉症的策略（见表 6.4），则有助于人们改变拖拉习惯。

表 6.3　拖拉的标志与思考的标志

拖拉的标志	思考的标志
就是不敢打某个电话	不能明确地知道该从哪里起步，或该给谁打电话
不愿意让别人不开心	经常改变主意
大吃特吃零食	感觉心中无数、困惑、不知所措
害怕自己会受到指责	觉得自己的作业还没做好
一堆工作在手头却忙于"闲事"	无法决定该做什么
看重播的电视剧却不能投入地欣赏	举棋不定
等到最后一刻才开始做该做的事（如部分学生常常要到交作业的前一晚才开始匆忙赶工）	虽没有实质性进展，但一直在思考该做的事并随时收集相关资料
有件艰苦繁重的"应该做的事"萦绕在心头，因此总是抽不出时间做自己想做的事	本该行动起来，但还没准备好

资料来源：莱夫利. 不再拖拉——教你立即行动的 7 个步骤［M］. 唐艳军，张晓明，王华，译. 北京：中信出版社，2002：10-11（略有调整）.

---

① 兰德尔. 时间管理——如何充分利用你的 24 小时［M］. 舒建广，译. 上海：上海交通大学出版社，2012：105.

表 6.4　战胜拖拉症的策略

在口袋中放一张纸片或索引卡	上面用粗体字写上你要达到的目标,以便随时提醒自己记住目标
将大项目分解成易管理的小块	在面对巨大的项目时,把它分解成小块,从细易处入手,先向前迈一步,并逐步使大项目不再令人生畏
教会自己识别懒惰或者拖拉最初的蛛丝马迹	当疲惫或懒惰的时候,立即采取措施,加以制止;这种反拖拉症的条件反射,可以进行培养和强化
坚持通过某种方式做好笔记或提前有所准备	可以用手机(或便笺本)记录自己的思想或观点。在没有机会开始你感兴趣的某个项目时,至少可以起草一份提纲,或者做一个表单,或者随便写下一些思路,把有关想法以书面的形式记录下来。这有助于当机会来临时,能有效地将其变成行动
确立任务完成最后期限的观念	在承担一项任务时,设立比实际期限适度提前的最后期限,并据此把任务细化到每一个时间段,做到有条不紊地推进任务的进展
结交行动高效、严于律己、乐于助人的朋友或人生导师	把自己承担的任务及其完成期限告诉你的朋友或人生导师,让他们协助与监督你如期完成任务

资料来源:兰德尔.时间管理——如何充分利用你的 24 小时[M].舒建广,译.上海:上海交通大学出版社,2012:94(增加了部分内容).

2.改变消极态度

消极态度是造成个人浪费时间的重要缘由。有些人在受到客户的谩骂或是上级的批评后,就消极地对待工作,或者在工作中处于"无为"的状态。假如你对生活与工作中的某一方面感到不愉快,请对自己说"责任在我",并积极着手进行改变。当你勇于承担责任时,你会感到自己非常有力量。你能承担的责任越多,你所拥有的自信心和能量就越强;你能承担的责任越大,你会感到自己的才干和能力越大。当你寻找托词,责备、抱怨或批评他人的时候,实际上你已在逃避责任。这削弱了自己的决心,削弱了自己的价值。即使企图把责任转移给别人,你也无法逃脱责任。如果你此时放弃了对工作的支配权,而且把自己看作受害者,就会变得消极且听天由命。这种思维方式会把人引向死胡同。个人应该拒绝继续沿着这条道路前行。[①] 即使个人无法改变有些事情,也可以尽量去争取好的结果。这比放弃改变而沉溺于悲伤好得多,因为在力所能及的范围内把事情做得更好一些也是一种成功。

3.改变工作方法

人们要想提高效率,最快的方法是使用别人已证明有效的方法。如果一个人在工作的过程中,不顾自己的时间与精力限制,从头到尾都是自己在不停地摸索,而不知道借助团队的力量,或者利用别人的工作经验来完成自己的工作,那么可能的结果是耗费

---

① 特雷西.关键点:一套关于简化生活、提高业绩和实现人生目标的公认体系[M].关小众,译.北京:电子工业出版社,2003:11-12.

大量时间与精力,工作却没有很好地完成。因此,学习、模仿与借鉴成功者的工作方法是个人有效利用时间的重要手段。即使从事创新性工作,个人通常也需要依托众人的努力与他人的协助。

(五)及时采取行动

制定时间管理计划与掌握时间管理技巧固然重要,但更重要的是将这些计划、技巧付诸实践和行动。及时行动会帮助我们节省很多时间,同时让我们的目标和计划变为现实。[①] 我们应该按照计划,着力执行每一行动步骤,努力不把今天的任务留到明天。管理者可以把一张日计划表放在办公桌上醒目的位置,在完成一件事情后,在上面做一些标记。我们可以让自己的同事监督自己的工作,互相提醒各自的行动计划。对于专业技术人员来说,可以将每天任务的解决之道——列举出来,将每天的工作情况与预期程度加以比较,从而清晰地掌握哪项工作没有做或没有做好,并采取更为有效的行动。

早一点行动就可能获得先动优势。人们需要放弃一些理想化的东西,让自己赶快行动起来,以把握关键时机。无论从事什么工作,都会面临一些挫折、失败与痛苦。如果一个人尽心尽力,兢兢业业,永不放弃,不断行动,那么即使陷入困境的事情也往往会在自己的坚持下峰回路转。面对复杂多变的环境,我们要未雨绸缪,善于观察,勤于思考,总结已做过的工作,改进行动方式,并积极行动。如此,工作将会变得更为多姿多彩。总之,我们只要相信自己,明确自己的价值观,坚持要事优先,合理运用时间,一路向上攀登,就能创造奇迹,到达梦想的目的地。

❖ 思考题

1. 如何理解目标的作用?
2. 组织使命、愿景和目标有何不同?
3. 组织目标和个人目标之间有何关系?
4. 目标制定过程包含哪些步骤?
5. 如何进行有效的时间管理?
6. 一项完整的计划包含哪些内容?
7. 大学生是否有必要制定每周书面计划?
8. 使命引领的高校如何建设以学生成长为中心的卓越教育体系?

---

① 石伟.目标与时间管理[M].北京:中国人事出版社,2011:196.

第七章

过程管理:分工、授权、控制

☞ **学习目标**

① 了解组织结构的形式
② 明确人员配备的原则和内容
③ 理解组织设计的过程
④ 区分集权、分权与授权
⑤ 理解授权的过程和原则
⑥ 解释控制的重要性
⑦ 了解控制系统的构成
⑧ 明确控制的过程和原则

在确定目标和计划以后,管理者需要通过劳动分工、权力分配、检查与纠偏的过程,使目标和计划变为现实。也就是说,组织需要通过有效的过程管理来达成既定的目标。通过本章的学习,我们应把握以下要点:懂得如何在组织中通过明确分工将目标落到实处,从而学会运用众人的力量来实现所追求的目标;认识到授权的益处,懂得授权的基本知识,以便在工作中通过授权充分发挥他人的力量,实现靠个人力量所无法实现的目标;懂得控制的重要性,掌握控制的基本原则,懂得通过检查和纠偏来确保目标的实现。

第一节　明确分工

目标与计划如果得不到有效落实就会变成空谈。在管理实践中,常常会出现组织成员抱怨职责不清、任务不明或者得不到他人的协作配合等问题,以致无法完成既定的计划和实现预期的目标。管理者要解决此类问题,首要的事情便是明确分工,即将组织的目标和任务进行合理的分解,明确规定每个层次、每个部门乃至每个员工在组织中的工作角色、工作内容与工作范围。

为了发挥组织的功能,管理者必须考虑劳动分工和协作问题。个人知识和能力的有限性决定了分工的必要性。为了发挥群体力量,组织又要强调人员之间的协作。因此,组织工作的主要内容包括三个方面:组织结构的设计和变革;人员的合理配置和使用;权力的分配和关系的协调。在本节中,主要探讨前两项工作,在下一节再探讨第三项工作。为了明确各自的分工,管理者需要将组织的总体目标转化为组织成员的具体行动(见图 7.1),设计与维持适合的组织结构和合理配备人员。

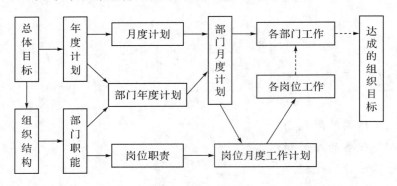

图 7.1 组织目标转化为组织成员具体行动的过程

一、组织结构

一个科学高效的组织结构就像人的骨架,是组织得以合理调配资源、保证计划实施与目标达成的前提与基础。组织结构是指组织的框架体系,它由工作内容、责权关系、沟通渠道所构成,表明了组织内部各部分之间的关系,是一个相互关联的有机系统。

罗宾斯指出,组织结构可以通过组织的复杂化、规范化和集权化程度来描述[①]。这种观点得到很多人的认可。这三个方面揭示了组织结构的内涵,直接影响着组织结构的设计、调整和变革。

复杂化程度(complexity)是指组织内部的差异化程度。这种差异包括组织成员之间以及专业化分工的部门之间的横向差异、垂直管理层级之间的纵向差异以及空间分布差异。如果组织分工越细、层级越多、部门越多以及各单位的地理分布越分散,那么管理者在协调人员及其活动时也就越困难。

规范化程度(formalization)是指组织依靠规则和程序引导员工行为的程度。组织性质、生产技术和人员素质不同,其规范化程度也不同。有的组织只有少量的标准化程序,而有的组织则有大量的指导原则。

集权化程度(centralization)是指组织决策权在管理层级中的分散或集中程度。在高度集权的组织中,绝大多数决策均由高层管理者做出,中基层管理者只有配合执行的

权力。而在分权型组织中,管理者将决策权充分下放,各级组织单元和管理者都能拥有与工作配套的决策权。

（一）常见的组织结构形式

由于每一个组织所处的环境、所拟定的目标以及所拥有的资源各不相同,为实现目标而服务的组织结构形式也有所区别。但各种组织结构形式存在一定的相似性,也就是说,它们的基本构件是差不多的。目前,常见的组织结构形式有直线制、直线职能制、事业部制和矩阵制等。

视频:常见的组织
结构形式

1. 直线制

直线制是最简单和基础的组织结构形式,如图 7.2 所示。其特点是:组织的各级管理者从上到下实行垂直领导,不设置专门的职能部门,权力高度集中,层次较为分明;指挥链单一、明确,各级主管人员对下属单位的一切问题负责。直线制组织结构没有细致的专业分工,管理者责任重大,一旦决策失误就会造成较大损失。所以这种组织结构一般适用于产品单一、工艺技术比较简单、业务规模较小的组织。

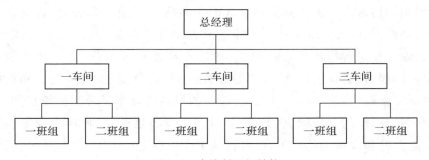

图 7.2　直线制组织结构

2. 直线职能制

职能制是指在组织内部设置各专业领域的职能部门及其管理者,由他们在各自负责的领域内向直线系统的人员直接下达命令和指示的组织结构形式。如果采用单纯的职能制组织结构,往往会形成多头领导的局面。因此,在现代组织中,实际上很少采用单纯的职能制组织结构,而通常把职能制与直线制结合在一起,形成以直线制为基础的直线职能制组织结构。

直线职能制是吸取了直线制和职能制的优点而建立起来的组织结构形式,是目前各类组织最常采用的组织结构形式(见图 7.3)。这种形式的特点是:在组织内部,既有纵向的直线指挥系统,又有横向的职能管理系统,以直线指挥系统为主体。在这种组织中,直线领导机构和人员在自己的职责范围内有一定的决策权和对下属的指挥权,并对自己部门的工作负全责;职能机构和人员则是直线指挥人员的参谋,只能进行业务指导,不拥有决策与指挥的权力,除非上级直线管理人员授予他们某种职能权力。

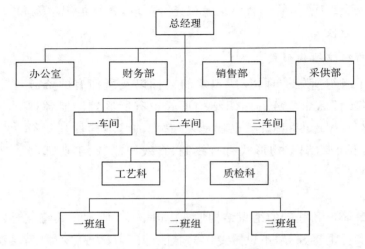

图 7.3　直线职能制组织结构

3. 事业部制

事业部制是对组织内部具有独立产品和市场、独立责任和利益的部门实行分权管理的一种组织结构形式。事业部制最早起源于美国的通用汽车公司，目前是大型企业的典型组织结构形式，如图 7.4 所示。事业部制适用于组织规模大、业务范围广、市场区域大的组织。在这种组织中，事业部一般按产品或地区划分，具有独立的产品或市场，拥有足够的权力，能自主经营，并实行独立核算、自负盈亏；政策制定和行政管理相分离，政策制定集权化，业务运营分权化；组织的最高管理层是最高决策机构，其主要职责是研究和制定组织的总目标、总方针、总计划以及各项政策，而各事业部在不违背组织总目标、总方针和政策的前提下，可自行从事经营活动。

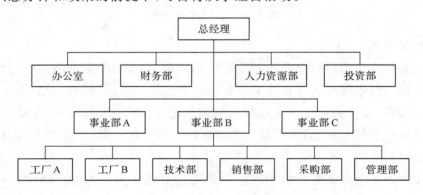

图 7.4　事业部制组织结构

4. 矩阵制

为了完成某个特定的任务，组织有时会将一群具有不同背景、不同部门、不同技能的人临时性地组合在一起，形成一个项目组，如高校的课题组、春节联欢晚会的节目组和电影制片厂的摄制组等。随着网络技术的发展，有些组织还组建了不在同一地点工作的虚拟项目组。如果一个组织同时存在几个常设的项目组，那么就变成了另一种组织结构形式,即矩阵制,如图7.5所示。矩阵制的最大特点在于具有双道命令系统,在按管理职能设置的纵向组织系统的基础上,增加了按项目、产品、任务等划分的横向组织系统。项目组所需的人员从各职能部门抽调,因此他们既接受本职能部门负责人的领导,又接受项目组负责人的领导。一旦某一项目完成,该项目组即行撤销,相关人员回原部门工作。矩阵制组织结构适合创新性任务较多、生产经营复杂多变的组织。

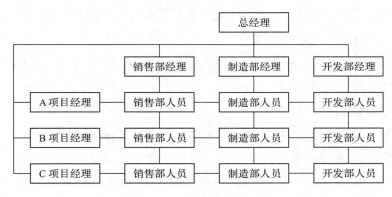

图 7.5　矩阵制组织结构

　　每一种组织结构都有优缺点(见表7.1),并不存在普遍适用的最佳组织结构形式。管理者需要根据组织的内外部环境变化和所追求的目标,对组织结构进行优化设计。

表 7.1　常见组织结构的优缺点

组织结构	优　点	缺　点
直线制	结构简单,责权较为明确,信息沟通便捷,权力集中,命令统一,决策迅速	没有职能机构为管理者提供专门支持,管理者易出现忙乱现象;对管理者素质要求高;不适合大中型组织
直线职能制	指挥权集中,决策迅速,容易贯彻到底;分工细密,职责分明;既可减轻直线管理人员的负担,又可充分发挥专家的特长;容易维持组织纪律,确保组织秩序;在外部环境变化不大的情况下,易于发挥组织的整体效率	易产生不协调或矛盾,增加协调工作量;不利于从组织内部培养熟悉全面情况的管理人才;反应较慢,不易迅速适应新情况
事业部制	既有较高的稳定性,又有较强的适应性;各事业部具有主动性和积极性,可使组织总部和最高管理层从繁重的日常事务中解放出来,得以从事重大问题的研究和决策;可克服组织的僵化和官僚化;有助于培养高层管理人员	由于各事业部利益的独立性,易产生本位主义;管理部门重叠设置,管理费用高;对事业部主要负责人的水平要求较高;难以把握集权与分权的度,一旦处理不当,会影响整个组织的协调一致
矩阵制	有利于加强各部门间的配合和信息交流;便于集中各种专门的知识和技能,加速完成某一特定项目;可避免重复劳动,加强组织整体性;可随项目的开始和结束而组成和撤销项目组,增加了组织机动性和灵活性	组织的稳定性较差;易于出现多头指挥、责任不清的现象

随着互联网和信息技术的发展,以及组织活动的全球化,传统的组织结构形式已不能满足组织发展的需要,战略性创新、合作和共生之道、简约性、灵活性得到越来越多组织的重视。许多企业对组织结构进行动态设计和优化,扁平化、柔性化、无边界化和虚拟化等成为组织结构演化的大趋势。① 由于时代的发展而涌现出的新型组织结构形式有团队组织、网络组织、虚拟组织、学习型组织、无边界组织等。这些组织通过充分整合资源、打破组织界限及利用跨界和共赢模式来实现在新时代下的立足与发展。

(二)组织结构设计的影响因素

在设计组织结构时,管理者需要综合考虑组织战略、组织生命周期、组织所处外部环境、组织业务特点、组织规模以及组织资源状况等因素。

1.组织战略

组织战略通常从两个方面影响组织结构的设计:一是在结构形式上,不同的战略要求开展不同的活动,要求有不同的组织方式;二是在资源和能力配备上,不同的战略决定了不同的工作重点,从而决定了各部门在组织中的重要程度和各部门应配备的岗位数量。一般来说,组织结构必须服从于组织战略,并随着组织战略的变化而调整。因此,组织结构的设计必须以战略为出发点,并围绕着战略重点配置人力资源。

2.组织生命周期

组织通常会经历创业、成长、成熟、老化等生命周期阶段。在创业阶段,一般由创始人掌控组织,决策权集中在高层,组织结构比较简单;在成长阶段,越来越多的人会成为管理人员,决策权开始分散,组织日益重视职能部门的发展和正式的分工协作;在成熟阶段,组织结构趋于稳定,管控体系更为正式和严密,在组织内部形成了规范化的规章和程序,官僚作风初露端倪;在老化阶段,组织机构往往呈现臃肿态势,官僚化的现象更为普遍,人浮于事,组织机体失去灵活性。

为了更好地促进组织的发展或重生,管理者应根据组织所处的生命周期阶段,对组织结构进行精心设计或调整。在创业期,组织结构设计的要点是"简单高效";在成长期,管理者要致力于构建正式而规范的组织管理体系,既注重命令统一性,又注重职能专业化;在成熟阶段,管理者要防止组织陷入"硬化危机",应处理好"整体管控"和"个体激活"之间的关系,在保证经营安全和风险受控的基础上,通过分权、授权、扁平化、简化业务流程、划小经营单元和鼓励创造与革新等方式来激发各部门的活力;在老化阶段,管理者要着力推进组织的系统再造,重新设计组织结构形式,改革绩效管理体系,输入新生力量,重构创业和创新能力。

例如,华为公司在创业阶段的一切管理都是围绕"活下去"展开的,主要以任正非及管理团队的经验式管理为主,从1996年走向快速成长期开始,任正非就明确提出,华为要通过规范化、制度化的管理,从第一次创业走向第二次创业,要建立结构、建立制度,

---

① 《管理学》编写组.管理学[M].北京:高等教育出版社.2019:145.

要程序化,要重新调整利益的分配格局。但随着公司规模的迅速扩大,华为在研发效率、产品质量与响应速度等方面暴露的问题越来越多。1997年,华为研发费用浪费比率与产品开发周期是业界最佳水平的两倍之上,在销售额连年增长的同时,产品的毛利率却逐年下降。为此,华为在研发与创新管理上所做的最大变革举措就是系统引入IBM公司的IPD(integrated product development,集成产品开发)体系。在华为启动IPD项目之前,IBM给出的报价为4800万美元,几乎相当于华为当时一年的利润。IPD体系建设项目于1998年启动调研过程,经过半个多月的调研,IBM顾问在1998年9月20日的报告会上提出了华为研发与创新管理存在的主要问题:没有跨部门的结构化流程,各部门都有自己的流程,但部门流程之间靠人工衔接,运作过程割裂;组织上存在本位主义、部门墙,各自为政,造成内耗;专业技能不足、作业不规范,创新依赖于英雄,但这些英雄的成功难以复制;项目计划无效,项目实施混乱,无变更控制,版本泛滥。之后,华为采用"先僵化,后优化,再固化"的方法学习IPD实施过程,逐步建立起与国际接轨的组织管理体系。[①] IPD变革项目给华为带来了深刻的变化:一是建立了跨部门研发团队;二是将工作流程和模板进行标准化;三是建立起基于市场绩效的评价体系;四是重新定义了"以客户为中心"的内涵。[②]

3.外部环境

任何组织都不可能离开外部环境而独立存在。就像人类要根据气候变化来添减衣物,组织也需及时调整组织结构以适应环境变化。伯恩斯(Burns)和斯托克(Stalker)认为环境可分为相对稳定的环境和不稳定的环境。机械式结构(mechanistic organization)和有机式结构(organic organization)是与此相对应的组织结构。这两种结构的区别如表7.2所示。

机械式结构的组织是设有严格的等级层次与固定的职责、决策高度程序化、权力高度集中化和操作高度标准化的组织。这种组织适用于相对稳定、简单、确定的环境。有机式结构的组织是一种相对分散、分权化的、具有较高灵活性和适应性的组织。处于变动、复杂、不确定环境中的组织大多采用有机式结构。

表 7.2 机械式结构与有机式结构的区别

机械式结构	有机式结构
高度的专门化	跨职能团队
刻板的部门化	跨层级团队
严格的指挥链	较松散的管理氛围
较窄的管理幅度	较宽的管理幅度
高度的集权化	高度的分权化

---

① 成海清.华为傻创新:持续成功创新企业的中国典范[M].北京:企业管理出版社,2016:156-161.
② 吴晓波,穆尔曼,黄灿,等.华为管理变革[M].北京:中信出版社,2017:78-80.

续表

机械式结构	有机式结构
高度的正规化	较低的正规化
有限的信息处理能力	扩展的信息处理能力
适用于简单、重复的任务	适用于复杂、独特的任务
有助于提高生产效率	有利于改革和创新

4.组织业务特点

一个组织的业务特点通常可以通过其所采用技术的复杂化程度来描述。这里所指的技术是组织为了将投入转化为产出而使用的知识、工具、技巧和流程。查尔斯·佩罗（Charles Perrow）认为，技术是常规的还是复杂的，首先取决于任务的变化性和可分析性。任务变化性是指各部门或岗位的人员在履行职责时所遇到的新问题或突发状况的多少。任务可分析性是指各部门或岗位的人员在解决所遇到的问题时可采用程序化解决方法的程度。复杂或非常规技术具有高任务变化性和低任务可分析性特征。如果一个组织会出现各种各样的问题，且解决这些问题需要大量的非程序化决策，那么该组织所采用的技术往往是复杂或非常规的。而常规或简单技术具有低任务变化性和高任务可分析性特征。如果一个组织所遇到的问题差别不大，且比较容易通过程序化方法得到解决，那么该组织所采用的技术大多是常规或简单的。

组织在制造或服务过程中对人力的依赖程度也决定着所采用技术的常规性或复杂性。组织所使用的技术越依赖于人的知识和能力，越不依赖于按设定程序运行的自动化机器，则技术越复杂。琼·伍德沃德（Joan Woodward）根据人力或机器在工作中的相对贡献将技术分成三种类型：①小批量生产技术。这种技术用以生产定制化产品，并以在生产班组中共同工作的员工的技能为基础。②大规模生产技术。采用这种技术的组织基本上依靠自动化机器重复进行同一个程序化生产过程，用以生产标准化产品或提供标准化服务。③连续生产技术。使用这种技术的组织通常是设备密集型的、高度自动化的，它通过原材料源源不断的投入来生产各个品种的产品，并运用计算机操作系统控制整个生产过程。[①] 伍德沃德认为，不同的技术对组织和个人有不同的要求，这些要求必须通过合适的组织结构来满足。

组织须调整结构以适应所使用的技术。一般来说，技术越常规化和固定化，组织结构会变得越机械化，而如果组织运用非常规化的、灵活的技术，则更有可能采用有机式结构。因此，小批量生产企业和连续生产企业在采用有机式组织结构时更为有效，而大批量生产企业在采用机械式组织结构时更为有效。

5.组织规模

组织规模是影响组织结构设计的一个重要因素。伴随组织的发展，组织规模通常

---

① 舍默霍恩.管理学[M].8版.周阳,译.北京:中国人民大学出版社,2011:213.

会越来越大,组织结构也就需要随之进行调整。我们可以通过成员数量、销售规模、产品或服务数量等标准将组织分为大型、中型、小型组织。在组织规模较小时,很多决策由最高主管决定即可。通常而言,大型组织的活动更加复杂,组织将拥有更高水平的专业化、规范化和更多的规章制度,对不同岗位和部门的协调和监控要求也更高。

6.组织资源状况

组织所拥有的资源状况,尤其是人力资源状况,也是影响组织结构设计的重要因素。组织的人力资源状况包括组织现有人员的数量、质量与结构以及市场上的人才供求状况。组织中人员的素质对部门与岗位的设置、管理幅度的确定、责权的分配都有着不小的影响,如表7.3所示。

表7.3 人员素质与组织结构设计的关系

人员素质	部门设置	岗位设置	管理幅度	责权分配
高	减少部门设置和组织层次	设置综合性岗位	宽	权力更加下放,职责描述可以更粗略
低	增设和细分部门	设置专业性岗位,将复杂工作分解	窄	更加集权,尽可能详细地规定责任归属

一般而言,组织所拥有的人力资源素质越高,组织越要给予员工更多的自主权,适合采用弹性的、分权的有机式组织结构。而当组织现有人员素质较低时,组织需要更加规范化,可采用机械式组织结构对员工进行有效控制。

二、人员配备

人是组织的灵魂,若不能为各岗位配备适合的人员,那么设计出再好的组织结构,也无法发挥作用。党的二十大报告指出,功以才成,业由才广。为促进组织的持续发展和高效运转,管理者必须坚持尊重劳动、尊重知识、尊重人才、尊重创造,实施更加积极、更加开放、更加有效的人才政策。管理者要做到真心爱才、悉心育才、倾心引才、精心用才,求贤若渴,不拘一格,集聚所需要的优秀人才。现有和预期的组织结构,决定了所需人员的数目和种类,决定了人员配备的原则和内容。所谓**人员配备**是指组织根据目标和任务正确选择、系统培训、合理使用、科学考核和有效保留人员,谋求人员素质与工作要求的最佳组合,从而实现员工的不断成长与组织的持续发展。

人员配备的主要工作是通过对工作要求和人员素质的分析,为每一个岗位配备合适的人员,以有效完成为实现组织目标所需开展的各项工作。人员配备的理想状态是达到人与事的完美匹配。对于组织来说,要求人员配备工作能适应组织的高效运转与长期发展,并为吸引与留住人才创造条件;对于员工来说,要求人员配备工作能有助于他们运用与提高能力和得到公正的评价与待遇。

（一）人员配备的原则

为了达成人与事的最佳组合，在人员配备过程中，需要遵循以下原则。

1. 因事择人原则

因事择人是指人员的任用应以岗位的空缺和实际工作的需要为出发点，以岗位对人员的实际要求为标准，选拔、录用各类人员。因事择人是人员配备的首要原则，也是一条根本原则。在人员配备上，还应留有一定的余地，这是指所聘员工的能力或潜力应适合组织发展的需要，也意味着组织应给所聘员工留出一定的学习、成长的时间与空间。

2. 量才使用原则

人的差异是客观存在的，一个人只有处在最能发挥才智的岗位上，才能干得最好。因此，管理者需要根据每个人的兴趣、爱好、能力与特长，为其安排合适的岗位，以最大限度地发挥其才能和调动其积极性。

3. 客观公正原则

在人员配备过程中，管理者须明确表明组织的用人理念，为员工提供平等的上岗和培训机会，对员工的素质和绩效进行客观的评价，给予员工公正的待遇，以获得员工的理解与支持和社会的认可。

4. 合理匹配原则

组织的高效运行既要依靠每个员工的努力工作，更要依靠员工之间的团队协作。因此，组织不仅要注重人岗匹配、人事匹配，还要注意合理配置同一部门中不同岗位和层次的人员，以保证组织中的人员能协调一致地开展工作，充分发挥群体功能。管理者要想做到人员的合理匹配，就要让组织能级合理，使组织成员能力互补。

5. 动态平衡原则

处在动态环境中的组织，是不断变革和发展的，因此人与事的组合也需要进行不断的协调。所谓动态平衡原则，就是根据组织和员工的变化，对人与事的组合进行动态调整。这种调整包括补充、辞退、提拔、调动员工，以保证为实现组织目标所需要开展的工作都由合适的人来承担，且充分发挥绝大多数员工的能力。

（二）人员配备的内容

虽然不同的环境与组织特点，会导致人员配备的内容有所差别，但总的来说，人员配备一般包括人力资源规划、人员招聘、培训、考核和保留等工作（见图 7.6）。

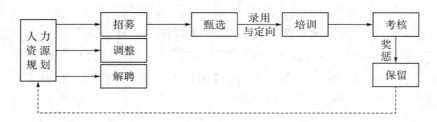

图 7.6　人员配备

1.人力资源规划

在人员配备时,组织首先要进行人力资源规划,以此来明确所需要的人员数量、质量和结构。为此,组织需要明确岗位设置情况,根据岗位要求以及内部人力资源状况,评价现有的人力资源配备情况,并根据发展战略评估将来所需要的人力资源,最终制定出满足未来人力资源需要的行动方案。人力资源规划要平衡组织需求和员工需求。科学的人力资源规划,解决了组织什么时候需要人、需要什么人、需要多少人以及如何获得人的问题,为人员配备的其他工作奠定了基础。

2.人员招聘

在进行人力资源规划和岗位分析后,管理者要根据规划来招聘适合岗位要求的人员。组织能否成功地获取所需的人力资源,直接关系到组织的生存和发展。找到对的人,把好选人关,是解决人员配备问题的关键。

人员招聘是指组织通过招募、甄选、录用等一系列活动,吸纳人员充实空缺岗位并实现人与岗位匹配、人与团队匹配、人与组织匹配的过程。招聘的对象可以是组织内部人员,也可以是组织外部人员。内部招聘和外部招聘的方式各有优缺点。

招募工作一般是指组织通过制定招聘计划、发布招聘信息和广告吸引人员来申请和填补空缺岗位的活动。在吸引到足够人选后,组织再通过甄选过程,即采用科学的人员测评方法,从申请人中选择出符合任职资格的人。任职资格是指个人为履行某个特定岗位的职责所需具备的知识、技能、能力以及其他特征。大五模型(big five model)通过经验开放性、尽责性、外倾性、宜人性和情绪稳定性这五个维度来描述一个人的人格特征。具备经验开放性的人会更有创造性和创新性;尽责性与工作绩效显著相关;外倾者在社会互动要求较高的岗位上有更佳的表现;宜人的员工更容易受到欢迎;情绪稳定者可以更好地适应难以预测或者需求动态变化的环境。[①] 常见的甄选方法有:应聘者申请表分析、资格审查、能力测试、人格测试、职业兴趣测试、知识测试、工作样本测试、评价中心技术、履历分析、面试、体格检查等。最后,组织录用合适人员来填补空缺岗位。

3.人员培训

为了使人员更加适应组织发展需要,组织需要对任职者进行系统培训。人员培训是指组织为了使员工在现在和未来工作岗位上的表现达到组织的要求,使员工具备应有的工作知识、态度、技能与能力,增进员工积极工作的动机与行为,提升员工的工作绩效,而有计划、有组织地对员工开展的教育和训练活动。按培训性质的不同,人员培训一般可分为岗前培训、在岗培训、转岗培训和升职培训。

在人员培训上,需要掌握的一个重要原则是"因材施教"。管理者应根据个体的职责、态度、知识、能力与经历,展开有针对性的培训。为了使员工能胜任更高职位的要求,人力资源管理部门应"按需施教",针对员工的每一次晋升,结合实际工作中可能出

---

①　罗宾斯,库尔特.管理学[M].15 版.刘刚,等译.北京:中国人民大学出版社,2022:373.

现的需要与问题,筹划与实施相应等级的培训,而每一项培训,都是组织为员工的进一步发展做充分准备,使员工不断地从培训中得到激励,明确自身的职业发展定位。[①]

4. 人员考核

人员考核的目的是识别现有员工的优势和不足,为员工的绩效提升和职业发展提供指导和支持。人员考核是指在一个绩效期结束时,组织按照一定的程序和方法,对每个员工的工作态度、工作行为与工作结果进行评价的过程。通过科学的考核,组织可以对员工的工作表现进行客观评价,为员工改进工作提供针对性举措,为员工培训、奖惩和晋升提供客观依据。例如,Google 公司的人员考核体系是由绩效目标设定、自我评估、同事评估、校准会议与绩效面谈等部分构成的连续过程。Google 采用的人员考核制度被称作"OKR(objectives and key results,目标与关键结果)"制度。Google 的 OKR制度突出绩效考核的透明性与挑战性,包括周工作小结、季度 OKR 回顾、半年度自评与他评以及年度绩效评估等环节,具有目标设定透明化、沟通会议高效化与督导过程敏捷化等特征。在 Google 公司,OKR 评分是对内公开的,所有员工都能查到任何一位同事的当前与以往 OKR 评分。Google 的 OKR 考核制度是一种测量员工是否称职的管理方法,时刻提醒每个成员关键任务是什么以及做得怎么样,为员工提供持续、及时、友好的反馈,强调为员工提供具体帮助与支持以及激发员工的潜能。[②]

5. 人员保留

人员保留是指组织采取有效的措施,确保留住有价值员工。这些措施包括激励体系设计、报酬系统设计、薪酬设计及管理、组织文化的建设、管理者与员工的有效沟通等。"千军易得,一将难求。"随着优秀人才对组织发展的重要性不断上升,组织间的人才竞争愈发激烈,"挖人""跳槽"的现象频频发生,人才流动越来越频繁,因此,"留人"在组织管理中越来越具有战略意义。

激励体系的科学性与先进性直接关系到组织能否留住人员。通过有效的激励体系,组织能使员工感到精神有收获、付出有所得、贡献有奖励,使员工的自身价值得以实现,让优秀员工得到超越期望的回报,从而促进员工充分地发挥自己的聪明才智。组织激励体系必须是全方位、多层次、系统性的,以有效激发员工的工作热情,创造积极向上的工作氛围,促进员工与组织共同成长。

三、组织设计

组织设计是指进行专业分工和建立使各部门有机协作的系统的过程。具体来说,组织设计的主要任务就是设立组织结构和明确组织内部的相互关系,确定组织结构图、部门职能说明书和岗位职责说明书(见图 7.7)。**组织结构图**以图示的方式表明组织中的部门设置情况和权力层次结构,直观反映了组织内部的分工和各部门的上下隶属关

---

① 赵曙明.中国企业集团人力资源管理战略研究[M].南京:南京大学出版社,2003:176-177.
② 姚琼.世界 500 强绩效管理你学得会[M].北京:中华工商联合出版社,2017:27-45.

系。**部门职能说明书**是指关于该组织中各部门职能分工情况的书面说明,一般包括部门名称、上下隶属关系、协作部门、部门本职工作、部门宗旨、主要职能、部门责权、岗位设置等内容。**岗位职责说明书**是指对某一岗位的工作性质和任职资格所进行的书面说明,一般包括岗位名称、上下级关系、岗位本职工作、岗位责权、工作流程、工作环境、任职资格等内容。

图 7.7 组织设计的主要任务

在组织设计时,相关人员既要遵循目标导向、分工协作、责权对等、幅度合理、人岗匹配、经济高效等原则,又要着力于解决三个相互联系的问题,即岗位如何设计、部门如何设立、组织层次如何划分(见图 7.8)。

图 7.8 组织设计的基本过程

（一）岗位设计

在组织设计的过程中,一项重要的工作是岗位设计。岗位设计又称职务设计或工作设计,是指用一定的方法将各项任务结合起来,形成一组有限的工作,以构成一个完整岗位的过程。组织设计的第一步是将实现组织目标所必须进行的活动划分成最小的有机相连的部分,以形成相应的工作岗位。活动划分的基本要点是工作的专门化,即将业务活动根据性质的不同进行划分。工作的专门化使得各个岗位上的组织成员只需执行一组有限的工作。

岗位设计主要包括工作内容、工作职责和工作关系的设计三个方面。为了明确岗位之间的本质区别,我们必须知道什么因素使得各个岗位如此不同。在这方面,理查德·哈克曼(Richard Hackman)和格雷格·奥尔德汉姆(Greg Oldham)提出的岗位特征模型(job characteristics model)极具参考价值。根据岗位特征模型,我们可以从五个维度来描述任何岗位的主要特征,如表 7.4 所示。

表 7.4 岗位特征模型

岗位特征	内 涵
技能多样性 (skill variety)	一个岗位要求员工使用多种技能从事多种不同活动的程度
任务同一性 (task identity)	一个岗位要求完成的全部工作具有完整性的程度

续表

岗位特征	内　涵
任务重要性 （task significance）	一个岗位对其他人的工作和生活具有实质性影响的程度
工作自主性 （autonomy）	一个岗位对于员工在安排工作进度和决定执行程序方面提供的实质性自由、独立和自主的程度
工作反馈性 （feedback）	员工在从事该岗位工作时所能获得的有关其绩效信息的直接和清晰程度

岗位特征模型为管理者从事岗位设计工作提供了具体的指导。为了减少工作的枯燥性并提高员工生产率，人们通过管理实践总结出了以下几种岗位设计方法：

（1）工作专门化。一贯以来，人们在岗位设计时都注重工作的专门化，即将岗位设计得尽可能简单，把工作划分得更详细和更专业化。根据斯密的劳动分工理论和泰勒的科学管理原理，工作专门化有助于提高员工的工作熟练程度，从而取得更高的效率和更好的绩效。尽管工作专门化的方法可以在短期内提高工作效率，但过于专业化的工作会使工作内容枯燥乏味。

（2）工作扩大化。工作扩大化的做法是扩展一个岗位所包括的任务和职责，使该岗位的工作技能多样性和任务完整性得到提高。在员工的能力没有被充分利用且其渴望承担更多的责任时，这种岗位设计方法往往能使员工对工作更满意。不过，工作扩大化虽然可以克服过于专门化的工作缺乏多样性的特点，但是它并不一定能够给员工提供更大挑战性和工作意义。

（3）工作丰富化。为了克服工作扩大化的缺陷，人们进一步提出了工作丰富化方法。所谓工作丰富化是指通过增加工作深度，在工作中赋予员工更大的责任、自主权和控制权，从而将更多的工作挑战和意义增加到员工所在岗位之中。

岗位特征模型是一个能够诠释如何才能使岗位更具有激励性的模型。技能多样性、任务完整性和任务重要性共同创造了有意义的工作。对于具有强烈成长需求的员工来说，组织需要为他们设计激励型岗位。激励型岗位的核心特征包括五个方面：需要多样技能、需要完成整个工作、对其他人影响大、拥有较多自主决策权、工作效果非常明显。[1]

岗位轮换也是一种有效解决工作单调问题的方法，不仅可以让员工积累更多的工作经验，而且有助于把员工培养为全面的管理人才。此外，岗位设计还包括工作时间、工作地点和工作管理方式的灵活安排。弹性工作制、远程工作、工作分担（job sharing）、压缩工作周（compressed workweek）、共享团队岗位以及自我管理工作小组中的团队岗等形式，可以达到增加员工工作自主性和激励相关员工的效果。

---

① 刘昕.人力资源管理［M］.4 版.北京：中国人民大学出版社.2020：109—110.

（二）部门设计

在把组织的任务分解为具体工作后，管理者接下来要进行部门设计的工作。部门设计是指对各种工作加以归类，根据一定的标准把工作和人员组合成若干管理的单元，形成一个个专业化的工作部门。在对一个组织的各项工作进行归类时，有多种可以采用的方法：

（1）按人数设计部门。这是指在未考虑其他因素的情况下，按人数的多少来划分部门。这是最原始也是最简单的一种部门设计方法。如种族、部落、军队等组织，大多采用这种方法。

（2）按过程设计部门。这是指按产品生产或服务提供所经过的阶段来设计部门。制造业厂商、连续生产型企业常用这种部门设计方法。

（3）按职能设计部门。这是指通过把相似的工作任务进行归类来设计部门。如企业里常常把从事相同工作的人进行归并，形成生产、采购、营销、财务、人事等部门。由于职能部门化和工作专门化有密切的联系，因此许多组织都采用职能部门化的方法。

（4）按产品设计部门。随着企业的成长和产品品种的多样化，而且不同的产品在生产、技术、市场、销售等方面可能很不相同，因此，就出现了按照不同的产品种类来划分部门的需要。

（5）按区域设计部门。这是指按地理区域来设立部门，即将特定地区的业务活动集中在一起，形成区域性部门。许多全国性或国际性的大型组织和国际贸易企业常采用此种方式。

（6）按顾客设计部门。当顾客特色鲜明时，组织可以根据顾客需要和顾客类别设立相应的部门。

由于现代组织面临的复杂状况，在实际中，很多组织会结合自身特点综合上述两个或两个以上的依据来设计部门。这样划分出来的部门具有较强的适应性。因此，这种综合多重标准来划分部门的方法受到现代组织的欢迎。比如，宝洁公司便同时存在按照职能、产品和区域等依据设计的部门。

（三）组织层次设计

管理者通过部门设计来解决各项工作如何进行归类以实现统一领导的问题，接下来需要进行组织层次设计，即明确组织的职位等级数。组织层次的多少与管理幅度的大小有直接关系。所谓**管理幅度**是指一个管理者能够有效管辖的直接下属人数。对于一个组织而言，其管理幅度的大小主要取决于管理者能力、下属成熟程度、工作标准化程度和工作环境状况等因素。

在组织人数一定的情况下，若管理幅度越大，则组织层次越少，所需要的管理者少；若管理幅度越小，则组织层次越多，所需要的管理者也越多。一般地，管理幅度大、组织层次少的组织结构被称为扁平型组织结构，而管理幅度小、组织层次多的组织结构被称为锥型组织结构。因为扁平型组织结构可以加快信息沟通，提高办事效率，降低管理成本，以及使组织高层与一线员工之间的关系更加密切，所以扁平化结构得到了许多组织的认同。但是，如果组织的扁平化程度超出了管理者的能力范围，就会出现组织内部横向协调困难、上级手忙脚乱和组织失去控制等情况。因此，管理者要根据组织的具体情况确定合理的管理幅度，从而产生适合特定组织的组织层次。

通过岗位设计、部门设计以及组织层次设计，即可形成相应的组织结构，并形成组织手册。但这不是组织设计工作的结束，管理者还要根据组织环境的变化以及组织发展中出现的问题，结合业务需要，及时调整组织结构，以最大限度地适应变化。也就是说，组织设计的这三项工作不是一次性的，而是贯穿组织发展过程的。

第二节　有效授权

通过观察组织的管理实践，我们可以发现，不少组织在建立了有关部门并配备了相应人员之后，尽管组织中的大多数人都知道自己在组织中的主要职责，但在实际工作中，却常常需要就工作范围内的事情向上级请示汇报，许多事情也常常需要在上级的协调或干预下才能得以推进，使得上级琐事缠身、下级难以尽责。上述情形出现的缘由往往是有关人员在承担职责的同时，却缺乏应有的权力。

一般来说，通过组织结构设计和人员配备，组织大致明确了每一个人的具体职责分工。在此基础上，组织还需要通过权力的分配来确定各部门、各岗位在组织中的相互协作关系。对于任何组织来说，权力的分配和关系的协调都是至关重要的，因为这是使每一个成员或部门有效履行职责的必要条件。

所谓**权力**是指组织成员为了达到组织目标而拥有的开展活动或指挥他人行动的权利。本节中所指的权力是存在于组织之中、与岗位职责相对应的职位权力，而不是管理者或员工的影响力。这种权力来自个人的职务，而不是个人本身。如果其他人拥有了同样的职务，也就具有相同的权力。

拥有一定的职权是组织成员做好组织所分派任务的重要前提，任何一个组织成员都应该拥有与其在这一组织中的岗位职责相对应的岗位权力。如果没有相应的权力保障和责任制约，那么分工和协作关系就无法在组织实际运行中得以落实。因此，管理者应做好组织中的权力分配工作，包括决定组织内部的权力分散程度以及授予下属相应的权力。

一、集权、分权与授权

正如在第四章中提到的，管理者拥有支配权、强制权和奖赏权。在管理实践中，如果所有权力都集中在管理者身上，那么下属在开展工作时往往事无巨细都必须向管理者请示，管理者就会分身乏术，而组织会变得毫无效率、僵化不前。因此，管理者需要将自己的部分权力授给他人,但要根据组织的实际情况确定适合的权力分散程度以及极力提高权力授予的有效性。

（一）集权与分权

组织为了充分发挥集体力量及实现共同目标,必然要在内部进行分工,而分权是与分工形影相随的。**分权**是指在组织设计时,组织向其下属各级组织进行系统授权的过程,也是组织内部系统分工、决策权分配的过程。分权的对立面是集权。**集权**是指组织将决策权集中于最高管理层或某一上级部门,下级部门只能遵照上级决定和指示来执行决策。集权和分权的程度决定了组织中的决策层次。这两者对于组织来说都是必要的,不存在绝对的集权或绝对的分权。

主客观的因素均会影响组织集权与分权的程度。主观因素包括组织首脑的个人性格、偏好、能力等。相对来说,客观因素的影响更大。这些客观因素主要包括:

组织规模。组织规模越大,所要解决的问题就越多,信息沟通链就越长,各项决策的协调也就越困难。由于高层管理者的时间和所拥有的信息有限,为了防止反应迟钝、决策缓慢,他们会把更多的决策权授予下级管理者。

组织文化。权力分散程度常与该组织的创建过程有关。在小规模的基础上发展壮大的组织常常显示出鲜明的集权化倾向。如福特汽车公司的创始人亨利·福特始终习惯于独揽大权。合资或联合创办的组织通常表现出分权化倾向。同时,组织成员所奉行的价值观对权力分散程度也有很大的影响。

工作或决策的重要性。所涉及的工作或决策越重要,对组织未来发展的影响越大,所需付出的代价越大,与此相关的权力就越可能集中在组织高层。

下级管理人员的素质。为了保证分权的效果,组织需要一大批素质良好的中下层管理者来接受权力。因此,当组织缺少合格的管理人员,或管理人员素质普遍低下时,高层管理者就倾向于集权,依靠少数高素质的人来掌控组织。

控制技术的发展程度。分权的目的是有助于组织目标的实现。为了避免组织失控,必须在分权的同时进行有效控制。一方面,随着信息技术与控制技术的发展,上级能够较容易掌控下属的工作状况,分权变得更加可行。但另一方面,先进的控制技术也使得组织更容易实现集权控制。因此,总体而言,控制技术的提高将会加强组织原有的权力分配倾向,集权的组织更集权,分权的组织更分权。

外部环境。集权与分权的程度会受到外部环境因素的影响。在复杂多变的环境下,对于重要的问题,组织倾向于集权,如金融风暴导致公司面临危机或倒闭危险时,往往由最高领导人独揽大权来决定公司的生死存亡;而对于次要的问题,组织则倾向于分权,以更及时、准确地适应环境要求。

组织想要在集权和分权之间获得良好的平衡,就要努力做到"放得开又管得住""有活力而不失控",这是处理好这两者关系的核心。

（二）授权

人的精力是有限的，管理者不可能亲自决定或监控所有工作，因此必须要将一部分权力授予下级。**授权**是指上级给予下级一定的权力和责任，使下级在一定的监督之下，拥有相当的自主权而行动。一般来说，授权就是管理者将不必亲自做、下属可以做好的事情交给下属去完成。授权者对被授权者有指挥、监督权，被授权者对授权者负有汇报情况和完成任务之责。

分权与授权是组织实现权力分配的两种途径。分权与授权是相互补充的，组织在分工时难以详细规定每一项职权的运用，难以预料每个岗位上工作人员的能力，也难以预测每个管理部门可能出现的新问题，因此，各层次管理者需要通过授权等手段来解决上述问题。[①] 授权作为一种实现有效管理的基本方法，得到越来越多管理者的重视。

二、授权的作用

成功的授权也许是有效管理的最好体现，因为不管是对于个人还是对于组织，有效授权都是其成长和发展的最基本要素。[②] 众多管理实践充分表明，授权在组织中发挥多重作用。

（1）可促进员工愉快且高效地完成工作。其一，授权有利于增强下属的工作安定感。授权通常意味着信任、尊重和认同，这能让下属更安心地工作。若管理者能努力促进下属的构思得以实施，将大大提高他们的工作满意度。其二，授权有利于改善上下级的关系。授权使下属从听令行事的消极状态转变为主动担责的积极状态，使上下级之间的关系变成合作共事、互相支持的关系，从而有利于形成和谐友好的工作团队。其三，授权有利于提高下属的工作积极性。管理者通过有效授权，使下属不仅拥有一定的权力和自由，而且也承担相应的责任，从而可以调动下属的工作积极性和创造性，以及提高下属的工作效率。

（2）可促进管理者专注且有效地达成目标。其一，授权可使管理者从日常事务中摆脱出来，专注组织目标，专心处理重大问题。随着组织规模的扩大，琐碎事务开始增多，管理者无须事必躬亲。通过把权力授给下属，管理者既能专心办大事，又能掌控全局，所以说授权是管理者走向成功的分身术。其二，授权可充分发挥下属的专长，以弥补授权者自身才能的不足。面对日趋复杂的组织环境与管理问题，人的能力有限，管理者不可能样样精通。通过授权，管理者可以将自己不会或不擅长的那部分工作委托给有专长的下属，发挥下属所长，从而更有效地实现目标。其三，授权有助于管理者自身的发展。管理者的授权行为会影响其职位晋升，如表 7.5 所示。有效授权能帮助管理者有效运用群体的力量，获得较好的群众基础，并培养出合适的接班人，从而得到领导的赏识，使自己的晋升通道更为顺畅。

① 汪克夷，易学东，刘荣. MBA 管理学［M］.5 版. 大连：大连理工大学出版社，2011：160.
② 柯维. 高效能人士的七个习惯［M］. 高新勇，王亦兵，葛雪蕾，译. 北京：中国青年出版社，2010：186.

表 7.5　授权和不授权对管理者晋升的影响

晋升所注重的方面	授　权	不授权
能力—工作业绩	群体的力量	个人的力量
群众基础—员工意见	较好	较差
合适接班人—候选人数	一批	很少或没有
领导赏识—上司满意	较满意	不一定
总体衡量结果	有望晋升	危及现职

（3）可促进组织培养人才和提升效益。其一，授权可锻炼下属能力和提升管理者领导水平，有利于人才梯队的建设和管理人才的培养。通过授权，下属有机会独立处理问题，从实践中提高操作能力和管理能力；管理者能更有效地使用时间，将注意力集中于下属的成长、工作的协调和总体的把握，从而提高用人水平和决策能力。这能为组织建设专业技术人才队伍和管理人才队伍打下基础，推动组织持续健康发展。其二，授权可使得全体组织成员更为高效地履行职责，从而增进组织效率和提升组织效益。

总之，授权对于每个组织及其成员都具有长远意义。有效授权可赋予员工自由度、自主权和勇于创新的勇气，可赋予管理者更好的业绩与远大的前景，可赋予组织更佳的效益与长远发展的动力。

三、授权的过程

我们大致可从明确任务、物色人选、确定责权和适度监控四个方面来理解授权的过程。需要注意的是，以下方面并不是在授权过程中能够明确区分开来的几大步骤或阶段，而往往是紧密联系或几乎同时进行的。

视频：授权的过程与原则

（一）明确任务

组织中的管理者要处理的事情很多，因此管理者要分析自己的时间和下属的时间，并对任务进行分类。对于哪些任务可以授权，没有固定的模式，管理者需要综合考虑自身和下属的层次、能力等因素。管理者能够明确哪些事情需要亲自处理，而哪些事情可以通过授权交给别人做，是其"分身有术"与提高组织效率的不二法门。一旦需要授权的任务明确了，管理者也就相对容易找到合适的授权对象。

（二）物色人选

任务始终要落实到具体的人。管理者把权力授给谁，可以说是其在授权时必须正确把握的首要问题，也是工作成败的关键所在，因此必须慎重对待。合适的被授权者并不一定是最有才干的下属，而是与任务所需的资格最匹配的人。合适的人选能为管理者排忧解难，甚至能收到事半功倍的效果。当然，管理者也可能先选定了某个能力突出的被授权者，再"因人择事"，为其分派合适任务。

（三）确定责权

管理者需要针对所授的任务，界定被授权者的职权范围，并通过有效的沟通，让被授权者了解什么是其可以独自做主的，什么是必须经过管理者同意才能做的。

对于所授予权力的选择，需要注意大权独揽、小权分散。就一般情况而言，管理者应保留以下几种权力：一是事关区域、部门、单位的重大决策权；二是直接下属和关键部门的人事任免权；三是监督和协调下属工作的权力；四是直接下属的奖惩权。除此之外的很多权力，可视不同情况灵活掌握。大体来说，凡是分散管理者精力的事务工作、上下都可支配的边界权力以及因人因事而产生的机动权力等都可以下放。管理者需保留多少权力，还要根据不同任务的性质、不同的环境以及不同的下属而定。

下属一般会用自己的方式去完成工作任务，但是管理者必须说明任务完成的期限与结果。被授权者应承担的责任主要包括两个方面：一是在行使权力的过程中应遵守什么；二是对活动的结果应负有什么责任。下属在接到任务的信息之后，须向管理者汇报其所了解的任务及目标，以便管理者及时调整与全面把控；须向管理者承诺保证完成分派的任务，保证不滥用权力，并根据任务完成情况和权力使用情况接受管理者的奖励或惩处。需要注意的是，被授权者所负的只是工作责任，而不是最终责任。管理者可以分派工作责任，但其对组织的责任是不能分派的。被授权者只是协助管理者来完成任务，对于组织来说，管理者对于被授权者的行为负有最终的责任。在失误面前，管理者应首先承担责任。

（四）进行必要监控

管理者可以下放自己的权力，但不能下放自己的最终责任。因此，管理者在授权后，还必须运用必要的检查反馈机制，适度地督促下属尽到应尽的责任，完成应完成的任务。

管理者应及时掌握被授权者动态以及所授任务的进展状况，具体包括：了解被授权者的工作态度、需要与意向；掌握被授权者目前的工作负荷；抽出时间指导被授权者；协助被授权者制定工作计划表；协同解决被授权者在完成有关任务时遇到的难题。管理者应适时听取被授权者的报告、观察工作进展与提供有效指导，并从中把握被授权者在完成所交付任务的过程中用心的程度及付出的努力。

在授权后，管理者不仅要充分肯定下属行使权力的效果，以充分激发下属积极性，而且也要指出下属的问题，并督促下属在工作中加以克服或避免，同时还要进行适当的引导，防止下属偏离工作目标。但这不是横加干涉，而是支持下属工作，帮助下属解决问题。特别是当下属发生工作失误时，管理者更应当谨慎对待。监控的宗旨是帮助下属纠正错误或提升绩效，绝不能施加压力或恶意苛求。当然，在发现下属确实不能有效履行责任时，管理者应及时采取果断措施，或收回权力，或派人接管，以避免使组织遭受更大的损失。

四、授权的原则

有效的授权能同时有利于授权者和被授权者以及组织工作的高效完成。因此,每一个管理者都要注意授权的方法与技巧。在授权过程中,要注意以下原则。

(一)目的明确

明确授权的目的是有效授权的前提。管理者必须使被授权者明确所授事项、工作要求、任务目标及权责范围,使其能十分清楚地工作。不清楚或没有目标的授权,会使被授权者在工作中不着边际、无所适从。因此,管理者需要为被授权者进行必要的任务说明。

(二)权责相当

管理者必须保证被授权者的权力与责任相一致,即有多大的权力就应担负多大的责任,做到权责相当。在实际工作中,下级总希望增加其权力,同时减少其责任;上级则要求下级多承担责任,但又不愿多授予权力。这两种思路都欠妥当,必须保证权责平衡。有权无责,权力会被滥用;有责无权,责任无法落实,下级会消极怠工。因此,管理者在向下授权的同时,必须明确被授权者的责任,将权力和责任一并授予对方。权责明确不仅可以有力地保证被授权者积极地去完成所承担的任务,而且可以堵住上下推卸责任的漏洞,使被授权者忠于职守、努力工作,发挥自己的主动性与创造性。

(三)命令统一

命令统一原则是指一个下级只从一个上级那里接受分派的任务和授予的职权,并只对这个上级负责。如果要求一个下级从两个及以上的上级那里接受命令,必然会导致多头指挥的混乱局面,而由两个及以上的上级同时向一个下级授权,很可能会在权力和责任方面出现矛盾,所以,高级主管只能将自己拥有的决策权授给其直接领导的中层主管,而不能把所拥有的权力授给中层主管的下属,因为这种做法的实质是越级授权。为保持命令统一原则,管理者要重视以下三点:①全局性的问题集中统一;②各部门之间分工明确,不交叉授权;③不越级授权。

(四)视能授权

选择合适的人选是有效授权的保证。权力应授予那些有能力运用好所授权力以高质量完成工作任务的人。为此,在选择被授权者时,管理者应遵循"因事择人,视能授权"和"职以能授,爵以功授"的原则,以避免出现能力不胜任的情况。管理者应优先考虑具有积极主动性、高绩效表现的员工。对于既能干又肯干的员工,管理者应充分授权,否则应适当保留决策权。

(五)授控结合

授权是有一定风险的,一旦下属无法取得令人满意的结果,承担最终责任的还是管理者本人。下属没有完成所授任务,管理者不仅要承担工作失败的责任,而且要承担"用人不当"的责任。所以,授权绝对不是弃权,而缺乏适度监控的授权就是弃权。在授权过程中，管理者为保证被授权者能及时完成任务，必须对被授权者的工作进行必要检查，以掌握工作进展信息，或要求被授权者及时反馈工作进展情况，对偏离目标的行为及时进行引导和纠正。在授权的同时，管理者应采取有效的控制措施，以更好地发挥授权的作用。授控结合的要点包括四个方面：①明确指明下属行使权力的范围；②监督下属行使权力的方向；③检查下属行使权力的结果；④保留收回权力的权力。

（六）授收有度

管理者要勇于授权，且要努力保证所授权力的稳定性。员工可能会尝试把交托的任务"丢回"给主管，主管可能也会忍不住想把任务"拿回来"，特别是在员工陷入工作僵局的时候，这种情况更明显。在某些特殊情况下，主管可能别无选择，只能把任务收回，避免自己的绩效记录留下污点。然而，只有在极为特殊的情况下，才能这么做。如果管理者把任务收回，员工就会失去学习与成长的机会。对于渴望把事情做好但需要及时协助的员工来说，这个结果可能令其非常沮丧。因此，管理者在收回权力时，必须非常慎重。当被授权者因为主观不努力而没有推进工作时，管理者必须给予纠正；当由于客观原因造成工作无法如期进展时，管理者必须给予适当协助；但对于滥用职权者或严重违法乱纪者，管理者要及时收回他们手中的权力，并予以严厉惩处。

第三节　动态控制

在明确目标和计划、分工和协作关系之后，组织的各项工作为何仍然常常达不到预期效果？其中的关键原因就在于没有跟进相应的控制工作。由于组织内外部因素的影响，组织计划的实施和目标的达成往往难以一帆风顺。此时，管理者就需要履行控制职能。

控制是指组织在动态环境中为保证既定目标的实现而采取的检查和纠偏活动或过程。控制是一个动态的过程，在不同的时空背景下，控制的内容和方法要有所改变，因此，有效控制必然是动态控制。控制的概念至少包括以下含义：第一，控制是为组织达成既定目标服务的；第二，控制是通过"检查"和"纠偏"活动或过程来实现的；第三，控制是一个与计划密不可分的过程。

组织内任何形式的控制，都有一定的前提条件。这些前提条件是否充分，对于控制过程能否顺利开展有很大的影响。一般来说，控制的前提条件主要包括：有一个科学合理、切实可行的计划；有专司控制职能的组织机构和人员；有畅通的信息反馈渠道。换言之，控制必须要有计划、有组织、有领导地进行。

一、控制重要性

控制使组织计划与实际运作动态适应，可避免或减少管理失误造成的损失。在组织中,尽管各个层次的管理者所控制的范围不同,但他们都担负着执行计划的职责,因而控制是每一位管理者都要重视的管理职能。控制对于组织的重要性可从以下方面来理解。

（一）组织环境的不确定性

组织的目标和计划是针对未来一段时期制定的,而组织所处的内外部环境是一个复杂、多变、不稳定的系统。在计划实施过程中,组织内外的相关因素都有可能发生变化。当环境发生改变时,组织不仅要调整目标和计划,也要对实现目标和计划的方法进行必要的调整。为了使目标和计划能够适应变化的环境,为了保证目标和计划更好地实现,组织就必须通过控制手段来及时了解环境变化的程度和原因。一般来说,计划和目标的时间跨度越大,动态控制也越显得重要。

（二）现代组织活动的复杂性

随着科技的发展和社会的进步,组织的业务活动变得更为复杂。为了实现目标,组织要从事更加困难和复杂的工作,并涉及更多的人员、部门与区域。因此,组织必须有详尽合理的计划和科学严密的控制系统,以协调组织内外的各种关系,并保证组织的正常运转。如今,绝大多数的组织都面临着繁杂的业务活动和激烈的竞争形势,要使各部门的活动紧紧围绕着组织目标开展,要保证每一项具体活动顺利进行,就必须对各个部门及其活动开展行之有效的控制工作。

（三）组织成员的差异性

组织的整体目标是由各个部门的分目标组成的,组织的计划也是靠每一个组织成员来具体执行的。组织中各级人员的能力存在差别,且他们对计划的理解、态度也不尽相同。这些差异很可能导致在计划执行过程中出现偏差。因此,组织必须通过控制机制使上级管理者监控下级目标实现的进度及过程,并给予必要的提醒和支持,以保证总体目标的实现。

（四）失误的不可避免性

组织在运行过程中出现失误是不可避免的。对于细小的偏差,如果放任不管,在较长的时期内就可能得以累积和放大,并最终对计划的正常实施造成重大的影响。控制是发现错误、纠正错误的有效手段。通过对实际运营过程的检查,管理者可以及时发现偏差;通过对产生偏差的原因分析,管理者可以明确问题之所在,从而及时采取纠偏措施。

（五）提升组织效率和核心能力的迫切性

面对竞争越发激烈的市场环境,任何组织都在迫切寻求各种提高组织效率和核心能力的方法,以使组织在竞争中脱颖而出,并处于不败之地。为此,组织就必须掌握组织资源利用现状,准确地评估组织已有的生产或服务效率。这些工作都需要通过控制系统来获得资源、产品、服务、员工绩效等各方面的信息反馈。只有在拥有一个有效控制系统的情况下,组织才能更好地适应新环境,适时确立新的目标和提出新的计划，改进组织结构和业务流程，加大对员工的授权力度，从而提升运营效率和确立战略优势。

二、控制系统构成

管理者主要通过下属完成任务，为此，管理者就需要建立控制系统，以便使自己可以自始至终地掌握下属完成任务的情况和进度，以确保预定目标的实现。控制系统由控制对象、控制目标体系、控制手段和方法、控制主体等要素组成，如图 7.9 所示。

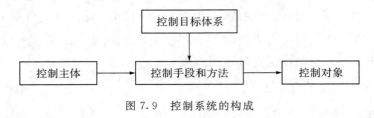

图 7.9 控制系统的构成

（一）控制对象

组织要建立控制系统，首先必须明确控制对象，即明确控制什么。组织的各类资源、各个层次、各个业务阶段以及组织成员的行为等等都可以成为控制对象。组织的控制应该是全面的控制，组织的控制对象囊括了组织的各个方面。需要注意的是，虽然控制对象类别众多、范围广阔，但在控制活动中要把所有对象当作一个整体来控制，并根据内外部环境的发展态势来明确或调整控制的重点对象，以充分发挥控制职能的作用，达到整个组织的协调一致。

（二）控制目标体系

任何组织都是为完成一定的目标而存在的，因此，任何控制活动都有一定的目标取向。组织要建立完备的控制系统，除了要确定控制对象外，还要明确控制目标体系，即明确控制在怎样的范围之内。控制目标体系与组织的目标体系和计划体系是相辅相成的。控制目标体系常常以各种形式的控制标准体现出来，如时间标准、质量标准和行为准则等。控制标准往往是根据组织总目标所派生出来的分目标、各项计划指标以及制度要求来确定的。

（三）控制手段和方法

各级管理者需要通过一定的控制手段和方法，准确地衡量控制对象的实际状况和控制目标之间的差距。控制手段和方法是多种多样的。只要控制对象确定和控制目标明确，就一定可以找到相应的衡量标准和衡量方法。各个组织应把各种不同的控制类型和控制方法看作在不同情境下可以选用的控制手段和方法。

从不同的角度，控制可分为不同的类型。按控制的时间点划分，控制可分为前馈控制、同期控制和反馈控制；按控制的性质划分，控制可分为预防性控制和纠正性控制；按控制的程度划分，控制可分为集中控制、分层控制和分散控制。

总体而言，根据控制主体的不同，控制方法可分为两大类：传统的控制方法（组织控制方法）和基于责任感的控制方法（自我控制方法）。传统的控制方法是管理者通过对相关部门和人员施加外部影响来实施控制的方式。按照控制对象的不同，组织中常见的传统控制方法可分为财务控制、时间控制、数量和质量控制、安全控制、人员控制和信息控制等。基于责任感的控制方法是通过员工的责任感和自我控制来保持对事务实施控制的方式。它强调的是自我控制，其前提是假设员工自己想要正确工作。由于传统控制方法的成本相对较高，强调员工自我控制的方法得到了越来越多的重视。

（四）控制主体

为了根据控制目标要求对控制对象进行有效控制，组织必须明确各项工作的控制主体，即明确谁来履行控制的职责。控制主体是执行控制活动的各级管理者及其所属的职能部门。控制主体控制水平的高低是控制主体能发挥多大作用的决定性因素，因此选择合适的控制主体是一个控制系统高效运行的必要保证。各层次管理者作为控制主体，具有主观能动性，能及时根据组织内外部环境的变化和组织发展的新需求来调节控制活动。由于管理者所处地位的不同，其控制的任务也不同。一般来说，中基层管理者主要进行例行的、程序性的控制，而高层管理者主要进行例外的、非程序性的控制。如今，越来越多的组织开始通过智能化的机器设备和信息网络来进行例行的、程序性的控制，而管理者更多关注例外的、非程序性的控制。

总体而言，控制系统就是一个由控制主体依据控制目标体系，通过一定的控制手段和方法，对控制对象进行监督、管控的系统。控制系统的四大组成部分相互作用，共同组成一个有机的整体。管理者进行控制的目的在于保证组织目标的实现，即保证组织活动的过程和实际绩效与计划内容和目标相一致。控制系统始终只是实现组织目标的工具，因此管理者必须将其置于整个管理工作过程之中，以发挥其应有的作用。

三、控制过程

任何组织活动都需要进行相应控制。对于不同活动，虽然所采取的控制方式不尽相同，但是其控制过程一般都包括确定控制标准、衡量实际绩效、进行差异分析和采取纠偏措施四个阶段（见图 7.10）。

（一）确定控制标准

为了实施有效控制，管理者必须首先确定控制标准，以作为共同遵守的衡量尺度和比较的基础。所谓标准，就是评定成效的尺度和准绳。控制标准标明了组织所确认的偏差范围以及对工作或行为管

视频：控制的过程

理的力度。如果没有控制标准，就无法进行对工作的客观检查和对实际业绩的客观评价，当然也就无法明确是否需要采取纠偏措施。根据控制标准，管理者可以获得工作进行得如何的信号，也就无需对计划实施过程中的每一步都亲自加以过问。

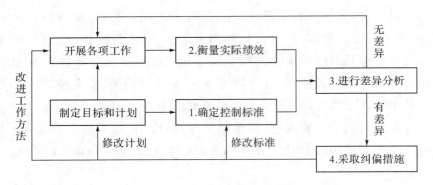

图 7.10 控制的基本过程

控制的目的是保证计划的顺利实施和组织目标的实现,因此控制标准的制定必须以计划和组织目标为基本依据。任何一项具体工作的衡量标准,都应该有利于组织目标的实现。但组织的计划内容和活动状况是细微和复杂的,管理者既不可能也无必要对整个计划和活动的细枝末节都确定标准和加以控制,因此,需要突出关键点。管理者通过对这些关键点的控制来把握组织整体的运转状况。

控制标准可从不同的角度加以分类。按照性质的不同,控制标准可分为工作标准和管理标准,而工作标准又可以从时间、数量、质量、成本四个方面来制定。时间、数量、质量、成本标准又可按表现形态的不同分为定量标准和定性标准。定量标准更容易理解和控制,如成本、利润、销售收入等。然而,许多标准是难以量化的,因此,标准也可以定性描述,如工作作风、道德标准等。[1] 这些标准还可按要求程度的不同分为优秀标准和合格标准。

(二)衡量实际绩效

绩效是组织为实现目标而呈现在不同层面上的有效输出,包括个人绩效、部门(团队)绩效和组织绩效三个层面。在衡量实际绩效时,控制主体把实际工作情况与控制标准进行比较,找出实际绩效和控制标准之间的差异,据此对实际工作做出评估。这个阶段的重点工作就是要收集实际工作状况的信息,并传递到控制主体手中,使其及时了解和掌握工作的实况。信息的准确与否直接决定了管理当局能否对全局进行正确的判断从而做出正确的决策。因此,组织要通过调查、统计、分析等方法,经常性地对各方面工作进行全面、系统、有重点的检查,并建立一定的检查、汇报制度,以保证实际绩效衡量的精确性。

通过亲自观察、召开会议、分析资料、抽样调查、运用管理信息系统、要求提交书面报告和进行口头汇报等方式,管理者能从多渠道收集到关于实际绩效的信息。为了防止相关人员歪曲或隐瞒实际情况,有的组织建立了专门的部门(如统计部门、审计部门或政策研究部门等)来从事相关的工作。最简单和常用的绩效信息收集方式是亲自观察,而走动管理是亲自观察的典型形式。这种信息收集方式能帮助管理者获得其他来源所疏漏的信息,及时发现并解决问题。

（三）进行差异分析

如果实际绩效与所设定的标准之间存在差异,那么管理者就需要分析差异产生的原因,以确定是否有必要采取纠偏措施。实际绩效和控制标准之间的差异存在以下几种情况:①实际绩效高于目标要求。这是一种良性的差异,管理者可以通过分析总结成功经验,为之后的工作提供帮助。②实际绩效与目标要求之间无差异,则工作可以按照原计划进行下去。③实际绩效未达到目标要求,但这个偏差在允许的范围之内。此时,工作可以继续进行,但与此同时,要找出偏差产生的原因以便改进工作。④实际绩效未达到目标要求,且偏差超出了允许的范围。此时,很有可能要暂停目前的工作,深入分析偏差产生的原因,并及时纠正,以免发生不可弥补的错误。

工作中出现偏差的原因往往是多种多样的,大致可以分为三类:一是由于事先没有预计到某些因素的变化而导致实际绩效偏离了预期,如环境的变化、材料的短缺等;二是由于在实施过程中方法不当、组织不力或领导无方而导致实际绩效没有达到预期目标;三是计划指标或工作标准的制定脱离实际,定得太高或太低,以至于出现偏差。

（四）采取纠偏措施

控制过程的最后一项工作就是采取必要的纠偏措施来纠正偏差或改善未来绩效。采取纠偏措施实质上是一个解决问题的过程。管理者要根据不同的偏差和不同的原因,采取不同的措施。管理者所采取的纠偏措施在很大程度上取决于绩效偏离目标的程度以及管理者的分析判断能力。除了当偏差在允许范围之内则维持现状外,管理者通常可以采取的行动还包括改进工作方法、改进组织和领导工作以及修订原有计划或标准。

1.改进工作方法

工作方法不当是产生偏差的主要原因之一。工作方法造成偏差的现象在制造型企业中较为常见,因为生产技术通常是此类企业完成计划和达成目标的保证。如果偏差是技术上的原因造成的,企业便要及时采取技术措施。在服务型企业中,多数差错来自服务人员态度和行为的不当,管理者应该分析现有人员工作态度和行为上的弊端,设计出更加合理的服务流程和行为规范,并组织员工进行培训,以改善工作绩效。

2.改进组织和领导工作

组织和领导工作的不恰当也常常是产生偏差的原因。控制职能与组织职能及领导职能是相互影响的。组织方面的问题主要有两种:一是在制定好计划之后,组织落实工作却没有做好;二是控制工作本身的组织体系不完善,难以做到对可能产生的偏差加以及时的跟踪和分析。在这两种情况下,管理者都应该改进组织工作,如完善组织机构、调整权责配置以及改进分工协作关系等。此外,偏差也可能是由于执行人员能力不足或积极性不高而导致的。在这种情形下,改进管理者的领导方式以及提升其领导艺术便是纠偏的首要工作。

3.修改原有计划或标准

如果出现偏差的主要原因在于原有计划安排或控制标准不当，或者计划或标准已经无法适应环境变化，那么纠正偏差的措施便是适当调整原有的计划或标准。需要注意的是，在调整计划或标准时，不能偏离组织的总目标。只有当事实证明计划或标准不切实际，或者环境的重大变化使原有的计划或标准实施前提不复存在时，对计划或标准进行修改才是合适的。在修改计划或标准时，管理者应从实际情况出发，强调客观性和可行性，避免自身主观因素的消极影响。

在进行纠偏行动之前，管理者要决定是采取应急纠偏措施还是彻底纠偏措施。应急纠偏措施是指能够马上将出现问题的工作矫正到正确的轨道上来的措施；彻底纠偏措施是指能够从根本上消除偏差的措施。两者互有利弊，在现实中共同存在。应急纠偏措施用于解决紧迫问题，而彻底纠偏措施对于反复出现、影响广泛的问题更有效果。管理者应当学会系统思考和战略部署，以有效地解决组织中出现的问题。

四、控制原则

控制是在管理工作中较易出现问题的一个环节。在许多情况下，即便计划、组织、领导、创新等工作都有序进行，如果控制工作出现了失误，组织目标仍然不能顺利完成。为了保证对组织活动进行有效的控制，管理者必须遵循以下原则：

（一）重点原则

管理者不可能控制组织中的每一件事情，也无法控制组织活动的全过程，即便能够做到，也通常是得不偿失。管理者需要集中精力抓住活动过程中的关键和重点，进行局部和重点控制。一般而言，在任何组织中，目标、重要影响因素、薄弱环节和重大例外是管理者控制的重点。事实上，控制了关键点，也就控制了全局。

（二）客观性原则

在控制工作中，管理者要重视控制标准与组织目标及核心价值观的一致性，要重视客观依据和客观评价。没有对工作绩效的客观衡量和评价，就不可能有正确的控制。管理者要进行客观、准确的控制，就必须重视以下三点：一是要尽量运用客观的衡量方法，用客观的方法记录和评价绩效，把定性的内容具体化、客观化；二是要从组织的角度来观察问题，避免个人的偏见和成见，特别是在绩效的衡量阶段，要以事实为依据；三是要确保信息的可靠性，从多层面、多渠道来收集和验证所需要的信息。

（三）及时性原则

高效率的控制系统能够迅速发现问题并采取适宜的控制措施。一旦丧失时机，即使提供再准确的信息也是徒劳。时滞现象是控制中常见的难题，解决这一问题的最好办法是采取预防性控制措施。一个真正有效的控制系统应具备预见性，洞察现状所预示的趋势，控制变化趋势，把握向好趋势，及时发现可能出现的偏差，预先采取措施或调整计划，而不是等问题真的出现了再去寻找解决方法。

（四）灵活性原则

未来的不可预测性始终是一个客观的存在，控制系统应该具备灵活性以适应各种不利变化，或能够利用各种新的机会。面对环境突变、计划疏忽、计划失败等未预料到的情况，控制职能应能发挥作用。而且，面对当今变化多端的环境和日益激烈的竞争，任何组织都需要具有灵活调整其控制方式的能力。根据控制灵活性原则的要求，组织应制定多种应对变化的方案，适当留有一定的后备力量，以及采用多种灵活的控制手段。

（五）经济性原则

控制是一项需要投入大量人力、物力和财力的活动，其耗费之大正是组织对许多应予控制的问题没有加以控制的主要原因之一。某些组织活动是否需要控制或如何进行控制，都涉及费用问题，因此必须考虑控制的经济性。单纯从控制的角度来看，似乎参与控制的人员越多、控制措施越严密，控制的效果就会越好，但所产生的费用也就越高。而且，不顾组织实际，设计出庞杂的控制系统，进行过分严密的控制，不但浪费资源，也会导致员工产生抵触情绪，不利于组织工作的开展。因此，根据控制经济性原则的要求，组织应避免控制制度的烦琐，精确选择控制点，不断改进控制手段和方法，努力降低控制的各种耗费并提高控制效果。

 思考题

1. 人员配备的基本原则是什么？
2. 组织设计的主要任务是什么？
3. 如何提升岗位对高成长需求员工的吸引力？
4. 有效授权要遵循哪些原则？
5. 组织为什么要重视控制职能？
6. 组织的控制系统由哪些部分构成？
7. 有效控制的基本原则是什么？
8. 常见的组织结构形式有哪些？它们各自的优缺点是什么？

第八章

人员管理：指导、沟通、激励

☞ **学习目标**

① 区分管理者与领导者
② 理解领导者影响力的来源
③ 理解领导理论的基本观点
④ 明确有效沟通的条件
⑤ 了解沟通的过程与类型
⑥ 理解沟通的主要障碍与改善方法
⑦ 掌握激励的主要理论与基本原理
⑧ 理解激励的主要原则和基本方法

视频：管理者影响
力的来源

　　为了使所有人员能够为组织发展协力工作，管理者就必须有效履行领导职能。在进行人员管理的过程中，任何组织都需要有一个"头"来统领全局、协调各方和凝聚力量。毋庸置疑，所有的群体都需要领导。**领导**是指个体对他人施加影响，带领和指导他人开展活动以实现群体或组织目标的过程。因此，对他人施加这种影响的人就是领导者。党的二十大报告指出，团结就是力量，团结才能胜利。团结奋斗是当下需牢牢把握的时代要求。优秀的领导者具备强大的影响力，运用恰当的领导方式，激发员工的奋斗精神与热情，促进团队精诚团结、共同奋斗。

　　领导者影响力有两个基本来源：职权和威信。**职权**是组织正式授予的权力，是管理者在组织中实施领导行为的基本条件。管理者在组织中拥有指挥下属的支配权、强制权和奖赏权。**威信**是指由个人素质而形成的影响力。这种影响力以他人的认同与信服为基础，与个人在组织中的职位没有必然的联系。威信主要源于两个方面：个人专长和个人品质。因此，对于拥有管理职位的领导者而言，其权力构成包括五个方面：专长权（基于个人专长的权力）、感召权（基于个人品质的权力）、支配权、强制权和奖赏权。

　　管理者与领导者是有区别的。一个人可能是领导者而不是管理者，在非正式组织中，没有管理职位却具有强大影响力的人就是典型的例子。管理者是被正式授权来管理一个组织或部门的，利用职权来做出决策和实施行动，而领导者可能是在群体活动中自发产生的，利用影响力来引导他人采取行动；管理者须有下属，而领导者须有追随者；管理者通过计划、组织、控制等手段来提高效率与完成任务，而领导者通过指导、协调、激励等方式使追随者自觉地朝着其指引的方向前进；管理者更多的是在下属后面鞭策，而领导者更多的是在群众前面带领；管理者更多地关注正确地做事，而领导者更多地关注做正确的事。

领导职能是有效管理的一个重要方面，管理学注重于探究管理者如何成为领导者。因此，在正式组织中，领导者通常是指拥有管理职位并能影响员工行为的人。由于领导者能够有效地激发群体的积极性与增强群体的内聚力，并使追随者自觉地听从指挥，因此，组织中的管理者应该成为领导者。在带领与指导人员实现共同目标的过程中，管理者应通过履行领导职能，对人员施加影响，有效发挥领导的作用：①指导作用——指引方向，明确路径；②协调作用——有效沟通，协调关系；③激励作用——鼓舞斗志，排忧解难。因此，在人员管理中，管理者要着力提升自身的指导艺术、沟通技巧与激励水平。通过本章的学习，我们需要把握以下要点：理解领导理论与指导方式，增强指导能力；明确沟通障碍，提高沟通能力和沟通有效性；了解激励原理与方法，提高激励自己和他人的能力，以有助于更好地实现目标。

第一节　指导艺术

对员工进行有效指导是管理者的重要职责之一。管理者应认真学习领导理论，明确界定指导内容，恰当运用指导方式，努力做到因人而异、因时而异、因地制宜。不同管理者的管理风格有所差别，但每一位管理者都需要掌握一定的指导技巧，以游刃有余地对不同员工开展指导工作。

一、理论指导

管理者应运用合适的理论来指导员工开展工作。在一个组织中，尽管管理者具有指导下属行动的权力，但下属并不会自动地服从命令。管理者要使组织实现顺畅运作与激发员工行动力，就必须掌握如何有效指导的理论与技能。因此，管理者需要系统了解与学会运用有效领导的理论与方法。人们对于领导有效性的研究主要从三个方面着手，相应地，领导理论也分为三大部分，即领导特质理论、领导行为理论与领导权变理论（见表8.1）。

有效指导的实质是"因人施导"，与此相对应的理论是"领导权变理论"。许多管理学家认为，管理者领导行为的有效性不仅取决于其品质、能力、知识，也取决于其所处的

表 8.1 不同领导理论的比较

领导理论	基本观点	研究焦点	研究结果	代表性理论
领导特质理论	领导有效性取决于领导者个人特质	好的领导者应具备怎样的素质	各种优秀领导者的图像	传统领导特质理论
				现代领导特质理论
领导行为理论	领导有效性取决于领导行为和风格	怎样的领导行为和风格是最好的	各种最佳的领导行为和风格	勒温理论
				四分图理论
				管理方格图理论
领导权变理论	领导有效性取决于领导者、被领导者和环境的影响	在怎样的情况下，哪一种领导方式是最好的	各种领导行为权变模型	菲德勒模型
				情境领导理论
				路径—目标理论

具体环境，如被领导者素质、工作性质、组织氛围等。也就是说，领导品质和行为能否促进领导有效性，在很大程度上受到环境因素的影响。这种认为领导行为应随环境因素的变化而变化的理论就是领导权变理论。据此，领导有效性受到领导者、被领导者和环境的影响，即：

$$E = f(L, F, S)$$

式中，E 代表领导有效性（或领导效果），L 代表领导者，F 代表被领导者，S 代表环境。

以下将介绍应用较为广泛的两种领导权变理论：情境领导理论与路径—目标理论。

（一）情境领导理论

保罗·赫塞（Paul Hersey）和肯尼斯·布兰查德（Kenneth Blanchard）提出了情境领导理论。他们把注意力放在对下属的研究上，认为成功的领导者要根据下属的成熟度来选择合适的领导方式。**情境领导理论的基本观点**是：领导者的行为只有与下属的成熟度相匹配，才能取得有效的领导效果。

成熟度是指人们对自己的行为承担责任的能力大小和意愿强弱。它取决于两个方面：任务成熟度和心理成熟度。任务成熟度相对于一个人的知识和能力而言，若一个人的知识、能力和经验足以使其在无他人帮助的情况下顺利完成工作，那么其任务成熟度就高，反之则低。心理成熟度与做事的意愿与动机有关，如果一个人能自觉地开展工作，而无须外部激励，那么其心理成熟度就高，反之则低。

领导者若要实施有效的指导，就必须善于区分和把握下属的成熟度。按任务成熟度和心理成熟度的高低程度，人们常常表现出**四种不同的成熟度**：没能力，没意愿；没能力，有意愿；有能力，没意愿；有能力，有意愿。针对上述四种成熟度，领导者可以采用相应的**领导方式**：命令式；说服式；参与式；授权式。与下属成熟度相对应的领导方式及其基本特点如表 8.2 所示。

表 8.2　情境领导方式及其基本特点

下属成熟度	领导方式	基本特点
没能力,没意愿	命令式	高工作—低关系导向:指导行为多,支持行为少
没能力,有意愿	说服式	高工作—高关系导向:指导行为多,支持行为多
有能力,没意愿	参与式	低工作—高关系导向:指导行为少,支持行为多
有能力,有意愿	授权式	低工作—低关系导向:指导行为少,支持行为少

在不同的领导方式下,领导工作的具体内容也有所不同。在运用命令式领导方式时,领导者对下属给予明确的指导与近距离监督;在运用说服式领导方式时,领导者对下属进行指导和允许下属试错,并注意保持和激发下属的积极性;在运用参与式领导方式时,领导者主要解决下属工作动机不强的问题,并鼓励下属自主决策与按照自己的方式做事情;在运用授权式领导方式时,领导者无须干涉下属的工作,由下属自行决策并执行。[①]

赫塞与布兰查德认为,随着下属从不成熟走向成熟,领导者不仅要减少对活动的控制,而且要减少对下属的帮助。领导者与下属的关系就如同父母与孩子的关系,当孩子变得越来越成熟和善于负责时,父母需要逐渐放松管制。[②] 总之,根据情境领导理论,领导有效性在于把组织内的工作行为、关系行为和下属成熟度结合起来考虑,随着下属成熟度的提高,领导行为也要随之调整。

(二)路径—目标理论

罗伯特·J.豪斯(Robert J. House)提出了路径—目标理论。[③] 该理论主要阐述了领导者如何帮助下属明确工作目标及其实现路径。这涉及两个主要环节:一是确立工作目标;二是改进通向目标的路径以确保目标实现。

根据路径—目标理论,领导者可以而且应该根据不同的环境因素来调整自己的领导方式。环境因素包括两个方面:一是下属的特点,包括下属的受教育程度、下属对于参与管理和承担责任的态度、下属对独立自主性的要求程度等;二是工作环境的特点,主要指工作性质、组织性质等。

豪斯认为,领导者的基本任务就是发挥下属的作用,而要发挥下属的作用,就得帮助下属设定目标,把握目标的价值,支持下属实现目标。在推进目标与明确路径的过程中,领导者既要使下属明白,其需要的满足程度取决于工作目标的达成度,又要为下属提供必要的指导、支持和奖励。针对不同的环境,领导者可采用以下领导方式:

(1)指令式。领导者给下属明确的指令,让下属明确目标与职责,并严密监督下属的行为。当下属对工作任务感到模糊不清、变化较大或对工作不熟悉、无把握、感到无

---

①　Hersey P, Blanchard K H. So you want to know your leadership style? [J]Training and Development Journal, 1974, 28(2):22-37.

②　罗宾斯,库尔特.管理学[M].11 版.李原,孙健敏,黄小勇,译.北京:中国人民大学出版社,2012:460.

③　House R J. A path-goal theory of leader effectiveness[J]. Administrative Science Quarterly, 1971, 16(3):321-339.

所适从时，这种方式是合适的。

（2）支持式。领导者对下属友好，关注下属的福利和需要，尊重、关心和理解下属，真诚帮助下属。这种领导方式特别适用于工作高度程序化、让人感到枯燥乏味的情境。既然工作缺乏吸引力，下属就希望上司能成为令自己满意的源泉。

（3）参与式。领导者鼓励下属参与决策并解决具体问题。当任务相当复杂且需要组织成员高度协作时，或当下属拥有完成任务的足够能力并希望得到尊重和参与管理时，领导者适合采用这种领导方式。

（4）成就导向式。领导者为下属设置富有挑战性的目标，并期望下属将工作做到最佳水平。只要下属能完成目标，他们就有权自主决定如何做。

路径—目标理论突出领导有效性取决于领导方式、下属、任务之间的协调配合，如表 8.3 所示。领导者的职责在于帮助下属实现个人目标并确保个人目标与组织目标或群体目标相一致。有效的领导者要支持组织成员为实现组织目标所做的种种努力，通过为员工指明实现组织目标的路径和给予员工有意义的奖励来调动员工的积极性。

表 8.3　领导方式及其适用环境

领导方式	基本特点	环境因素
指令式	确定工作目标 明确各自职责 严格管理下属 运用正式权力	任务非程序化 下属期望得到指点
支持式	友好、平易近人 明白下属的兴趣 用奖励支持下属	任务缺乏刺激性 下属期望得到领导的支持和鼓励
参与式	让下属参与决策 让下属分担责任 鼓励协调一致 运用非正式权力	任务复杂、需要团体协调 下属希望能够参与管理 下属有所需工作技能
成就导向式	鼓励下属设置高目标 让下属充分发挥创造性 实行目标管理	下属希望自我控制 下属能自我激励 下属有所需工作技能

二、内容明确

管理者必须善于指导，使下属明确工作目标及具体要求，知道该做什么、从哪做起。

（一）谁去做

谁去做，即决定由谁来接受任务、完成任务。不同的任务，难易程度不同，对下属的要求也不同。管理者需要挑选合适的人来承担任务，做到人事匹配、人尽其用。虽然德才兼备可以作为挑选合适人员的标准，但在一般情况下，对于执行上司命令的下属，更多强调其执行能力；而对于适用以建议形式进行指导的下属，更多强调其创新能力和变通能力。

（二）做什么

做什么,即确定所涉及的任务。管理者进行指导的目的是协助员工完成任务,因此,指导的内容必然涉及做什么的问题。对于明确员工的工作任务,管理者具有不可推卸的责任。管理者需要让员工明白哪些任务是需要完成的和什么是优秀的表现。根据任务性质、难易程度的不同,对不同类型的下属,应采用不同的指导方式。

（三）为何做

为何做,即说明做事情的原因和依据。管理者在进行指导的时候,需要通过有效沟通向下属说明任务的重要性。如某高星级酒店的管理者在要求客房服务员在早晨8点到9点打扫客房的同时,需要说明这样做是为了利用顾客的用餐时间,避免顾客在客房的时候被打扰。只有让下属明白了任务的原因,下属才不会机械地执行任务。

（四）何时做

何时做,即限定任务开始和完成的时间。没有期限的任务不能算作任务,因为可以无限期地拖延,也就不需要做了。大多数工作的时效性都很强,需要在一定的时间内完成。例如,若顾客要求在现场马上解决问题,那么下属在接到管理者指示后,就应尽快解决问题。如果等到顾客离开后才着手处理,通常就失去了意义。

（五）有何标准和要求

标准和要求,即标明任务需要达到的目标和程度。所需完成的任务不管属于何种性质,都有一定的标准和要求。在下达命令时,管理者一般限定了完成任务的方式和结果。在提出要求和建议时,管理者虽然不必拘泥于采用何种形式,但对于结果也要有明确的指示。

（六）如何检查与反馈

检查与反馈,即衡量与监控任务的完成情况。汇报绝不是可有可无的,也不是下属凭兴趣可干可不干的事情。下属负有向下达指示的管理者汇报工作进展和结果的义务,而且汇报应该是自觉、自愿、自动进行的。不管任务完成的效果如何,管理者都需要给予合理的评估,且这种评估必须是与下属共同完成的。评估结果的报告不是最重要的,而是通过这种方式,将任务加以总结,以便在今后的工作中做得更好。

（七）如何奖励与处罚

在一个完整的指导过程中,管理者还需要让下属明确做好了有什么样的奖励,做坏了有什么样的惩罚,即通过对任务执行情况的评估,总结经验教训,兑现奖惩承诺。管理者只有做到奖罚分明,才能达到有力激励下属的效果,并有效推进任务的完成。

三、方式恰当

管理者应通过恰当的指导方式来帮助下属获得良好的工作成效。管理者可用的指导方式有很多种,但概括起来,主要包括四种:指令式、说服式、示范式和引导式。

（一）指令式指导

指令式指导是指管理者视岗位要求、任务难易程度、职权范围、下属成熟度等下达不同性质的指令，对下属的工作详加指点的一种指导方式。根据对下属的约束程度，指令大体可分为命令、要求与建议三种类型。

1. 命令

命令是下属必须坚决执行、无条件服从的一种指令形式。命令的适用范围包括以下方面：一是在非常紧急且需要下属及时完成任务的情形下，管理者需要对任务有非常明确的指示；二是任务难度比较小，方向比较明确，不需要下属具有较高的成熟度，下属按照管理者指定的程序即可完成任务；三是任务具有一定的难度，下属成熟度比较低，管理者只能指定某种完成任务的方法。对于管理者的命令，下属基本没有选择的余地，只能完全按照管理者的规定行事。

一般来说，在下达命令时，管理者需要将任务完成方式、期限等信息进行详细说明，以便整个任务处于管理者的完全控制之下，并保证下属能够比较快速、高效地执行。

2. 要求

要求是下属必须执行的，但可商量执行条件和相关细节的一种指令形式。要求的适用范围，一般是工作任务比较重要或者紧急，下属必须完成，管理者需要下属在指定的时间内达到一定的效果，但是对下属完成工作的具体方法，可以有多种选择，属于下属自我抉择范围。这一般要求下属具有一定的成熟度，对于需要完成的任务具有一定的经验，能够掌握完成任务的多种方法。

在提出要求时，鉴于下属具有一定的成熟度，管理者需要告知下属完成任务的效果和期限，而对于具体采用的方法，不必做强制要求。即使管理者对具体方法有自己的想法，也应该通过建议的形式告知下属，至于是否采用，则由下属定夺。

3. 建议

建议是下属可执行、也可不执行，不是很紧急、明确，但必须给予反馈的一种指令形式。建议的适用范围，一般是工作任务不是非常重要或者紧急，而且下属具有比较高的成熟度。管理者只需说明要完成的任务和期望的结果，下属就能够对任务进行分析，并选择完成任务的方法。如果管理者觉得有必要做某件事情，但自己没有清晰的思路，不知如何去完成，也没有明确的目标，那么也可以采用建议的形式，让下属决定是否接受任务。如果下属接受任务，那么如何去完成任务也基本由下属决定。另外，如果遇到可做可不做的任务，而且完成的方法比较程序化，也可以采用建议的形式。

命令以无条件服从为前提，被指挥者必须有令必行、有禁则止。这有利于集中指挥和有效控制各个部分的行动。当然，命令也有一些弊病，有时会限制下属主动性的发挥。对于成熟度比较高的下属，管理者应更多地采用要求或建议的形式，以充分调动下属的积极性，提升下属的士气。

(二)说服式指导

在工作中,有不少事情主要取决于员工自身的积极主动性。对于这一类任务,管理者若对员工进行指令式指导,而员工内心不认同,往往就不能取得预期效果。在这种情况下,管理者应对员工进行说服式指导。所谓说服式指导是指管理者通过教导与说服,使员工自觉自愿地从事管理者所期望的行动。管理者在运用这种指导方式时,要向员工讲道理,把行动的意图、方案教给员工,使员工深刻认识行动的意义与效果,让员工心中有数。同时,管理者要注意解决员工的思想问题,对员工的思想障碍要认真分析与冷静对待。在日常工作中,管理者常常遇到说服别人和被别人说服的情景,从而会有态度强度的增减甚至方向的改变。管理者要使员工接受自己的观点与达到预期的目的,就必须掌握有关的技巧。基于有效的说服与教导,管理者与员工心往一处想、劲往一处使,指导过程就会收到事半功倍的效果。说服式指导易于调动员工的积极性、主动性和创造性,因而有助于提高管理的效果。

(三)示范式指导

当下属成熟度较低或不知道具体从何处着手开展工作时,示范式就是一种较为有效的指导方式。示范式指导的具体做法主要包括两个方面:一是管理者身先士卒,做出表率,用自己的模范行动带领员工前进;二是管理者通过表扬先进和树立榜样等途径,推广正确的做法。榜样的力量是无穷的。通过典型引路,员工学有榜样,行有所循,赶有目标。示范式是一种重要的指导方式,可以使员工直接学到应怎样行动。

(四)引导式指导

当下属有一定能力且管理者有意栽培该下属时,比较适合的指导方式是引导式。管理者通过不断地提出合适的问题,以引导员工通过理性思考和分析,认识到所委派任务的重要性,并明确如何才能完成该任务。在引导员工的过程中,管理者应注重以询问、启发、商量或探讨的方式,让员工在较为宽松的氛围中,逐步明晰预期的目标、可行的路径和具体的做法。

为了达到良好的管理效果,管理者需要采用恰当的指导方式,帮助下属认清所处的环境、明确工作的目标及实现目标的途径。上述四种指导方式各有长处与不足。高明的管理者应不拘泥于某一种方式,而根据所处环境、下属素质、管理问题等选择有效的指导方式,或综合地加以运用,以达到最好的指导效果。

第二节　沟通技巧

沟通是人员管理顺利开展的基础。每个人都不得不与他人沟通,而且只有良好的沟通,才能让人际交往与组织协作变得顺畅。管理者想要有效指导和激励员工,就要以顺畅沟通为基础，因此，沟通技巧就显得尤为重要。虽然沟通无时无刻不在发生着，但对于沟通的概念、作用、条件、过程、干扰因素和改善方法，许多人缺乏深入思考。通过掌握沟通的基本知识，人们可以提高自身的沟通水平。

一、沟通及其类型

沟通是指信息从发送者到接收者的传递过程。沟通在组织管理中的重要性主要体现在三个方面：沟通使得组织与外部环境相互联系，从而保证组织与时俱进、持续发展；在组织内部，沟通是使组织成员团结协作、共同朝着目标努力的重要手段；沟通是管理者开展管理活动与履行领导职责的基本途径。

（一）有效沟通的条件

视频：有效沟通的
条件

人们进行沟通的目的是取得他人的理解和支持。沟通可以交流思想、交换信息、澄清事实、理解意图、表达情感以及构建与维护人际关系等。但是，在工作与生活中，人们常常遭遇沟通不畅的情形，其结果是无法达成沟通的初衷。因此，在开展管理活动的过程中，管理者必须要努力达成有效沟通。**有效沟通的标志**是：信息接收者愿意按照信息发送者的意图采取相应的行动。沟通必须具备的基本条件：有信息发送者和信息接收者；有信息内容；有传递信息的通道或方法。而要实现有效沟通，还要满足三个条件：信息发送者发出的信息完整且准确；信息接收者能够接收到完整信息并正确理解信息；信息接收者愿意以恰当的方式按传递过来的信息采取行动。

（二）沟通的过程

一般而言，**沟通过程涉及以下要素**：信息发送者、信息、编码、通道、解码、信息接收者以及反馈。此外，沟通的全过程都可能受到噪声（干扰因素）的影响。一般来说，一个完整的沟通过程由以下步骤组成（见图8.1）：

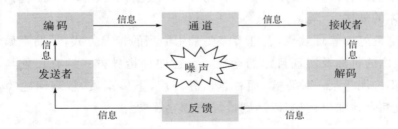

图8.1　沟通的过程

（1）发送者明确需要沟通的信息。发送者发出信息是出于某种原因希望接收者获悉某些事情，所以首先要明确信息内容。

（2）发送者对信息进行编码。为了使接收者理解所传达的信息，发送者需要将信息转换成对方可理解的符号，如语言、文字、手势等。

（3）发送者通过某种通道将信息传递给接收者。发送者采用诸如面谈、通信工具、文件等途径，将编码后的信息传递给接收者。在相互沟通中，信息传递可以通过多种方式进行，其中最常见的方式包括口头交谈、书面文字、非语言和文字形式（手势、面部表情、身体姿势）以及电子媒介等。

（4）接收者对接收的信息进行解码。通过把编码后的信息转换为具有特定含义的信息，接收者进而了解和研究所收到的信息。解码过程直接关系到接收者能否正确解读信息。

（5）接收者向发送者反馈信息。通过将理解后的信息反馈给发送者，可避免出现信息漏传或信息扭曲等情况，以尽可能查核并纠正可能存在的某些偏差。

（6）发送者确认或完善信息。发送者根据反馈回来的信息再次发出信息，肯定原有的信息传递有效性，或指出已发生的某些偏差并加以纠正。发送者还可以丰富信息内容并开始新一轮信息传递。

（7）接收者按所接收到的信息采取行动，或做出自己的反应。信息传递的目的是发送者要看到接收者采取发送者所希望的正确行动，若这个目的达不到，则说明沟通出现了问题。

（三）沟通的类型

根据信息发送者与信息接收者的不同，**沟通可分为三个层次**：自我沟通、人际沟通和组织沟通。

1. 自我沟通

自我沟通是指个体自行发出、传递、接收并理解信息。自我沟通的信息发送者与信息接收者为同一个人。自我沟通是所有沟通的基础，因为只有明白自己的真实想法，才可能与外界有效沟通。所以，不论是管理者还是非管理者，掌握自我沟通的方法都将有利于自我发展和组织进步。

人们进行自我沟通的目的是更好地认识自我。虽然每个人都不难知道自己的身高、体重，不难察觉自己的喜怒哀乐，也不难发现自己的行为习惯，但是，对于自己作为一个社会人的角色，很多人都不是非常了解。很多人在面对上司、同事和亲人时，展现出的特点相差很大，可能在上司面前紧张不安的人，在同事面前谈笑风生，而在亲人面前骄傲自大。他们在不同的场合也许有不同的表现，但也有可能是因为他们并未正确地认识自我。

根据对自我的了解程度和愿意向社会公开的程度，人大概可分成四种类型：第一种人不仅了解自我，也愿意向社会公开自己，可谓"表里如一"；第二种人也了解自我，但不愿向社会公开自己，心中明白很多事而喜怒不形于色，在众人面前表现得较为"深沉"；第三种人虽然对他人似乎很了解，在谈人说事时头头是道，但是对自己却不甚了解，可谓"知人不知己"；第四种人不仅不了解自己，也不了解他人，却可能表现得"自以为是"。

上述分类给我们的启示是：只有增强对自我的了解，才能改进与他人的沟通效果。当一个人既了解自己的想法又愿意与外界沟通的时候，有效沟通就越有可能发生。人们要真正地了解自我也绝非易事。在大多数情况下，一个人自认为的"自我"，只是自己的主观印象而已，其准确性还需要通过自我沟通来检验。在自我沟通过程中，人们通过不断地实践与反思，以明确自己的个性、需要、价值观、兴趣爱好和能力结构。

2. 人际沟通

人际沟通是指两个或两个以上的人之间的信息沟通。每个人在组织中都承担着多种信息发送与信息接收的角色，而这些角色都要求其掌握人际沟通的技能。例如：作为下属，需要向上级汇报工作与接受上级指示；作为上级，需要指导下属开展工作并听取下属的汇报；作为同事，需要协调好与其他人之间的关系；作为组织首脑，需要洞察外界的情况，并构建组织与外界之间的沟通网络。

在人际交往中，沟通不仅能用来传递信息，还能用来影响他人。个人要想构建良好的人际关系网络，必须要学会与他人进行频繁与顺畅的沟通，以有效引导或说服他人，从而获得他人的认同与支持。然而，有些人在人际沟通中遇到重重困难，从而倾向于回避需要沟通的场合。① 对于这些人来说，首先要解决的是心态问题，他们应通过自我反思、接受培训与不断实践，努力树立积极沟通的心态并逐步提升自己的沟通技能。

3. 组织沟通

组织沟通是指在不同组织之间或组织内部各单元之间的信息沟通。良好的组织沟通是疏通组织内外部渠道、协调组织内各部分之间关系的重要条件。在一个组织中，不仅有正式的权力系统，也存在非正式的人际关系，由此，组织沟通可分为两大类：正式沟通和非正式沟通。

正式沟通是指通过正规的组织程序，按权力等级链进行的信息沟通，或为完成某项工作任务所必需的信息沟通。例如，当管理者向员工下达某项任务时，就属于正式沟通；当两名科技人员在讨论新产品研发中的问题及其解决方案时，也属于正式沟通。因此，任何发生于组织中既定的工作安排场合的沟通，都属于正式沟通。组织中的**正式沟通主要包括四种形式**：①下行沟通。这是指信息按照组织上下级的隶属关系，由较高的组织层级流向较低的组织层级的沟通形式。②上行沟通。这是指信息按照组织上下级的隶属关系，从较低的组织层级流向较高的组织层级的沟通形式。③横向沟通。这是指发生在组织同层级人员之间的信息沟通。④斜向沟通。这是指发生在组织中不属于同一部门和层级的人员之间的信息沟通。由组织正式沟通的四种形式可组合成多种信息沟通网络，管理者可根据工作的需要，设计和采用适当的信息沟通网络。

非正式沟通是指没有按照正规的组织程序、隶属关系、等级系列来进行的信息沟通。组织中的非正式沟通可发挥的作用主要包括两方面：一是可满足员工社会交往的需要；二是可弥补与改进正式沟通的不足。行为科学的研究表明，人们之间亲密无间的融洽关系往往不是在正式工作之中形成的，而是在工作时间之外的一些非正式交往中形成的。组织中的**非正式沟通主要包括四种形式**：①单线式。这是指信息从一

---

① 达夫特.管理学[M].9版.范海滨,译.北京:清华大学出版社,2012:575.

个人传递给另一个人,通过一长串的人际关系来传递信息,而这些人之间不一定存在正规的组织关系。②流言式。这是指信息发送者主动寻找机会,通过闲聊等方式向其他人散布信息。③偶然式。这是指每个人都是随机地向他人传递信息。④集束式。这是指信息发送者有选择地向一批对象传播消息。这些人大多是与发送者关系亲近的人,而他们在获得信息后又会传递给自己的亲近者。需要指出的是,虽然非正式沟通对组织工作有所促进,但对其缺乏引导则可能给组织造成负面影响。在非正式沟通中,参与者不需要负太多的责任,随机性强,过程较难控制,信息易于失真,可能混淆视听。因而,管理者在利用非正式沟通方式时,应明确其适用前提,注意防止和克服其消极的一面。

信息技术促进了实时互联的沟通世界。人们可以随时保持联络,随地开展工作。信息技术极大地改善了管理者督导员工和团队绩效的水平,也使员工和团队掌握更为完整的信息以做出快速决策,为员工和团队提供了更多共享信息和战略合作的机会。社交媒体促使管理者创建了由员工主导内容的虚拟社交渠道。在这个渠道中,员工可以分享有价值的经验,为创造竞争优势和开展团建活动提出建议。尽管信息技术和社交媒体提升了沟通便捷性,但是组织必须做好保障工作:一是警惕员工是否过度使用了技术或压制了创新;二是防止部分员工在工作场所沉溺于社交媒体;三是确保网络安全和数据安全。当实时互联的虚拟社交渠道被用于传递带有情感性、敏感性或机密性成分的信息时,可能在工作场所导致数据安全问题。[①] 现代企业需要切实保障数据安全,以维护企业的品牌形象和社会声誉。

二、沟通的主要障碍

在沟通过程中,有多种因素会影响沟通的效果,成为沟通的障碍。这些因素可大致分为三个层面:个体层面、人际层面和组织层面。我们必须基于个体因素对沟通的影响,分析人际沟通的障碍与组织沟通的障碍。

(一)个体因素对沟通的影响

参与沟通的个体的态度和行为与沟通效果密切相关。从沟通过程分析,个体因素对沟通的影响主要表现在以下方面。

1.态度决定沟通行为

每个人对于所接触到的人或事都持有不同的态度,而且通常倾向于行为与态度之间的一致。因此,态度是影响个体沟通行为的首要因素,它决定了个体是否愿意与他人进行有效沟通。一般而言,对于自己感兴趣的东西,个体会比较关注,并乐于就此与他人进行交流;对于自己不喜欢的东西,个体会采取疏远或反对的行为。

---

① 罗宾斯,库尔特.管理学[M].15 版.刘刚,等译.北京:中国人民大学出版社,2022:354-358.

2.个性决定沟通方式

一个人的个性会影响其对沟通方式的选择。例如,权力欲比较强的人在沟通过程中考虑的重点往往是如何控制与支配对方;自我优越感太强的人常常刚愎自用,无视客观事实和逻辑分析,听不进他人意见;比较刻板的人要求他人对每件事都有精确的表述,不能容忍模棱两可的见解。再如,外向者在沟通过程中一般有话直说、多讲少听;内向者则大多听得细心、说得谨慎。因此,人的个性决定了以怎样的方式进行沟通,并影响着与他人沟通的效果。

3.情绪影响信息接收

在接收信息的过程中,个体的情绪状态会影响其对信息的解读。有些人在高兴与痛苦的时候,对同一信息可能做出截然不同的解读。当人的内心情感与外在客观事实发生矛盾时,就会产生对结论的困惑。当这种困惑严重到相当程度时,人的自卫机制就会发生作用,从而影响沟通效果。可能发生的情形包括:明知错误或不合适,但千方百计寻找借口;固执己见,拒绝接收信息;被迫接收,带着偏激的情绪执行指令;竭力控制不满。每个人的情商水平都不同,而且个体难以保持在客观理性的状态下从事每天的工作,因此信息接收者应避免在极端情绪下对某一信息做出反应与采取行动。

4.理解能力影响效果

不同个体的知觉过程和理解能力通常存在较大差别,这在很大程度上影响着他或她在接收信息后所采取的行动。对于同一信息,由于理解能力的差异,不同个体会产生不同的解释,从而导致不同的行为与结果。

(二)人际沟通的主要障碍

由于受所处环境、发送者和接收者的沟通水平、发送者和接收者之间存在的客观差异等因素的影响,在人际沟通中经常出现曲解、误解、信息失真等现象。根据对信息沟通方式与沟通行为的分析,人际沟通的障碍主要表现为以下方面:

1.语言障碍

语言不通是人际沟通难以顺利进行的原因之一。当不同国家的人用自己的语言相互交流时,或者当不同地区的人用差异很大的方言进行沟通时,他们很难明白彼此在说什么。即使面部表情和肢体语言可以表达一部分信息,沟通效果也会因此大为削弱。此外,即使语言一样,也会因一词多义或双方关注点的不同而产生沟通障碍。

2.理解差异

每个人的感知过程都会受到多种因素的影响,这可能造成人们对同一事物有不同的理解。例如,某教授很欣赏一个学生,便在放假前给他列了一张书单,以帮助他拓展视野、增长知识,但学生却误解为该教授对自己不满意以及故意在假期为难自己。人们总有一种思维定式,认为别人也会像自己一样来看待这个世界,一旦对方的理解与自己不一样,就会觉得很奇怪。当面对某一信息时,人们通常根据自己的价值观、偏好与知识水平来理解这一信息的含义。一旦理解不一致,沟通就会受阻。尤其在国际交流环境中,由于各国的文化不同,沟通更容易因理解不同而受阻。因此,对同一事物的不同理解是导致沟通问题的更深层次原因。

3.信息不清

信息不清主要包括信息含糊与信息混乱两种情形。信息含糊是指发送者没有清晰地表达希望传递的信息,以致接收者难以准确理解。这可能与发送者的表达能力有关,也可能由于受时间等的限制而未能很好地表达清楚。在这种情况下,接收者不是不知所措,就是按自己的理解行事。信息混乱是指对同一事物有多种不同的信息,如令出多门、朝令夕改、言行不一等。这些都会使信息接收者无所适从。

4.环境干扰

嘈杂的环境会使信息接收者难以全面、准确地接收信息发送者所发出的信息。诸如双方的距离、所处的场合、当时的情绪、媒介的质量等都会对信息传递产生影响。环境干扰往往会造成信息在传递过程中的损失或遗漏,甚至歪曲变形,接收者因而只能接收到错误或不完整的信息。

5.信息过滤

信息过滤是指人们故意操纵信息,使信息更容易被对方或自己认同。[①] 如果员工向上级管理者汇报时,所陈述的内容全都是该管理者希望听到的信息,那么该员工就是在过滤信息。如果管理者在听取下属汇报时,刻意回避负面信息,只听取自己喜欢的信息,那么该管理者也是在过滤信息。当信息沿着组织层级向上传递时,为了避免高层管理者处理过多的信息,信息发送者就会对信息加以浓缩与综合,而对信息加以简化加工的过程会受到信息发送者个人的兴趣、动机与判断的影响,也就不可避免地造成信息过滤。

6.选择性知觉

一般来说,知觉总是带有倾向性的,注意力集中于什么,就更容易发现什么。因此,即使人们有足够的能力去理解信息,也可能出现信息曲解的情况。比如在某个组织中,有些员工只关心与其物质利益相关的信息,导致他们在听取信息时的侧重点仅在物质利益,而不关心组织目标、管理决策等信息。这种选择性知觉将造成以偏概全的结果,并直接影响所接受信息的完整性。选择性知觉所导致的不注意视盲或无意视盲,使人更易受制于自身的所见所闻,形成思维定式而无法准确解读所传递的信息。

(三)组织沟通的主要障碍

在组织沟通中,除了会发生人际沟通的问题外,还会遇到一些组织沟通特有的问题,主要表现为以下方面。

---

① 罗宾斯,库尔特.管理学[M].11 版.李原,孙健敏,黄小勇,译.北京:中国人民大学出版社,2012:405.

1.等级观念的影响

由于在组织中存在着等级分明的权力体系,不同地位的人拥有不同的权力,这就使得员工在信息传递过程中,往往首先关注信息来源,即信息发出者是谁,其次才是信息内容。同样的信息,由不同地位的人来发布,效果会大不一样。这种等级观念的影响,常使得地位较低的人发出的重要信息不被重视,而地位较高的人发出的不重要信息被过分重视,从而造成信息传递的失误。

2.小团体的影响

为了达到分工协作的目的,组织建立了各种各样的部门或机构,从而把组织分成了若干群体。每个群体都有共同利益,因此,在信息传递过程中,为了维护小团体自身的利益,他们可能会刻意扭曲信息、掩盖信息甚至伪造信息,使信息变得混乱、失真。在小团体思想的影响下,团体外的信息不被重视,而团体内的信息被过多重视。此外,由于各部门看问题的角度不同,对同一问题会产生不同的看法。当不同部门只从自身的角度来看待与理解问题时,也就无形中阻碍了组织的信息沟通。

3.利益的影响

当人们觉得信息对自身利益可能产生不利影响时,就会有意或无意地对此类信息的传递采取消极的态度,从而妨碍组织沟通。在所有组织中,完整而准确的信息对于正确决策都是至关重要的,而重要信息在传递过程中可能会经过潜在利益受损者这一关,而他们为了规避风险,可能会有目的地截留或修改信息,从而导致信息失真。

4.信息的超载

信息超载是指组织成员面对的信息超过其处理能力。在现代组织中,快节奏、高负荷的信息传递使人们面临双重挑战:一方面,信息的快速处理将有效促进组织高效运转,这就要求组织成员提高工作效率;另一方面,越来越大的信息量对员工的准确判断与传达提出了严峻的考验。当出现信息超载时,人们可能会选择无视或直接拒绝处理某些信息。

5.技术的影响

信息技术已经从根本上改变了组织成员的沟通方式。如今,对组织沟通具有最显著影响的两项信息技术是计算机网络技术和无线通信技术。信息技术使组织可以随时联系其员工。虽然信息技术可以使组织成员之间的信息沟通不再受时空限制,但管理者不能忽视由此带来的员工心理问题与信息超载情况更为严重的问题。一名员工无时无刻都能被组织联系上,这会给该员工带来多大的心理压力? 这是否会让员工难以把工作与私人生活分开?[①] 信息时代增加了人们寻找并得到更多信息的可能性,导致了信息量的进一步膨胀,但却难以提升人们吸收高质量信息的能力。由此引发的另外一个问题是有些员工学会了搜索与抄袭,并逐渐失去了原创动力。

---

① 罗宾斯,库尔特.管理学[M].11版.李原,孙健敏,黄小勇,译.北京:中国人民大学出版社,2012:412-413.

三、沟通的改善方法

根据个体因素对沟通的影响及典型的沟通障碍,管理者可以从人际沟通与组织沟通两方面寻求沟通的改善方法。

(一)人际沟通的改善方法

如前文所述,人际沟通效果取决于参与沟通过程的个体的态度与行为。因此,要提高沟通效果,信息发送者和信息接收者就必须提升各自的沟通水平。作为信息发送者,在沟通中应发挥主导作用;作为信息接收者,要特别重视仔细聆听。在沟通过程中,人们需要关注以下要点。

(1)知人知己。人际沟通达成共赢结果的一个重要前提是"知人知己",即基于正确的人际认知。人际认知是个体推测与判断他人的心理状态、动机和意向的过程,包括对他人表情、性格、人际关系的认知。人们可以结合他人的社会环境、言行举止和内心世界特点,客观地认识对方的外在表象与内心世界,达到"知人知面又知心"的目的。在人际沟通中,人们只有真正了解对方的个性与观点,才能找到合适的应对措施。

(2)甄选时机。环境与氛围会影响沟通的效果,因此必须把握沟通的时机。与工作有关的重要信息沟通,一般宜在办公室进行,以引起对方重视。与生活和感情有关的信息沟通,一般宜在比较随意、轻松的非正式场合进行。信息发送者要选择在双方情绪都比较冷静时进行沟通。在沟通时,信息发送者要开好头,消除双方的距离感,并把握合适时机来商谈比较重要的内容。有些人经常面临人际沟通上的障碍,一个很重要的原因是沟通时机不对。

(3)勇于发起。信息发送者应积极主动,要有勇气发起沟通。人们只有把心里的想法表达出来,才有可能与他人有效沟通。人与人之间存在矛盾的一个主要原因是:当事人都只在自己心里想,而没有勇气把自己的想法说出来。

(4)态度真诚。当事人相互之间的态度对于沟通效果具有很大的影响。人是兼具感性和理性的,当信息发送者以真诚的态度展开沟通时,接收者也会受到影响,从而更可能以积极的态度参与沟通。此外,人们常常会对不可知的东西抱有戒备心理,因此,只有双方坦诚相待,才能逐步消除彼此间的隔阂,取得相互认同和合作。

(5)调节情绪。在日常工作中,人们如果不重视和不善于调节自己的情绪,很容易让自己陷于不良的情绪状态,这必然会影响工作中的人际沟通。理智分析,调"心"理"气",有助于摆脱负面情绪的影响。在自己情绪不好时,应尽力避免与别人商量重大的事情。当自己的情绪非常不好且需要就重大事情与他人进行沟通时,应设法让情绪马上稳定下来,努力克服情绪对自身心态与行为的影响。此外,当对方情绪波动过大时,也很可能对所接收的信息发生误解,而且可能影响其表述的清晰度与准确度,在这种情况下,要么暂停沟通直到对方平复心情为止,要么努力调节好对方的情绪。

(6)准确表达。信息发送者要不断提高自己的表达能力,力求准确地表达自己的意思。当然，沟通是一个交互的过程，信息接收者也需要掌握准确表达的方式。为准确表达自己的观点，人们需要关注以下要点：采用合适的语言、语气与语速；简化信息与用语；重视逻辑性与条理性；强调重点内容；运用非言语提示。

（7）重视互动。信息接收者的理解可能与发送者的初衷出现偏差，因此信息发送者应当注重反馈，提倡互动交流。在沟通过程中，发送者要善于体察对方，鼓励对方不清楚就发问，并认真倾听反馈信息，从而检查信息传递的准确程度与偏差所在，做到及时纠正、及时传递。

（8）主动倾听。"兼听则明，偏听则暗"。通过掌握倾听的技巧，人们可以及时、准确、恰当地探索对方的心理，接收传递的信息，发现事情的真相，进而有针对性地调整自己的行为，为后续沟通做好准备。主动倾听会使对方有受尊敬的感觉，给对方留下良好的印象，创造一个和谐的沟通氛围。不论是管理者还是员工，都需要通过"听"来获取更多有用的信息。倾听是一种完整地获取信息的方法，包含了四个层次，即听清内容、注意要点、理解含义和掌握精髓。在理解了对方的意思之后，为了据此采取正确的行为，首先要记住接收到的信息。而要想真正达到沟通目的，人们还要根据所获信息，做出及时反应：给予反馈、提出见解或采取行动。

（9）移情换位。移情（empathy）即"感情移入"，是指从对方立场考虑问题以及为对方着想。"移情换位"不同于"移形换位"，前者重"情"而后者重"形"。人们只有从关注他人态度与行为的"表象"转向"表象"背后的真实"情感"，且感同身受地给予他人个别化对待，才能真正理解与把握他人的意图。因此，在沟通过程中，人们应保持自控性、敏感性和灵活性，能从情感上和理性上为他人着想，具备换位思考的意识，具有根据情境改变态度与行为的能力。

（10）积极引导。为了达成沟通目的，人们不仅要晓之以理、动之以情，而且要导之以行，有时还要诱之以利。由于每个人都有自己的态度，为了使对方接收信息并采取所期望的行动，信息发送者有必要进行积极引导，有时还需要通过反复交谈来协商，甚至采取一些必要的让步。在沟通双方之间针锋相对的时候，正面的、感性的沟通可以起到缓和气氛的作用，因此，人们需要运用建设性的、宽容的态度与他人沟通并影响他人。

（二）组织沟通的改善方法

为了更好地达成组织沟通的目的，管理者既要掌握人际沟通的改善方法，又要从组织层面采取必要的措施。在日常管理中，各层面管理者应厘清组织的分工协作关系，关注信息沟通效果及问题，梳理与优化信息沟通通道，完善信息沟通流程，以有效地协调组织内外部的关系。

1. 构建互信和共享的组织文化

有效的组织沟通必须基于相互信任、开诚布公的组织文化。如果管理者与员工之间相互猜疑，那么他们在组织中都不太可能坦率地表达自己的想法。为了形成良好的组织沟通氛围,管理者应倡导人们坦诚地与他人沟通,为下属搭建沟通平台,鼓励下属提出自己的意见和看法,并能够以合适方式予以回应。

有效的组织沟通离不开共享文化的支持。共享文化是一种倡导员工共享信息而不是私藏技巧的理念。必要的信息共享是组织成员顺畅沟通的重要条件。这要求组织运作尽可能公开化、透明化,使员工得到全局的信息,知悉组织的长远目标、发展战略与现实情况。人们看待问题的角度是不同的,但通过信息共享与坦诚交流,可以找到共同点,并就构建美好未来达成共识。

2. 构建合理的组织结构

在设计、调整或再设计组织结构时,组织应明确各部门和岗位的信息传递职责,落实各部门和岗位获得相关信息的权利,明确信息沟通的规则,建立高效便捷的信息沟通网络,并确保该网络能够促进组织的分工协作,有助于问题的迅速发现和及时解决。官僚化组织在信息沟通时往往按章办事、按流程推进,因此当现有组织体系与协调机制不够灵活或逐步僵化时,管理者就应该着手推进组织结构的调整与优化。

3. 构建多元的信息通道

任何信息都必须经过相应的通道才能得以传递。管理者要改善组织的正式沟通以及引导非正式沟通,就必须依赖于多元信息通道的开发和使用。为了改善上行沟通,管理者可采用以下举措:组织非正式聚会;组建员工俱乐部;组建即时通信平台;乐于与员工共餐;编辑出版内部刊物;定期进行匿名的员工满意度调查;鼓励书面沟通;建立正式申诉制度;开设合理化建议信箱;在内网开设员工意见专栏。为了改善下行沟通,管理者需要关注以下手段:召开会议(包括电话会议与视频会议);及时书面确认所下的口头指令;鼓励下属反馈所下的电子指令;构建与优化管理信息系统和内部网;提升面对面的沟通水平;深入员工工作场所。每一种通道都有优缺点,在与特定对象的沟通过程中,管理者要选择适当的通道。

4. 进行有效的冲突管理

在沟通过程中,冲突源于人们的意见不一致。冲突大概可分为实质性冲突与情感性冲突。实质性冲突是指在目标、资源配置、奖金分配、政策、程序或工作分派等方面的意见不一致。情感性冲突是指因愤怒、不信任、不喜欢、害怕、怨恨或个性不合等因素造成的意见不一致。组织中的冲突既有积极的一面又有消极的一面。强度适宜的冲突可以刺激人们更努力地工作和创新;过多冲突会影响团队合作和人际关系;过少冲突或几乎没有冲突则可能导致自满、保守与故步自封。管理者常常花费大量的时间来处理组织内不同形式的冲突。管理者可以通过消除某些冲突产生的根源来彻底解决这些冲突,也可以先将冲突压下去,以等待合适的解决时机。面对冲突发生或可能发生的情况,管理者应该倡导员工坦诚相待、积极沟通、理性容忍、相互包容,并积极寻找解决之道。

5. 追求共赢的沟通结果

正式沟通与非正式沟通的目标应该是一致的,即准确传递信息、实现情感交流、采取有效行动与达成期望结果。沟通的目标是多赢的结果，而非单方获益。目标的实现主要取决于员工之间的协作和配合。如果组织内部矛盾重重、纠纷不断，那么许多员工就会"闹情绪"，即使他们拥有很强的能力，也难以发挥应有的能量，无法面对外部的巨大挑战。管理者应改善人们的沟通环境与彼此在一起工作的方式，从而让他们在互相帮助、互相鼓励的环境中产生良性互动、工作热情与聚合能量。管理者在与员工进行沟通的过程中，应拉近自己与员工的距离，知道员工在想什么，让员工获得有效信息，缓解员工压力感，提高员工信心，帮助员工达成工作目标。总之，共享、共赢、共荣的结果才是组织沟通所追求的目标。

第三节　激励原理

激励是激发和鼓励员工朝着所期望的目标采取行动的过程。组织的生命力来自每个员工的工作热情。如何激发和鼓励员工的主动性、积极性和创造性，是管理者必须解决的问题。管理者需要针对不同特质的员工使用恰当的激励手段，激发员工协力奋斗。为了让员工产生组织所希望的行为，管理者需要关心如何引导或控制员工的行为，即"如何使人愿意做某事"。为此，管理者需要理解"人为什么愿意做某事"，也就是理解人的行为产生的原因。而想要理解人的行为产生的原因，管理者就要首先了解"人是什么"，即要研究人的本质。人性假设着重探究"人是什么"；动机理论着重探究"人为什么愿意做某事"；激励理论着重探究"如何使人愿意做某事"。

一、人性假设

任何管理者心中都存在一个关于人性的认识，并根据对人性的认识来采取相应的管理手段。尽管管理者在进行人员管理时，明白要依据客观实际，但其对于人性的认识往往有很大的主观性，且可能与客观实际不完全吻合，因此，不同管理者对于人性的认识其实是其对于人性的假设。若要明白不同管理者的言行与风格，我们就要明白他们对于人性的基本假设。管理者对于员工的一些基本假设，如员工是否热爱本职工作、员工是否值得信赖以及员工是否具有主观能动性等，成为其开展人员管理工作的基本依据。人性假设理论是对影响人的工作积极性的最根本人性因素进行探究所形成的理论成果，它是对人的工作行为中的动力源泉与追求对象的系统认识。人性假设理论是学者们对于人性问题探究的结果，是对人的本质特征所做的理论假定。因此，激励理论的形成与发展，在很大程度上受到人性假设理论的影响。人性假设主要有四种：经济人假设、社会人假设、成就人（自我实现人）假设和复杂人假设。

（一）经济人假设

经济人假设的基本观点是：人的一切行为都是为了最大限度地满足自己的利益，人的工作动机在于获得经济报酬。根据这种假设，人由经济诱因而引发工作动机，人在组织中是被动地受组织操纵和激发的，因此，组织对大多数人必须采取强制、控制、指挥和以惩罚相威胁等手段，使之为实现组织目标做出充分贡献。由这种人性假设所导出的管理办法为：①以经济报酬获得员工的效率和服从，对消极怠工的员工采取严厉的惩罚；②管理的重点是提高员工劳动生产率，完成工作任务；③制定严格的工作规范，加强规章制度管理；④管理者关注对员工的工作态度、工作行为和工作结果的控制。

经济人假设是西方早期管理思想和实践的基础。尽管推崇经济人假设的管理者，会相对忽视人的情感需要，并受到许多人激烈的批评，然而工作是谋生的首要手段，这使得经济动机在促使人们努力工作上依然持续发挥着重要作用。

（二）社会人假设

社会人假设的基本观点是：人在工作中不仅关心物质需要，而且重视友谊、尊重、关怀等需要，即人具有社会交往需要；人际关系是形成人的身份感的基本因素，组织成员之间的关系和组织归属感比经济报酬更能激发人的工作积极性。一般认为，社会人假设是由梅奥等人主导的霍桑试验的结果奠定基础的。经济人假设在某种程度上揭示了人类内心的动物性本能，体现了自我的保护与利益追求，但这种假设忽视了人的社会性，从而必然与社会实践有一定脱节，难以解释互惠合作与利他行为等社会现象，难以实现个人与组织长期利益的有效协调，因此，在应用上具有局限性[①]，而社会人假设在一定程度上克服了上述局限性。

由于人都是生活在社会中的，人的思想与行为必然受到法律法规、伦理道德与社会群体规范的制约，人必然受到一定社会的历史、文化、政治、经济的影响而被打上社会的烙印。根据社会人假设，管理者应活跃于员工中，了解员工的思想和要求；鼓励员工多进行交往，随时协调和解决下属之间的矛盾，以健康积极的组织文化来融洽员工关系；倡导相互尊重、信任的人际交往，营造充满关爱、友好的交往氛围，努力培养员工的归属感和集体感。在管理实践中，一旦员工感知到组织的充分信任，即使组织把各项工作标准调高，他们也会尽力去完成任务。现在许多企业喜欢以组建任务团队的方式来实现目标。这种方式有助于参与其中的员工增强彼此的信任、沟通和尊重，把个人利益融入团队利益中去。管理者还可以通过组织各种集体活动来满足员工的社交需要和尊重需要，以及通过日常关怀来培养员工对组织的归属感和认同感。

---

① 朱富强.现代经济学中人性假设的心理学基础及其问题——"经济人"假设与"为己利他"行为机理的比较[J].经济学家,2011(3):49-58.

（三）成就人假设

"成就人"亦称"自我实现人"，是心理学家亚伯拉罕·马斯洛（Abraham Maslow）首先提出的一种人性假设。**成就人假设的基本观点**是：人更注重自我实现，只有当自身的才能和潜力充分发挥出来后，才会感到最大的满足。所谓自我实现是指个人才能得以充分展示，个人理想与抱负得以实现，以及人格趋于完善。根据成就人假设，组织只有使个人有机会将自己的能力充分表现出来，才能最大限度地调动人的积极性。

道格拉斯·麦格雷戈（Douglas McGregor）提出的Y理论深化了"成就人"假设的观点。他在《企业的人性面》一书中，提出了两种截然不同的人性假设，即X理论与Y理论。X理论的基本观点为：一般人天生懒惰，厌恶工作，总是尽可能少干工作；没有雄心大志，无进取心，不愿负责任，而宁愿接受他人指挥和管理，因此管理者需要采取强制措施或惩罚方法，迫使他们实现组织目标。Y理论的基本观点为：一般人都是勤奋的，只要环境条件合适，人是乐于工作的；人对工作的态度取决于对工作的理解和感觉；人在工作中具有自我指导和自我控制的愿望与能力，外来的控制和惩罚不是驱使人工作的唯一手段；大多数人都具有相当程度的想象力、独创性和创造力，只要不为外界因素所控制，这种想象力、独创性和创造力就会得到正常发挥；在适当条件下，一般人都会主动承担责任；在现代工业条件下，一般人的潜力只利用了一部分。麦格雷戈认为，与X理论相比，Y理论更实际有效，因此他建议让员工参与决策，建立良好的群体关系，为员工提供更具挑战性和成就感的工作。根据Y理论的观点，管理者的基本任务是为员工创造成长空间，让员工成就心中的梦想。

根据成就人假设，组织可采取的管理办法为：①尽量使工作富有意义和挑战性，使员工从工作中得到满足和自尊；②管理者的主要职责就是要创造一个使每位员工都能从工作中得到内在激励的工作环境，让员工自我激励，使个人需要与组织目标自然和谐地统一起来；③管理者应赋予员工一定的权力和责任，使员工感觉到组织的认可和信任，使员工的工作动力被充分激发出来，进而表现出超乎寻常的自信，释放更大的潜能与取得更大的成就。

（四）复杂人假设

在1965年出版的《组织心理学》一书中，埃德加·H.沙因在总结关于人性假设的研究成果的基础上，提出了复杂人假设的概念。**复杂人假设的基本观点**是：人是矛盾的统一体，人与人是不同的，人是会变的，因此，人是复杂的；人的需要是多种多样的，并且会随着人的成长和生活处境的变化而变化；人有需要偏好并不是表明其他需要不重要，而只是表明在一定时期内人有相对稳定的主导需要。即便是同一位员工，在不同的时间和环境下，也可能会有不同的主导需要，而且随着年龄的增长、知识的更新和事业的发展，其需要偏好往往会发生变化。

根据人的复杂性，管理者可采用的管理办法为：①善于发现员工的个体差异，因人而异地发挥员工所长和满足员工需要；②对员工进行具有针对性和灵活性的指导和激励；③努力发现员工没有得到满足的需要，并力争使员工的需要得到真正满足，而且当发现员工的某种需要一时难以满足时，还可以通过培训、教育、文化引导等手段改变员工的兴趣与偏好，以有利于员工追求与组织目标的协同。

二、动机理论

根据心理学所揭示的规律，人之所以会采取某种特定的行为是由其动机决定的。**动机**是指引起、维持与推动一个人为实现目标而行动的内在力量。它是促使人为满足自身的需要而从事某种行为的内在原因与直接动力。一个人的工作积极性的高低，主要取决于其是否具有进行这项工作的动机及动机的强弱。

（一）动机的来源

动机是驱使人产生某种行为的内在力量，它由人的内在需要引起。需要是指人对某种目标的渴求或欲望。人之所以有某种需要，是因为自身的某些欲望没有得到满足。当一个人想要满足这些未满足的需要时，就会产生努力追求的动力。未满足的需要是形成人的行为动机的根本原因，也就是说，人的行为总是直接或间接地为了达成某种需要的满足。因此，为探究人的行为及其动机，管理者就必须深入研究人的需要。

（二）动机的形成

动机是个体的内在需要与外界环境相互作用的结果。动机是在需要的基础上产生的，但并非个人有未满足的需要就会产生引发某种行为的动机。只有当人的需要达到一定的强度时，动机才会形成。

从需要到产生动机一般会经历以下过程：当人的需要处于模糊状态或萌芽状态时，它以不明显的形式反映在人的意识之中，这时人还不清楚自己的需要到底是什么，而外在的表现就是当事人紧张不安；当这种需要的具体内容不断清晰时，人就逐渐明确地知道使自己不安的原因，这时需要就转化为意愿；当人意识到可以通过一定的途径来满足这种需要的时候，意愿便转化为意向；此后，在一定的外部条件刺激下，人就可能形成为满足这种需要而行动的动机。也就是说，除了有未满足的需要，还要有一定的诱因，才会产生现实的动机。因此，**动机的形成有两个基本条件**：一是内在需要，二是外部诱因。动机的形成过程如图8.2所示。

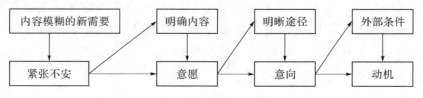

图8.2 动机的形成过程

（三）动机的功能

动机的功能主要表现在以下方面：①始发功能。动机能唤起和驱动人采取某种行为。②导向功能。动机使人的行为指向一定的目标或对象，因此动机对人的行为具有导向作用。③维持功能。长久稳定的动机能使人维持某种行为，并使人持续沿着一定的方向前进。④强化或修正功能。因良好的行为结果，动机会使人重复产生某种行为；因不好的行为结果，动机会使人减少甚至消除这种行为，并修正行为以更好地实现预期目标。

三、激励理论与方法

激励的作用就在于激发人的动机，使人努力上进，充分发挥自己的能力，以更好地实现组织目标和个人目标。人们存在各种各样的生理与心理需要。在一个组织中，员工的个人目标就是寻求对这些需要的满足。组织应针对每个员工的个性化需要，采取针对性的激励手段，以引导其为实现组织目标而行动。因此，管理者需要用心探究如何使员工产生与维持组织所期望的行为。

为达到该目的，管理者必须深刻理解激励的基本原理：①动机的形成。激励手段必须针对员工未满足的需要，并且随着员工需要的变化而变化，由此激发员工的工作动机，使其愿意采取组织所希望的行为。②行为的产生。管理者通过系统培训与开发来增强员工的能力，通过工作设计与授权等方法创造员工行动的条件，通过组织目标与文化引导员工的行为，通过规章制度规范员工的行为，从而使员工能够执行组织所分配的任务并使其行为指向组织目标的实现。③行为的持续或改变。管理者根据员工的行为结果对组织目标实现的贡献程度给予公平奖惩，而且奖惩的内容和强度必须能够在一定程度上影响员工个人目标的实现程度，以强化员工良好的行为或改变员工不良的行为。总之，激励是通过影响员工个人需要的满足来促进相应动机的产生，引导员工在组织中的行为，以达成组织期望目标的过程。

（一）激励理论

根据上述的激励原理，人们通常把激励理论分为三大类：①内容型激励理论。该理论从研究需要入手，着重探讨什么能使一个人采取某种行为，即着重于研究激励的起点与基础。其中的代表性理论包括需要层次理论、ERG理论、成就激励理论、双因素理论等。②过程型激励理论。该理论主要研究一个人从动机的产生到采取行动的心理过程，着重探讨行为产生、发展、改变和结束的过程。其中的代表性理论包括期望理论、公平理论等。③行为改进型激励理论。该理论从研究行为控制入手，着重探讨如何引导和控制人的行为。其中的代表性理论包括强化理论、归因理论等。关于代表性激励理论的提出者及基本观点，如表8.4所示。

表 8.4　代表性激励理论

激励理论		提出者	基本观点
内容型	需要层次理论	马斯洛（Maslow）	人的需要由低层次到高层次依次为生理需要、安全需要、社交需要、尊重需要和自我实现需要
			需要的存在是促使人产生某种行为的基础
			得到满足的需要会失去对行为的唤起作用
	ERG 理论	阿尔德弗（Alderfer）	人的需要可归结为生存（existence）需要、关系（relatedness）需要和成长（growth）需要
			当低层次需要得不到满足时,人会转而寻求高层次需要
			当上一层次需要难以得到满足时,人会对下一层次需要提出更高更多的要求
	成就激励理论	麦克利兰（McClelland）	除了生理需要外,人还看重归属需要、权力需要和成就需要
			高成就需要者喜欢独立负责、及时反馈和承担中度风险的工作环境
			组织应把鉴别和培养高成就需要者作为工作重点
	双因素理论	赫茨伯格（Herzberg）	影响人的工作动机的因素包括激励因素（能使人产生满意感的因素）和保健因素（能使人消除不满意感的因素）
			满意的对立面是没有满意,不满意的对立面是没有不满意
			激励因素以人对工作本身的要求为核心
			激励因素的满足才能激发人的积极性
过程型	期望理论	弗鲁姆（Vroom）	人是根据其对某种行为结果的价值评价和该结果实现的可能性的估计来决定是否采取某种行为的,即激励力量＝效价×期望值
	公平理论	亚当斯（Adams）	人的工作动机不仅受到绝对报酬值的影响,而且受到相对报酬值的影响
			人通过对投入与报酬的横向与纵向比较来确认自己所得报酬是否公平合理,比较的结果将影响其今后工作的积极性
行为改进型	强化理论	斯金纳（Skinner）	人具有学习能力。通过改变人所处的环境,可以使人保持和加强积极行为,减少或消除消极行为,把消极行为转化为积极行为
			管理者可以采用正强化、负强化、惩罚和忽视等方式来改进人的行为
	归因理论	海德（Heider）	行为结果主要取决于两种因素,即内部因素（个人因素）与外部因素（环境因素）
			人把成功和失败归因于内部因素还是外部因素,对其今后的工作态度与行为具有很大影响
			组织应引导人进行积极的、正确的归因,让人改变不良的行为,让人坚持积极的、正确的行为

（二）激励原则

为了保证激励效果，管理者应重视以下激励原则。

1.目标导向原则

在激励机制中，目标设置是一个关键环节。在设置目标时，必须同时体现组织目标和员工需要两个方面。如果不考虑组织目标，则目标达成对组织绩效贡献甚微；而不考虑员工需要，则不能有效调动其积极性。一般而言，目标的难度应该略高于员工能力范围，但仍需具有可达性。过低的目标难度一方面会让员工没有自我成就感，另一方面也是对组织人力资源的浪费，而过高的目标难度则容易让员工产生惧怕和退却的心理。只有目标兼具挑战性和可达性，才能实现资源的优化配置。

2.按需激励原则

由于员工的需要因人而异、因时而异，且只有满足员工最迫切需要或主导需要的措施，其效价才能最大化，其激励效果才能最好。因此，管理者必须深入地进行调查研究，不断了解员工需要层次和需要结构的变化趋势，有针对性地采取激励措施，有机结合正激励和负激励。正激励就是对员工符合组织目标的期望行为进行奖励，从而实现强化；而负激励就是对员工违背组织目标的非期望行为进行惩罚，从而予以弱化。鉴于负激励具有一定的消极作用，因此，管理者在激励员工时应以正激励为主，负激励为辅。

一般而言，管理者所采用的激励措施只有与员工内在需要相结合，才能有效激发员工的工作动机。因此，在进行激励的过程中，管理者应充分考虑到激励措施对员工行为的引导作用，尽可能唤起员工的内在需要，引发与员工精神层面相对应的较高层级需要。

3.明确性原则

激励的明确性原则主要包括三层含义：第一，明确激励的目的是什么和必须怎么做。第二，信息公开。特别是涉及奖金分配等员工关注的问题时，这就显得更为重要。第三，明了直观。在实施物质激励和精神激励时，组织都需要直观地表达相应的指标，并采用易于操作的奖惩方式。一般来说，激励的直观性与员工预期的合理性成正比。

4.合理性原则

激励的合理性原则主要包括两个方面：第一，激励力度要适宜。根据所实现目标的价值大小，结合目标达成的难度，确定适当的激励力度。第二，奖惩要公平。在对员工进行奖惩时，一定要充分体现公平性。对待所有员工，管理者都应当切实依据其工作表现和目标达成情况，采取预先设定的奖惩措施。

5.时效性原则

激励越及时，效果往往越好，越有利于激发员工的工作热情，使员工的积极性和创造性得以持续发挥。在运用时效性原则时，管理者需要注意两点：第一，注意奖励时机。在一个满足激励条件的行为发生后，就应立即给予强化。激励时间和良好行为结束时间的间隔越短，强化效果就越好。第二，注意奖励频率。奖励频率过高或过低，都会削弱激励效果。

（三）激励方法

根据各种激励理论与激励原则,管理者在激励下属时可采用多种方法和手段。基本的激励方法可概括为三种:工作激励、成果激励和成长激励。工作激励是指通过设计合理的工作内容和分配恰当的工作来激发员工内在的工作热情;成果激励是指在正确评估员工工

视频:基本激励
方法

作成果的基础上,给予员工合理的奖惩,以促进员工行为的良性循环;成长激励是指通过思想教育和系统培养,提高员工的综合素质,引导员工的价值取向,增强员工的进取精神和工作能力。

1.工作激励

一个人的投入产出率取决于其从事的工作是否与其拥有的能力和动机相适应。管理者通过合理地设计和分配工作,能极大地激发员工的工作热情,有效地提高员工的工作绩效。这就要求在设计与分配工作时,管理者要努力做到分配给员工的工作与员工的能力相匹配,所设计的工作内容与员工的兴趣相吻合,所提出的工作目标具有一定挑战性。

（1）工作内容兼顾员工的特长和爱好

不同个体的人格特征、文化水平、能力、特长与爱好是不同的,而且不同的工作对人的素质要求也不同。为了实现人尽其才,管理者必须把人和工作有机地结合起来。

首先,管理者在设计和安排工作前,应对每一个员工的能力结构有比较清楚的认识。这是合理利用人力资源的前提。

其次,管理者在设计和分配工作时,要从"员工能做些什么"的角度出发。每一个人都有自己的优势和劣势。一方面,由于精力与水平有限,人一般只能把有限的精力集中于一个或少数几个领域;另一方面,水平再高的人总有不足之处,而水平再低的人也总有独到之处。所以,管理者应该合理地利用人力资源,扬长避短,尽量使每一个人都从事其最擅长的工作。

由于一个人的工作业绩与其工作动机有关,管理者还要在条件允许的情况下,尽可能地把每一个人所从事的工作与其兴趣爱好结合起来。当一个人对某项工作真正感兴趣并爱上此项工作时,他或她便会刻苦钻研,克服困难,努力把工作做好。

（2）工作目标具有适度挑战性

根据成就激励理论,人们只有在完成了具有一定难度的任务时,其成就需要才能得到满足。如果管理者为了确保任务的顺利完成,将任务安排给一位能力远高于任务要求的员工,那么这位员工凭实力可以很快推进工作。但随着时间的推移,该员工会慢慢觉得潜力没有得到发挥,会逐渐失去工作兴趣和工作积极性。如果管理者为了"拔苗助长",将任务安排给一位能力远低于任务要求的员工,那么这位员工可能一开始就觉得自己难以完成任务而放弃努力,或者即使其愿意尝试,也可能在几次受挫之后一蹶不振。因此,管理者应该把任务交给一个能力略低于任务要求的员工,也就是说,对一个

员工提出略高于其实际工作能力的工作要求和目标。这不仅能使员工提高工作能力，而且能使员工获得成就感，从而更好地激发员工内在的工作动力。

2. 成果激励

根据动机理论，员工之所以愿意积极地从事某项工作，是因为从事这项工作能在一定程度上满足其个人需要。工作本身给员工带来的需要的满足是即时和直接的，它能使员工感受到成功的喜悦、自我价值的实现和社会的认同等。组织给予员工的各种报酬同样会在一定程度上满足其生理和心理需要。

（1）所得报酬必须能满足员工需要

管理者要明白员工希望从工作中得到什么，再据此确定合适的报酬。报酬可分为经济性报酬与非经济性报酬两大部分。管理者可通过以下方式了解员工的真实需要：第一，根据各种研究成果和组织内部的调研结果。第二，直接询问员工或者与员工一起工作。基层管理者由于经常与员工在一起，往往可以给相关中高层管理者提出很多有益的建议。第三，与员工保持良好的人际关系，增进彼此之间的沟通与理解。

（2）所得报酬必须与员工的工作绩效挂钩

管理者激励员工的目的在于使员工的行为有助于组织目标的实现。如果奖励不与员工的工作绩效挂钩，那么奖励就失去了意义。在报酬管理实践中，组织通常根据工作绩效的不同、岗位价值的不同和劳动能力的不同，给员工支付不同的报酬。一般来说，岗位价值和劳动能力是确定员工基本报酬的依据，而工作绩效是确定员工奖励式报酬或浮动报酬的依据。根据工作绩效分配奖励式报酬的制度，能使员工专注于本职工作的高效完成和组织效益的协力提升。

（3）所得报酬必须体现公平性

在对员工进行成果评价时，管理者必须做到客观公正。根据公平理论，人们会对所得报酬进行横向与纵向比较，并会根据比较的结果采取相应的行动。因此，在报酬管理上，组织必须达到外部公平性或外部竞争性、内部公平性和过程公平性的要求。

3. 成长激励

管理者应通过思想教育与系统培养，促进员工的心智成长。员工的工作热情和工作积极性通常与自身素质有很大关系。一般而言，自身素质高的人，更重视高层次追求，更懂得自我激励，在工作中表现更高的工作热情。因此，管理者要努力让员工获得不断成长，让员工学会自我激励。真正重视员工的管理者总是将员工成长放在首要位置，并帮助员工达成个人发展计划。管理者应促进员工学习各种新的知识和技能，特别是专业知识和技能，以协助员工尽快适应组织多方面的工作要求及未来发展需要，使员工个人特长及发展方向符合组织发展的需要。

（1）思想教育

有效的思想教育可以让员工树立崇高理想和职业道德，让员工确立积极的工作态度。管理者应促进员工更新观念与开阔视野。为了使员工能满足市场环境变化对工作的新要求，管理者就必须让他们改变过时的观念，让他们能站在更高的平台上，看得更远，做得更好。管理者应将组织的基本理念、职业精神融入员工的思想当中,促使员工具有积极工作的热情。管理者应帮助员工认识自身的价值,促使员工在工作中求实创新。思想教育的内容主要包括国内外形势分析、党和国家的方针政策学习、组织文化灌输、职业道德教育、先进模范人物事迹介绍,以及其他针对员工的思想情况而进行的个别教育等。

（2）知识培训

知识培训是指组织为了帮助员工理解和运用与工作有关的理论和方法而进行的培训。知识培训一般包括专业知识、相关知识、综合知识的培训等。随着社会的进步与科技的发展,新知识、新技术、新工艺日新月异,员工原有的知识将会变得过时。在这种背景下,员工只有不断地吸收知识、补充知识、更新知识,熟悉新理念、新产品、新市场,才能更好地适应本职工作以及后续发展的要求。

（3）技能培养

技能培养是指组织为了帮助员工确立高效的工作思维与行为习惯,使员工掌握某种或某些专门的技术和技能而进行的长期教育和训练。员工必须具备完成本职工作所需的专业技能。只有通过系统的教育和训练,尤其是实践锻炼,员工才会拥有所需的专业技能,才会在工作中表现出娴熟的专业技巧。

在科技人员培养上,管理者的工作重点是培养他们的创新精神与提升他们的专业技术素质。除了重视科技人员的专业素质培养外,越来越多的组织开始重视科技人员综合素质的提升。因此,管理者需要努力开发适合科技人员的其他培训项目,如管理素质培养、创造性思维训练、财务知识培训、团队沟通技巧培训与时间管理技巧培训等。

（4）潜能开发

潜能开发是指组织为了帮助员工树立自信心、掌握正确的工作改进方法与突破个人发展的瓶颈而进行的教育和训练。员工常常会因为观念、习惯、环境等因素而制约了自己潜能的开发,所以管理者应促进员工改变陈旧观念,突破思维定式,磨炼意志品质,开发潜在能量。每个人的潜能都是无限的,关键是能否拥有一个充分发挥潜力的舞台。因此,管理者应根据员工的知识、能力、特长与个性,提供与创造适合员工成长的空间,让员工的个性得以展示,让员工的过错得以纠正,让员工的潜能得以激发,让员工的魅力得以彰显。

成长激励必须基于员工和组织的共同成长。管理者应引导与促进员工在组织内持续学习与提升素质,实现组织成长带动员工成长,员工成长推动组织成长。[①] 例如,香格里拉酒店集团始终坚持"卓越的酒店源自卓越的员工,而非绚丽的水晶吊灯或昂贵的地毯"。为了让员工认同香格里拉的经营与服务理念,集团非常重视员工的甄选工作,坚持"聘用工作态度好的员工,并通过培训使他们技巧娴熟"。在完成选人环节后,集团会对员工展开持续、系统的指导与培养,通过让员工践行"以发自内心的待客之道,创造难

---

① 陶小龙,姚建文.基于战略的职业生涯管理[J].现代企业教育,2008(2):44-45.

以忘怀的美好经历,时刻令客人喜出望外"的使命宣言,创造一个既有利于同事事业发展又有助于实现个人生活目标的环境,使众多员工能够实现共同成长与个人理想,让优秀员工心甘情愿地与组织一起成长。因此,该集团之所以在酒店业内一贯保持相对低的员工流失率,让很多员工拥有"自豪而不骄矜"的品质,并创造"独特的亚洲式热情好客之道",就在于其拥有一套有效的员工成长激励机制。①

在努力实现职业目标的过程中,员工会碰到各种不期而至的新挑战。管理者应为员工搭建创造价值与展现自我的平台,激活员工潜能,凝聚组织合力,让组织成为可以持续为每个员工赋能的平台,让组织成为每个员工创造精彩的平台。在这个平台上,员工的聪明才智能找到成长的土壤,员工能充满激情与活力地关注组织的未来。因此,为了让员工更好地迎接组织的未来,管理者应使员工围绕职业目标,发现新机遇,探索新路径,在行动中学习,在历练中成长。

 思考题

1. 管理者与领导者有何不同?
2. 有效沟通的条件是什么?
3. 个体因素对沟通有何影响?
4. 激励理论一般可分为几类?
5. 常用的激励方法有哪些?
6. 人们对于人性有哪些不同的假设?
7. 大学教师怎样才能满足学生的多样化学习需要?
8. 管理者如何根据下属的成熟度,选择合适的领导方式?

---

① 根据香格里拉酒店集团官网与人员访谈所获取的资料整理而成。

附录　相关案例

1　如何对待"个性张扬"的员工？

2006 年 9 月，江西考生焦详跨入了北方某著名高校的大门，开始了管理科学与工程专业的学习过程。在校期间，他的学习成绩还过得去，而且他比较喜欢在课堂上发言与提问，但有时会提出让任课教师难以招架的问题。2010 年 7 月，他大学毕业了。由于家人希望他回家乡工作，他在江西南昌某企业的人力资源部开始了职场生涯。在人力资源部工作一年多后，他的表现不仅让直接上司叶荣深感愤怒，而且令许多同事大为不满。在大家的心目中，他个性独特，我行我素，吹毛求疵。在工作的初期，焦详表现积极，敢于发言，敢于承担责任，但总喜欢在会议上提出不一样的看法，常常使别的同事在公开场合"失面子"，甚至有时会公开反驳上司的观点。渐渐地，大家有意疏远他、孤立他，因此他变得与其他同事格格不入。由于在工作中长期找不到感觉，他想到了辞职。在准备辞职前，他与父母进行了沟通。主管人力资源部的副总经理万立丹认识他的父亲，因而知道了这件事情，并着手了解他的工作表现、个性特征及专业特长，以及询问他是否愿意转岗。于是，在多方协调下，他成为企业市场营销部的一员，从事企业营销策划工作。在新的岗位上，他开始显示潜力。与人力资源部相比，现在的工作环境比较宽松，其上司更善于接纳不同的观点。营销策划工作是需要创意的，而他总能从另外一个角度切入，提出新的思路与方法。即使大家基本达成共识的创意，他也会提出一些看上去"非常无聊甚至愚蠢"的想法。对于"明哲保身"的员工而言，即使有这种想法，可能也不好意思说出来。他敢作敢为的作风，不怕得罪人的性格，勇于反驳"权威"观点的气魄，常常使得许多看上去可行的营销方案得以搁浅，也常常"迫使"别的员工提出新的思路与方案。虽然他在转岗后的初期一样不受欢迎，但是自从他到达市场营销部后，很多策划方案都赢得了各方很好的反响。于是，他的个性慢慢被同事所接受、所欣赏。在后来的营销策划中，大家不但能在很开放的氛围中听到他的"奇思怪想"，而且别的员工也有了更多新颖的观点。有了展现个人魅力舞台的焦详，已成为该企业的"红人"，他的工作热情、敏锐观点与独到见解绽放出耀眼的光芒。焦详得到了更多的表现机会，也拥有了更多的晋升机会。2012 年年底，他成了该企业的市场营销总监。2017 年，他晋升为该企业主管市场营销与战略投资业务的副总经理。2023 年，为推进企业数字化转型，他牵头搭建了企业的数字化营销体系。近年来，大多数同行企业都不约而同地遇到了经营困境，但由于焦详所带领的市场营销团队的出色表现，该企业的销售收入仍然获得了令人满意的增长。

2 新燕啄春泥，共筑未来乡村美好生活①

青山村坐落于杭州西北的余杭区黄湖镇，三面环山，气候宜人。龙坞水库是青山村及周边村庄的主要供水源，已经陪伴村民们40余年。水库上游竹林密布，2600亩（173公顷）的汇水区内一共种植了1600亩（107公顷）毛竹林，调节着青山村的整体生态系统。

在传统与现代、中国与国际、城市与乡村的相互融合中，青山村引领着新的生活潮流，焕发出未来乡村的蓬勃生机。青山自然学校、融设计图书馆等新产业为青山村带来了游客、活力和希望。截至2022年底，共有七十多位到访者与村民签下租房合约，成为青山村新村民。焕然一新的青山村，也吸引了越来越多的设计师和游客来此休闲、看展、研习、观光……

面对越来越多的创业者和游客，青山村村委意识到，应该有一个专业的团队来做好村子的运营管理，更好地服务于村里的创业者。2020年10月，村里成立了余杭绿水未来乡村发展有限公司（简称"绿水公司"），并公开招募乡村职业经理人。

青山村的未来产业在何方？村里到底还有多少可以经营的资产？这些资产适合怎样的业态来激活？

绿水公司整理并公示了村集体资产目录和对外经营价格清单，对集体资产的利用情况和待用空间有了清晰的了解，为产业入驻和下一步招商提供了准确的资产信息。对拟引进的项目，绿水公司要进行详细审查，邀请新老村民代表以及专业的环境顾问和美学顾问一起研判该项目是否符合青山村环保要求，是否有助于村民就业，是否体现乡村的环境特色。

采取高投入措施势必会加重村子的负担。绿水公司需要考虑如何以较少的投入撬动村子的发展，这就需要以高效率的沟通、专业化的服务来建立各个利益主体之间的信任，对村子开展市场化运营。针对村集体资产，绿水公司开发了轻资产租赁模式，创业团队直接与村集体和村民签约。对于在当下节点特别需要的项目，公司则会考虑提供房屋的硬装，然后再租给项目组，而这样的资产最终也会回到村里的资产库中。

项目发展起来之后，职业经理人会根据项目带给村子的宣传效应、带动村民致富的效应、公益服务的成效三个方面进行评审，根据评审结果，申请村镇为考核优秀的项目提供一定的补助。作为青山村对接外界的平台，绿水公司承担起统一宣传的角色，通过公众号、招商会、同行交流会等途径向外界介绍村里的产业特色，带领考察团参观新老

① 本案例由黄浏英、周亚庆改编自中国专业学位案例中心主题案例项目《以社会创业促进共同富裕案例研究：浙江实践与探索》（编号：ZT-211033504）系列成果之《新燕啄春泥，共筑未来乡村美好生活——青山村社会创业集群现象解析》（作者为黄浏英、周碧悦、应天煜、苏成城、魏江）。

村民的工作室或民宿,接受媒体的采访,宣传青山村的新面貌。这样就不用投入大量宣传成本,在资源对接的过程中就四两拨千斤地完成了品牌维护工作。

在项目的激活和带动下,新老村民不仅学习到了乡村产业运营的方法和技能,对于生态环境保护也有了更深的理解,生态保护工作得以持续开展。青山村的环境愈发优美,产业愈发多元,村民的收入来源增加了,新的产业发展机会与生活方式嵌入了他们的生活,一套良性的循环机制有条不紊地运转起来。

青山村迈出了未来乡村的第一步,新村民们对于自己所生活的村庄有着许多畅想,他们希望为村中公共事务建言献策,也想分享和传达自身产业现有的问题和发展建议。"青山同心荟"在区委统战部和黄湖镇的帮助下正式成立,其成员涵盖了文创、旅游、民宿等各类产业的创业者与经营者。"青山同心荟"每个月都会召开一次基层民主协商议事会,集中讨论村子的生态、产业、人才、文化、治理等发展问题。

在青山村被正式确立为"未来乡村实验区"后,"青山村未来乡村联合工作坊"也随即成立。工作坊刚成立就邀请了老村民们加入,对"青山村的现状和未来乡村的场景设想"展开了会议讨论。新老村民们针对"未来乡村"的建设和设想提出了自己的看法和建议。从美好的愿景到具体的方案,大家都在利用自身的智慧、能力和社会资源为青山村的未来规划蓝图,工作坊的会议内容会以提案的形式提交到上一级政府部门进行研究。此后,更多的老村民、人大代表也加入了这种新型议事模式,形成了未来乡村议事会。每个月,村委会、村民、绿水公司以及创业团队都有机会和权利对村里事务进行讨论,最大限度地满足各方利益和诉求,惠及所有新老村民。

随着数字乡村建设的推进,青山村在第一时间创建了"善美青山"小程序,新老村民有日常需求需要邻居帮助时,可以以积分悬赏形式在平台上发布个人需求。村民们还可以通过"善美青山"来了解民主议事的议题进展,参加由其他村民、企业或绿水公司举办的月度活动。大家一起做公益、行环保,一起欢享发展成果,一起畅想未来。

在政府的支持下,青山村经过乡村职业经理人的协调和新老村民的积极参与,成了一个宜居、宜业、宜学、宜游的生活社区。新老村民们的创业项目盘活了青山村的物质资源和人力资源,村民们的生活变得越发红火起来。

时光清浅,岁月流转,怀揣"情怀"和"理想"的青年才俊们,带着对未来的憧憬投身到了新乡村的发展中,"青山村们"也因他们有了崭新的未来。

今朝小欢,明日何处?当越来越多的年轻人开始将自己对乡村的向往转变成创业实践,乡村如何为年轻人提供更为广阔的专业学习机会和发展平台?在这一场新乡村的共建过程中,年轻人如何获得归属感和价值感?在未来,如何让年轻人、年轻的项目和新生的乡村共同持续茁壮成长?

"我见青山多妩媚,料青山见我应如是。"

未来乡村在青山,青山未来仍可期!

3 M 企业的核心价值观①

在抓经营、重品质的同时，创建于 1990 年的 M 企业充分意识到了人文关怀的重要性。三十多年的春华秋实，管理层始终坚持组织与员工"共"赢的管理理念。一个"共"字，充分体现着大家庭的概念，洋溢着人文关怀，流淌着"家"的温馨与关爱。M 企业的员工来自五湖四海，大家因为缘分而相聚在这个大家庭中，大家相遇、相知、相识、相爱，每位成员都在为创建美好家园奉献着自己的力量。为有效推进集团化发展战略，M 企业开始提炼自身的组织文化。通过人员访谈和资料分析，我们可以发现 M 企业具有以下特征："给你家的感觉"得到绝大多数员工的认可；以人为本、重视员工、积极向上，像充满了人文关怀的大家庭；员工相处中的人际关系简单，沟通渠道非常通畅；体系规范，给员工公平竞争的机会；员工认为"以人为本，共创、共进、共荣"的企业精神符合企业背景与发展方向；产品定位是"高品质、高品位、精致、细腻、予人以舒适感"。在发展过程中，M 企业的成长与升级，离不开对战略定位的准确把握，离不开对目标市场的积极调整，离不开对制度与文化的持续传承和改进。在对 M 企业进行深入探究的基础上，我们把 M 企业的核心价值观提炼为：人为本、理为魂、德为先、诚为基、和为美（见图 1）。

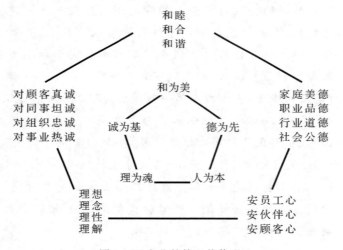

图 1 M 企业的核心价值观

人为本，我们的发展立足于尊重人、关爱人、依靠人和安人心。在管理上，用爱使员工安心，关怀员工和员工的家庭；在服务上，用爱使顾客安心，创造安全、温馨、宜人的消费环境，让顾客安享可靠、体贴、舒适的高品质服务；在经营上，用爱使伙伴安心，积极展示真诚的态度，创造愉快的合作经历，体谅伙伴的难处，赢得伙伴的信任。

理为魂，我们重视理想、理念、理性、理解。我们重视理想，激发志同道合的员工实现共同理想，达成对于发展愿景和战略目标的共识，塑造团队合作精神，发挥组织聚合

---

① 该案例摘录自笔者主持的"M 企业文化研究"项目（略有调整）。

能量；重视理念，踏实践行经营、管理和服务理念，用正确的理念指导实践；重视理性，以强化组织执行力与制度权威性为基础，以强有力的组织文化为支撑；重视理解，倡导积极沟通，努力与同事和伙伴达成共识，为顾客提供舒心、贴心、暖心的亲情式服务。

德为先，我们倡导管理者用自己的道德素养去感召员工，倡导全体员工用自己的道德素养让顾客与伙伴感动。我们弘扬家庭美德，创造和谐工作环境，共建具有美德的家园；树立良好的职业品德，坚持职业操守，主动履行职业责任；恪守行业道德，维护行业规范；坚守社会公德，维护社区的安定与和谐。

诚为基，我们信奉与推行"以诚为基，厚德载物"。我们对顾客真诚，竭尽所能地为顾客提供周到、细致、优质的服务；对同事坦诚，倡导员工之间坦诚交流，促进上下级之间有效沟通，维护团结友爱的氛围；对组织忠诚，拥有高度的责任感和自豪感；对事业热诚，将个人目标与组织目标相融合，将个人事业与组织事业相结合。

和为美，我们致力于营造一种和睦、和合、和谐的经营管理环境，具体表现在员工间的和睦、伙伴间的和合以及组织与外部环境间的和谐。其一是上和下睦，我们在内部努力营造一种和睦相处的氛围，坚信互动沟通是解决内部冲突的有效手段，本着严于律己、宽以待人的态度去解决内部矛盾；其二是和合运营，我们与合作伙伴携手创造和衷、合作、共赢的关系；其三是和谐为美，我们与周边社区建立融洽的关系，关爱社区居民，维护社区环境，促进社区和谐发展。

4 如何把喜欢"自我做主"的小杨培养为称职的管理者？

杨乐是某著名高校管理学院的学生。他在高中时就入了党，且一直担任班长。在大学一年级时，他被推举为该班的班长。班主任吴立觉得他为人稳重，具有良好的沟通能力与一定的组织能力。在开始阶段，杨乐与吴立的配合比较默契，他渐渐得到吴立的充分信任。对于吴立交代的事情，杨乐基本都能圆满完成。在一次会议上，吴立的同事向他反映杨乐经常缺课，上课时不太认真，其所在班级的学习氛围也不好。吴立当时并没有把这件事放在心上，只是要求杨乐不要缺课，并注意发挥班干部的模范带头作用。过了一段时间以后，吴立发现杨乐参与了学校很多社团的工作，有时借故把班级事情推掉，有时不能按时完成所交代的事情。按照学校的要求，每位学生在暑期都要参加社会实践。杨乐在S公司的行政管理办公室开始了实习生涯。该公司副总张勇与吴立是相交多年的朋友。张勇向他反映杨乐善于与别人沟通，但经常缺勤，或者找借口不来实习。当吴立看到杨乐提交过来的实习报告时，他很生气地说："这种材料都能提交上来，你真是太不认真了。"新学期开学后，吴立重新调整了班干部队伍，杨乐不再担任班长。转眼间，学生都在找工作了。由于近些年的就业形势比较严峻，许多学生在找工作时，都深受打击，或者未能找到如意的工作。有一天，吴立到学生寝室了解就业情况。虽然大多数学生还没有找到理想单位，但有几位学生却为"选择机会太多而烦劳不已"。其中，杨乐同时被三家用人单位看中。这三家单位都是学生心目中较为理想的就业之地。

吴立于是让大家讲讲杨乐身上具有什么优点。经了解得知，杨乐善于与别人沟通，乐于助人，做事目的性强，综合素质高。有个学生开玩笑说："他有时表现得'很功利主义'，对于不值得做的事情，几乎不会投入精力，但一旦他决定要做某事，则行动迅速、效率惊人。"最后，杨乐选择的就业单位是一家知名的外资企业，从事市场营销工作。2013 年 9 月，吴立应邀参加了该班级的聚会活动，碰到了杨乐，并与他谈起了职业发展的话题。杨乐已经在该外资企业工作两年多了，销售业绩较好，但职位没有什么变化。他的上司反映其工作能力比较强，但喜欢自我做主，缺乏团队合作意识。杨乐本人也意识到没有获得上司与同事的认可，有点"怀才不遇"的感觉。通过与吴立的坦诚沟通，杨乐逐步认识到自己身上存在的一些问题，并确立了成为市场营销管理者的职业目标。非常巧合的是，在 2014 年 5 月初，吴立在一次企业管理的高峰论坛上，结识了杨乐的上司，并谈到了他的状况。吴立获得了一个让人高兴的消息：杨乐在 2013 年年底被提拔为市场营销部经理助理。其中关键原因是他在去年交出了非常亮丽的销售成绩。2016 年 9 月，杨乐成为企业的市场营销部经理。但他习惯于自作主张的风格还是让其上司感到"有点不放心"。杨乐的上司正着手推进他加入"后备高级管理人才培养计划"，但对于如何有效提升他的管理素质，其上司一直没有找到合适的办法。2023 年 3 月，杨乐所在的大学班级举办了入学 20 周年同学会活动，他缺席了本次活动。在本次活动交流期间，他的同学余波说起了杨乐的工作状况。杨乐近年来换了多份工作，现在一家金融机构从事金融产品的销售管理工作。近十年来，他与同学们的交往比较少，他越来越向往高自由度的工作。

5　华为员工的培训与发展[①]

华为投资控股有限公司（简称"华为"）创立于 1987 年，致力于"把数字世界带入每个人、每个家庭、每个组织，构建万物互联的智能世界"。2023 年，华为实现销售收入 7041.74 亿元、净利润 869.5 亿元；华为的研发费用支出为 1647 亿元，占全年收入的 23.4%；华为全球员工总数约为 20.7 万人，研发员工数量约为 11.4 万人。2024 年，华为将坚持开放创新、繁荣生态、以质取胜和创造价值。华为创始人任正非在 2013 年年报中强调："我们就是要聚焦在自己的优势的地方，充分发挥组织的能力，以及在主航道上释放员工的主观能动性与创造力，从而产生较大的效益。"他认为，对人的能力进行管理的能力才是企业的核心竞争力，认真负责和管理有效的员工是华为最大的财富。华为轮值董事长徐直军曾强调："我们要团结一切可以团结的力量，让全球优秀的员工，不论年龄、国籍、性别、文化背景，在华为这个平台上获得充分施展才华和成长的机会，与公司相互成就。"华为一直重视人力资源管理体系的设计与变革，在公司董事会下设人

---

① 根据"华为 2023 年年度报告、华为 2017 年年度报告、华为 2013 年年度报告、华为管理变革（吴晓波等. 华为管理变革. 北京：中信出版社，2017）与华为的人力资源管理（张继辰，文丽颜. 华为的人力资源管理. 3 版. 深圳：海天出版社，2012）"等材料整理而成。

力资源委员会。人力资源委员会按月度举行例会,并邀请相关业务管理、人力资源管理的主管和专家列席。2013 年,人力资源委员会根据华为多业务、全球化业务发展和多元人员结构的管理需求以及董事会相关要求,持续进行人力资源管理的战略规范工作,并围绕基于人才金字塔与解决方案的架构,开展管理岗位及专业岗位管理体系建设。2017 年,人力资源委员会共举行了 12 次会议,在董事会确定的定位和职责指导下,为了适应未来环境变化及业务需求,开展了人力资源管理纲要与战略研究,并在组织、干部、人才、激励等方面的政策与执行上取得了预期进展。华为通过荣誉表彰和榜样树立,贯彻"物质文明和精神文明"双轮驱动,不断激发组织与员工追求成功的内在动力。2023 年,华为构建起规划—培养—评估—运营的体系化人才发展服务,为智能时代打造新型人才。面对内外部环境的变化,华为坚持"以客户为中心,以奋斗者为本"的核心价值观;坚持匹配业务,有序推进变革,提升组织能力;对准业务战略,整编出一支引领业务领先世界的干部队伍;积极获取全球优秀人才,充分激发内部人才潜力,提升人才浓度,激活队伍;坚持"责任结果导向"的获取分享制,建立差异化激励机制。华为秉持"积极、开放、多元"的人才观,不拘一格广纳英才,通过任职资格牵引员工不断学习和提升能力;倡导"高效工作、快乐生活"的理念,为员工提供多样化的选择和人性化的服务,鼓励拥有共同兴趣爱好的员工自发成立各类文体协会和爱好圈子;开展"家庭日"活动、"3+1"活动(结交一个朋友、参与一项运动、培养一种爱好、阅读一本好书),让员工感受来自大家庭的快乐;重视员工职业发展,为多样化的员工提供不同的价值实现通道。华为每年组织"十佳餐厅"和"优秀办公室"评选,组织丰富多样的团队活动,努力为员工提供舒适包容的工作环境。华为推动性别平等,提升女性数字技能素养。女性参与和女性视角的加入,为科技带来更多可能,给全球带来更多的价值进阶。2020 年起,华为开启了"科技女性"(Women in Tech)旗舰活动,围绕"科技为她(Tech for Her)、科技由她(Tech by Her)、科技伴她(Tech with Her)"三个主题在全球范围开展项目。通过与政府、伙伴、第三方组织等多种合作形式,华为帮助更多的女性提升数字技能,提供施展才华和能力的平台,推动打造更加平等、包容的数字世界。华为提供管理路线和专业路线双通道发展路径,管理路线和专业路线是互通的。华为员工不仅可以通过管理职位的晋升来获得职业的不断发展,也可以选择与自己业务相关的专业通道来获得持续发展。华为员工定期接受绩效和职业发展考核。在职业发展过程中,员工可以得到循环赋能与流动的机会。华为既有组织性调配机制,也有内部人才市场自由流动平台,促进员工合理流动,成为综合型人才。华为员工可以实现跨专业、跨领域、跨地域发展。与职业发展通道相匹配,华为构建了多元、全面、系统的学习资源和平台,为员工每个阶段的成长提供全方位赋能。华为的 iLearning 数字化学习平台上线了 2 万多门在线课程,帮助员工打破时空边界,实现随时随地的个性化学习,支撑员工实现技能转换和能力提升。华为秉承"让最优秀的人培养更优秀的人",持续吸引和培养内外部优秀讲师。2023 年,华为开展了形式多样的培训活动,员工人均参训时长为 63 小时。华为新员工培养采用培训、自学、考试、认证、辅导、实践等多种方式,内容包括入职引导、交付实践、岗位必备知识与技能学习、岗位实战与辅导、评估与检验等。为了帮助新员工快速上岗，华为给每位新员工都配置了学习大纲，并建立了导师制度。通过新员工学习大纲，制定细分岗位群及新员工个体的学习目标、学习内容、学习指引与完成要求等，以支撑培养计划的实施和指导新员工自主学习。

6　如何看待喜欢给员工"上课"的总经理？

A 公司总经理林风近 60 岁，中等个头，举止优雅，笑脸常开，口齿伶俐。无论谁与他第一次碰面，都会被他那平易近人、和蔼可亲的态度所吸引，被他那口若悬河、滔滔不绝的口才所折服。林总喜欢给员工上培训课。刚毕业的大学生张星在公司新员工培训期间，就领教了林总那气势如虹、出口成章的讲课风采，并深深为其倾倒。张星对这位总经理大感兴趣，并有意向老员工打听他的具体情况。根据所听到的意见，张星对林总的初步印象是：他为人很好，非常健谈，很有主见，喜欢给员工上课，善于说服他人。但从老员工说话的口气看，他们好像有意隐瞒着什么。在正式上班后，张星发现该公司在具体运作上存在很多问题，如部分员工出工不出力、部门间沟通不畅以及多头管理现象较为严重等。更让张星感到不解的是，员工经常在一起发牢骚，尤其对林总的管理方式大为不满，说他拥有教师情结、刚愎自用、爱出风头、废话太多等。有一天，张星鼓足勇气走进了林总的办公室，准备就公司的现存问题与后续发展，谈谈自己的意见。林总非常客气地请他坐下，叫秘书给他沏了一杯茶，并请他畅所欲言。张星整理了一下思绪后，开始谈他所看到的问题。但不到两分钟，他的话头就被林总打断，然后他再次领教了林总的"口才"。部分老师给学生上课的一幕似乎在此刻"重演"。在整个谈话期间，林总把他存在的疑虑全部阐释了一遍。当时，他认为林总说得非常在理，但走出办公室后，他又觉得似乎还存在问题。此后，张星又找林总交流了几次，但结果仍然一样，他无法表达自己的真正想法。在整个过程中，林总都像在给他上课，而且他的思想也似乎被林总清洗了一遍，但他又总觉得林总所说的不完全正确。张星后来再也不主动向林总反映问题了。他认为，林总实在太能讲、太喜欢讲，尤其善于在现场改变他人的想法。

7　开元旅业集团的使命、愿景和战略定位

开元旅业集团（简称"开元"）是一家以酒店业为主导产业，同时拥有房产、乐园、商业、工业、文旅等产业的大型企业集团。1986 年，开元旅业集团的创始人陈妙林带领第一代开元人筹建萧山宾馆。1999 年，宁波开元大酒店开业，成为开元跨地区连锁经营的首家酒店。2001 年，在发展酒店业的同时，开元开始进军房地产行业，在国内率先开创了"住宅＋商业＋酒店＋旅游"的复合开发模式。2013 年，开元收购了德国法兰克福金郁金香酒店，它标志着开元品牌开始迈上了国际化发展道路。2019 年，总投资约 11.7 亿元的杭州开元森泊度假乐园正式营业。开元森泊是开元旅业集团着力打造的"酒店

十乐园"品牌。开元森泊因地制宜地将度假酒店、特色木屋、室内外水上乐园、儿童乐园以及自然游乐、教育、会展等多重业态组合升级,已成为全新的一站式休闲度假综合体IP。2023年9月23日,杭州第19届亚运会在万众期待中拉开帷幕。开元旗下多家酒店参与亚运接待服务,以高标准、高要求的开元定制服务,完成亚运住宿服务保障工作。截至目前,开元拥有总资产逾190亿元,在营下属企业近150家,位列"中国旅游集团20强"与"中国民营企业服务业100强"。在外部环境复杂多变的形势下,开元能取得上述成果,与其一贯坚持的使命、愿景与战略定位等密切相关。

开元较早地意识到了所承载的企业使命不是狭义的利润责任,而是一种综合的社会责任。开元的使命是:营造中国品质,创造快乐生活。这主要包含了三层含义:①开元是一个富有民族责任感的企业。开元致力于创造具有国际影响力的中国民族品牌。②开元是一个注重品位与质量的企业。开元致力于创造优质的产品和提供一流的服务,并把中华民族特有的亲和文化禀性注入开元"优质的产品"和"一流的服务"之中。③开元是一个创造幸福的企业。开元致力于让顾客和员工都享有高品质的生活,并从中感受快乐。

企业愿景作为一股经久不衰的推动力,激励着开元人不断向前。开元的愿景是:成为持续追求价值领先的旅游产业投资与运营集团。一方面,"旅游产业投资与运营"的方向将开元整体发展提升到了更具战略高度的大产业价值链层面,有利于未来各个业务的深度整合协同;另一方面,该方向能够涵盖目前开元所涉及的"旅游酒店、生态休闲住宅、城市休闲商业、休闲度假综合体"等业务领域。开元持续追求价值领先的主张主要通过为顾客、企业、社会创造价值得以实现。在为顾客创造价值时,开元注重把握顾客心态、满足顾客需求和超越顾客期望,着力于为顾客创造功能价值、情感价值和象征价值;在为企业创造价值时,开元注重实现品牌延伸和品牌资产增值,并着力探究如何实现品牌溢价;在为社会创造价值时,开元注重引领行业发展、响应环境变化和勇担社会责任。这三个层面的价值追求环环相扣,综合体现了开元人的共同愿望。

为了更好地达成自身的使命与愿景,开元确立了相应的发展战略:依托集团的综合管理和投融资平台,以酒店业为主导产业,塑造强势品牌,实施连锁化经营;积极发展房地产业,形成具有竞争力的高端旅游房地产业务特色;导入和孵化相关产业,强化产业组合优势,构建产业联动发展体系。

开元立志成为出类拔萃、永续经营的现代大公司,为每一位员工提供高尚事业的舞台和体面生活的保障。开元致力于把企业做强做大,让每一位心高志远并踏实做事的员工都有事业成功的机会,最终实现企业与员工、企业与社会的共赢。

8　成功转型为管理者的信息处理技术员

萧傅绝不是一眼看上去出类拔萃的角色,甚至有些内敛、青涩,然而从其锋芒的眼神中,我们可以感受到其内在的能量。1999年,他在杭州K集团下属的度假村开始了职业生涯,在电脑房从事信息处理工作;2001年,他参加集团技术比武并获得电脑类第一名；2003 年，他被破例聘任为电脑房主管（K 集团之前并未设置该岗位）；2004 年，他被评为集团信息化建设先进个人；2005 年，他被调入 K 集团总部；2007 年，他被评为集团劳动模范（K 集团个人最高荣誉）；2008 年，在集团总部层面成立信息部，他任职信息部经理；2010 年，他再次被评为集团劳动模范；2011 年，他开始担任杭州 K 信息系统有限公司副总经理；2013 年，他成为杭州 K 信息系统有限公司总经理；2014 年，他成为 K 集团旗下的 J 网络科技有限公司 CEO，负责该公司战略发展和业务创新；自 2020 年以来，他一直担任 K 集团的首席信息官（CIO），全面负责 K 集团的数字化战略及实践。上述内容清晰地呈现出萧傅在 K 集团舞台上成功转型为管理者的印迹。

萧傅之所以能始终不渝地服务于 K 集团，与该集团的组织文化与职业发展通道有着极大的关系。K 集团始终奉行"制度为基、以人为本、快速反应、结果为准"的管理哲学，倡导"争先、勤奋、严谨、关爱"的行为准则，并为每一位员工提供广阔而公平的发展通道。

K 集团倡导的行为准则，绝不是停留在口号上，而是在日常管理中得到贯彻落实。集团内部公平、公正的竞争机制与多重的职业发展通道，给予广大员工广阔的发展机会。这些都与萧傅的个性和追求不谋而合。同事们对他的评价无外乎以下方面：一是做事十分踏实，他办事，大家很放心；二是拥有创新思维，别人不能解决的问题，他能搞定；三是学习能力很强，并能融会贯通。在 K 集团，"争先"被理解为没有最好只有更好，任何问题都会有 N 种解决路径，每个参与者都被要求寻求更好的解决方法；拥有积极工作态度和勤奋工作作风的员工能够获得更多的价值认同和发展机会，如果要在专业和勤奋上选择，该集团选择后者；努力让每位员工具备严谨的工作作风和出色的逻辑思维能力，要求每项工作具有严谨的计划和日程，并明确到每一个细节的落实；为员工提供广阔舞台的同时，对于每位员工致以最恰当的关爱，通过工会救助基金、定期公费旅游、特色文艺活动等方式得以体现。

K 集团一贯以来推崇相互协作的工作氛围。对于每一项需要完成的工作任务，K 集团的通常做法是：必须有一个领导或者负责部门，其他相关部门和人员必须积极协作，以协力实现目标。对于萧傅来讲，这样的做法提供了很好的团队协作氛围和学习机会。虽然他从事的是信息技术岗位，但是通过这样的协作和学习，他实际上已经完全理解并掌握了整个公司的运营管理、财务的审计与管控以及业务的具体运作。更为重要的是，通过把信息技术和业务流程进行有效结合，萧傅为集团整体运营提供了全新的思路和方法，极大地提升了工作效率与效益，获得了大家的认同和称道，找到了实现人生价值的管理舞台。

9 如何更好地倾听员工心声？[①]

1988 年 1 月 1 日，N 集团下属的第一家企业正式开业。在筹建这家企业的过程中，

---

① 该案例根据实地调研素材、N 集团报刊以及邹益民教授提供的资料等整理而成。

集团创始人 C 先生带领第一代创业团队创造性地提出了"要做就做最好的""实行全员劳动合同制""走自主经营、自负盈亏的企业化运作之路"等当时看来是"打破常规"的新思路与新举措。在创业初期,为让组织成员更好地为企业发展献计献策,C 先生倡导管理者要倾听员工心声。为此,从 1989 年开始,一年一度的员工新春恳谈会成为了 N 集团的传统。经过三十多年的发展,员工新春恳谈会也越来越深入人心。许多老员工,特别是参加过各类恳谈会的老员工,都会具有深切的感受:自己最关心的事情,其实企业也在关心着。

"无论是企业发展战略,还是内部经营管理,无论是企业文化建设,还是员工生活福利,你有什么想法,有什么建议,有什么问题,想说就说,想问就问。"这是在 2007 年 N 集团新春恳谈会上发到每位与会代表手中的一张纸上面的一段开场白。这张纸是用于那些在会上因时间关系来不及发言或没有充分发言的代表在会后填写再交上去的,以便集团管理层能充分听取员工的心声。

"想说就说,想问就问"这八个字让员工感觉很好。首先,这让员工感觉到了企业管理层的一种姿态。这种姿态不仅包含着要员工畅所欲言的期望,也包含着对员工的信任与诚意。这正是 N 集团要真正达到恳谈会之理想效果的基点。

恳谈会的基本形式是"谈",其关键则在"恳"。在会上,员工只要诚恳地谈就够了,而管理者不仅要诚恳地听,还要诚恳地答复,更要在会后诚恳地去研究如何落实。从这点看,员工虽然是恳谈会的主体,但管理者是恳谈会的践行者。

每年的新春恳谈会一结束,C 先生就会给出专门指示:"各个单位,包括集团层面,要尽快对员工在恳谈会上提出的意见与建议进行归类整理,认真研究,妥善答复并及时落实。"

2014 年,N 集团有三千多名员工参加了各层面的恳谈会,为企业发展出谋划策。2014 年 2 月 19 日上午,在 N 集团总部,C 先生主持召开了新春恳谈会。该集团管理层与来自集团总部各个部门的员工代表进行了面对面的沟通,认真倾听了各位员工的意见和建议。在这次恳谈会上,员工代表针对集团的可持续发展、经营策略、内部管理、组织文化、制度体系以及员工的技能培训、职业发展、薪酬福利等方面进行了探讨,提出了许多有益的思路和做法:结合组织文化建设开展员工活动;在调节工作压力的同时增进相互沟通;进一步拓宽员工晋升通道;提高老员工的福利待遇;重视养老产业的战略规划等。与此同时,N 集团各大产业(旅游业、房地产业及工业)及其下属各单位的恳谈会也在开展中。其中,房地产事业部及下属企业的恳谈会则结合 2014 年的重点计划分两阶段进行:第一阶段由各单位自行召开会议,以自由发言与命题研讨相结合的形式展开讨论,并上报会议成果;第二阶段包括四次产业层面的研讨会议,活动持续到 3 月上旬结束。

2018 年 3 月 5 日,N 集团领导与来自集团本部各个部门的员工代表进行了面对面的交流。所提出的意见和建议主要包括:如何利用大数据创造和提高管理价值;如何做好采购、成本控制、质量安全监管和项目进度管控等;在人才结构调整中,注重互联网技术人才的培养；加强员工的消防安全意识和开展实战演练；如何更好利用办公平台来传递信息与提高效率。

在集团总部的推动下，N集团下属企业每年都开展了员工新春恳谈会，鼓励员工代表提出自己的见解，但各个单位的实际效果参差不齐。有的单位的恳谈会给员工的感觉是"老生常谈"，且有些与会代表只是无关痛痒地提出意见，并无任何可行建议和对策；有的单位对员工代表的意见与建议缺乏有效的剖析、梳理与落实；有的恳谈会流于形式；有的恳谈会欠缺目标与主题，其效果不明显。事实上，集团总部的恳谈会成效是非常明显的，不过集团下属单位遍布全国各地，高层领导的理念也就难以在各个单位得到完整体现。在企业规模不大时，高层领导直接同一线员工联系。在企业规模变得很大后，高层领导与集团下属企业的绝大多数员工之间基本上就不可能实现面对面的沟通，而下属企业管理层对"倾听员工心声"的重视程度不一。这往往可能导致有关理念的淡化。如今，该集团的内部分工越来越细，管理层次日益增多，组织机构也变得庞大。由于人数和机构的增多，集团内信息传递的渠道延长，集团高层领导的"关爱员工身心，倾听员工心声"理念也就难以全面贯彻下去。需要指出的是，管理者要真正听到员工心声，仅靠一段时间的员工恳谈会是不够的，还要在日常管理中注重员工意见与建议的收集与反馈。当然，N集团的新春恳谈会作为管理层密切联系员工的重要途径，长期以来取得了引人瞩目的效果。在集团规模快速增长的过程中，出现一些问题是正常的，而且这些问题已引起集团高层领导的高度重视。

N集团致力于对新春恳谈会进行持续优化与完善。自2014年以来，为了保证恳谈会获得预期的效果，集团层面要求各下属单位认真做好恳谈活动的组织工作，引导员工为集团持续发展和提高经营管理水平多提好点子、多想好办法，并要求各单位做好合理化建议的落实整改工作，努力使恳谈活动真正成为反映员工心声、促进信息沟通与推动集团发展的有效形式。在2018年召开的新春恳谈会上，C先生在会上对员工提出的思路与举措给予了充分的肯定，并对一些问题提出了解决方案，对不能当场解决的问题，他希望集团和相关部门部署工作，跟进追踪，确保把员工的好建议真正落到实处。近年来，随着经济结构的变化和年轻消费市场的扩大，N集团充分吸收年轻员工的意见，充分发挥员工的自主性，让各层次员工可以自由发表意见和提出建议。2024年1月，在接受浙江经视记者采访时，C先生指出，客户群体在变化，客户需求在变化，所以我们一定要用变化去迎接新一代的客户。C先生认为，N集团需要做困难而正确的事，企业经营需要坚持和超越，将近做了40年企业，如果坚持不下来，就生存不到今天；企业未来发展应以市场为导向，做好精准探究、整体策划和经营预算，关注品牌价值、服务质量和持续创新。

参考文献

1. Azadegan A，Patel P C，Zangoueinezhad A，Linderman K. The effect of environmental complexity and environmental dynamism on lean practices[J]. Journal of Operations Management，2013，31(4):193-212.

2. Hersey P，Blanchard K H. So you want to know your leadership style? [J]. Training and Development Journal，1974，28(2):22-37.

3. Hobman E V，Bordia P，Gallois C. Consequences of feeling dissimilar from others in a work team[J]. Journal of Business and Psychology，2003，17(3):301-325.

4. House R J. A path-goal theory of leader effectiveness[J]. Administrative Science Quarterly，1971，16(3):321-339.

5. Katz R L. Skills of an effective administrator：Performance depends on fundamental skills rather than personality traits[J]. Harvard Business Review，1955，33(1):33-42.

6. Miles S A，Watkins M D. The leadership team：Complementary strengths or conflicting agendas? [J]. Harvard Business Review，2007，85(4):90-98.

7. Mintzberg H. The manager's job：Folklore and fact[J]. Harvard Business Review，1975，53(4):49-61.

8. Schein E H. How career anchors hold executives to their career paths[J]. Personnel，1975，52(3):11-24.

9. 爱迪思. 企业生命周期[M]. 赵睿，译. 北京:华夏出版社,2004.

10. 巴达拉克. 界定时刻——两难境地的抉择[M]. 李伟，译. 北京:经济日报出版社,1998.

11. 巴达维. 开发科技人员的管理才能——从专家到管理者[M]. 金碧辉,阮祖启,陆伟奇,等译. 北京:经济管理出版社,1987.

12. 巴纳德. 经理人员的职能[M]. 王永贵,译. 北京:机械工业出版社,2013.

13. 彼得. 梯子定律[M]. 罗耶,编译. 北京:民主与建设出版社,2004.

14. 陈传明,周小虎. 管理学[M]. 北京:清华大学出版社,2008.

15. 陈国权,张中鑫,郑晓明.企业部门间关系对组织学习能力和绩效影响的实证研究[J].科研管理,2014,35(4):90-102.

16. 陈黎琴,赵恒海,高士葵.管理学[M].北京:经济管理出版社,2011.

17. 陈晔.管理学[M].2版.北京:科学出版社,2005.

18. 成海清.华为傻创新:持续成功创新企业的中国典范[M].北京:企业管理出版社,2016.

19. 池丽华,伊铭.现代管理学[M].上海:上海财经大学出版社,2006.

20. 串田武则.目标管理实务手册[M].何继革,译.广州:广东经济出版社,2005.

21. 达夫特.管理学[M].9版.范海滨,译.北京:清华大学出版社,2012.

22.《党的二十大报告学习辅导百问》编写组.党的二十大报告学习辅导百问[M].北京:学习出版社,党建读物出版社,2022.

23. 德鲁克.公司的概念[M].慕凤丽,译.北京:机械工业出版社,2009.

24. 德鲁克.旁观者:管理大师德鲁克回忆录[M].廖月娟,译.北京:机械工业出版社,2009:283.

25. 德鲁克.卓有成效的管理者[M].许是祥,译.北京:机械工业出版社,2009.

26. 董平.传奇王阳明[M].北京:商务印书馆,2010.

27. 段治文,邢乐勤.浙江精神与浙江发展[M].5版.杭州:浙江大学出版社,2023.

28. 法律出版社.中华人民共和国公司法:专业应用版[M].北京:法律出版社,2024.

29. 凤凰动漫工作室.卓越管理者的实用心理策略[M].北京:中国铁道出版社,2013.

30. 郭咸纲.西方管理思想史(插图修订)[M].4版.北京:北京联合出版公司,2013:92.

31.《管理学》编写组.管理学[M].北京:高等教育出版社.2019.

32. 汉迪.超越确定性——组织变革的观念[M].徐华,黄云,译.北京:华夏出版社,2000.

33. 黄勃,李海彤,刘俊岐,雷敬华.数字技术创新与中国企业高质量发展——来自企业数字专利的证据[J].经济研究,2023(3):97-115.

34. 柯维.高效能人士的七个习惯[M].高新勇,王亦兵,葛雪蕾,译.北京:中国青年出版社,2010.

35. 孔茨,韦里克.管理学——国际化与领导力的视角(精要版)[M].9版.马春光,译.北京:中国人民大学出版社,2014.

36. 莱夫利.不再拖拉——教你立即行动的7个步骤[M].唐艳军,张晓明,王华,译.北京:中信出版社,2002.

37. 兰德尔.时间管理——如何充分利用你的24小时[M].舒建广,译.上海:上海交通大学出版社,2012.

38. 雷恩,贝德安.管理思想史[M].6 版.孙健敏,黄小勇,李原,译.北京:中国人民大学出版社,2012.

39. 雷家骕,王兆华,尹航.企业成长管理学:理念、思路与方法[M].北京:清华大学出版社,2012.

40. 李秋实,杨宏,潘玉庆.管理学教程[M].北京:中国经济出版社,2009.

41. 李燕萍,李锡元.人力资源管理[M].2 版.武汉:武汉大学出版社,2012.

42. 里斯,特劳特.营销革命[M].左占平,黄玉杰,李守民,译.北京:中国财政经济出版社,2002.

43. 刘昕.人力资源管理[M].4 版.北京:中国人民大学出版社.2020.

44. 刘仲康,郑明身.企业管理概论[M].武汉:武汉大学出版社,2005.

45. 鲁柏祥,何晓春.鲁博士谈管理[M].杭州:浙江人民出版社,2009.

46. 罗宾斯,库尔特.管理学[M].15 版.刘刚,等译.北京:中国人民大学出版社,2022.

47. 马浩.决策就是拍脑袋[M].北京:中信出版社,2005.

48. 马奇,西蒙.组织[M].2 版.邵冲,译.北京:机械工业出版社,2013.

49. 苗青,王重鸣.20 世纪职业选择与职业发展理论综述[J].人类工效学,2003(1):35-38.

50. 明茨伯格.管理工作的本质[M].方海萍,等译.杭州:浙江人民出版社,2017.

51. 尼兰.条理性思维——对管理者解决问题和决策的系统指导[M].何玮鹏,陈燕,译.北京:机械工业出版社,2001.

52. 琼斯,乔治.当代管理学[M].3 版.郑风田,赵淑芳,译.北京:人民邮电出版社,2005.

53. 任枫.科技人员工作满意度与科研绩效相关性研究[M].天津:天津大学,2010.

54. 芮明杰.管理学:现代的观点[M].2 版.上海:格致出版社,上海人民出版社,2005.

55. 沙因.不确定时代的职业管理体系[J].冯展,译.清华管理评论,2016(3):26-33.

56. 单凤儒.管理学基础[M].3 版.北京:高等教育出版社,2008.

57. 舍默霍恩.管理学[M].8 版.周阳,译.北京:中国人民大学出版社,2011.

58. 石伟.目标与时间管理[M].北京:中国人事出版社,2011.

59. 时志明,刘红霞.人力资源管理理论与实务[M].重庆:重庆大学出版社,2011.

60. 斯密.道德情操论[M].谢宗林,译.北京:中央编译出版社,2008.

61. 陶小龙,姚建文.基于战略的职业生涯管理[J].现代企业教育,2008(2):44-45.

62. 特雷西.关键点:一套关于简化生活、提高业绩和实现人生目标的公认体系[M].关小众,译.北京:电子工业出版社,2003.

63. 汪克夷,易学东,刘荣. MBA 管理学[M]. 5 版. 大连:大连理工大学出版社,2011.

64. 王飞绒,张军,龚建立. 科技人员特征及其激励[J]. 科技与管理,2003(5):121-124.

65. 王伟立,李慧群. 华为的管理模式[M]. 3 版. 深圳:海天出版社,2012.

66. 邬爱其. 宗庆后:笃行者[M]. 北京:机械工业出版社,2018.

67. 吴拓. 现代工业企业管理[M]. 北京:电子工业出版社,2012.

68. 吴晓波,穆尔曼,黄灿,等. 华为管理变革[M]. 北京:中信出版社,2017.

69. 西蒙. 管理决策新科学[M]. 李柱流,汤俊澄,等译. 北京:中国社会科学出版社,1982.

70. 项保华,刘丽珍. 战略管理:艺术与实务[M]. 北京:机械工业出版社,2022.

71. 项保华. 洞见:领导者决策与修炼(升级版)[M]. 北京:企业管理出版社,2022.

72. 项保华. 管理之理——困惑与出路[M]. 北京:人民邮电出版社,2009.

73. 项保华. 决策管理——疑难与破解[M]. 北京:华夏出版社,2011.

74. 项保华. 觉悟:智慧决策行思模式[M]. 北京:企业管理出版社,2018.

75. 辛磊,易兰华. 企业管理概论[M]. 2 版. 上海:上海财经大学出版社,2012.

76. 邢以群. 管理学[M]. 5 版. 杭州:浙江大学出版社,2019.

77. 熊彼特. 熊彼特:经济发展理论[M]. 邹建平,译. 北京:中国画报出版社,2012.

78. 许丽娟. 员工培训与发展[M]. 2 版. 上海:华东理工出版社,2012.

79. 杨爱华. 公共决策[M]. 北京:团结出版社,2000.

80. 杨德林. 中国科技型创业家行为与成长[M]. 北京:清华大学出版社,2005.

81. 杨杜. 管理学研究方法[M]. 大连:东北财经大学出版社,2009.

82. 杨文士,焦叔斌,张雁,等. 管理学[M]. 3 版. 北京:中国人民大学出版社,2009.

83. 姚琼. 世界 500 强绩效管理你学得会[M]. 北京:中华工商联合出版社,2017.

84. 喻自觉. 科技人员绩效结构及相关研究[D]. 广州:暨南大学,2009.

85. 张钢. 管理学基础文献选读[M]. 杭州:浙江大学出版社,2008.

86. 张继辰,文丽颜. 华为的人力资源管理[M]. 3 版. 深圳:海天出版社,2012.

87. 张玉利,陈寒松. 创业管理[M]. 北京:机械工业出版社,2006.

88. 赵金先,张立新,姜吉坤. 管理学原理[M]. 北京:经济科学出版社,2011.

89. 赵曙明. 中国企业集团人力资源管理战略研究[M]. 南京:南京大学出版社,2003.

90. 中国注册会计师协会. 经济法[M]. 北京:中国财政经济出版社,2023.

91. 周三多,陈传明,刘子馨,等. 管理学——原理与方法[M]. 7 版. 上海:复旦大学出版社,2018.

92. 周亚庆,黄浏英. 酒店人力资源管理[M]. 2 版. 北京:清华大学出版社,2019.

93. 朱富强. 现代经济学中人性假设的心理学基础及其问题——"经济人"假设与

"为己利他"行为机理的比较[J].经济学家,2011(3):49-58.

94.朱占峰.管理学原理——管理实务与技巧[M].2版.武汉:武汉理工大学出版社,2010.

95.邹益民,周亚庆,黄浏英.持续追求价值领先——解读开元酒店集团品牌经营之道[M].杭州:浙江大学出版社,2013.